マクラメパターンブック
結んでつくるフォークロア・デザイン

日本マクラメ普及協会 監修
メルヘンアートスタジオ 編

Contents

Introduction ……………… 5
結び記号一覧／この本の使い方………… 6

Prologue
フォークロア・デザインなら、マクラメにおまかせあれ。
マクラメって何？……………………… 8
マクラメの歴史……………………… 8
フォークロア・デザインのマクラメ…… 10

Chapter 01
マクラメベーシックレッスン

Lesson 01
材料は「ひも」なら何でも。………… 12

Lesson 02
必要な道具・あると便利な道具………… 15

Lesson 03
パーツ選びも、楽しみのひとつ。……… 16

Lesson 04
結びはじめの方法……………………… 18

Lesson 05
ひも端始末に使う
基本的な結び方と始末の方法………… 21

Lesson 06
きれいに結ぶには、
すこしコツがあります………………… 23

Lesson 07
トラブル解決のためのマクラメ Q&A … 25

Chapter 02
マクラメパターンカタログ

基本のパターン…ひも
　　　　　　　　　　　　　　　　photo　how to
① 三つ編み／② 四つ編み／
③ 五つ編み／④ 六つ編み ……………… 28　30
⑤ 平結び／⑥ 並列平結び(6本)………… 29　31
⑦ 輪結び／⑧ 左右結び ………………… 32　34
⑨ タッチング結び／⑩ 左右タッチング結び… 33　35
⑪ ねじり結び …………………………… 36　38
⑫ ダブルねじり結び／
⑬ ダブルねじり結び（クロス）………… 37　39
⑭ しゃこ結び／⑮ フィッシュボーン A／
⑯ フィッシュボーン B ………………… 40　42
⑰ 丸四つだたみ／⑱ 角四つだたみ …… 41　43
⑲ 四つ組み／⑳ 六つ組み ……………… 44　46
㉑ 角杉(8本組)／㉒ あわじ結び(2重)… 45　47

Column
ひとつ結べばできあがり。
ワンポイント・マクラメ………………… 48　50

基本のパターン…面
あれもこれも「七宝結び」で…
㉓ 七宝結び(1回)／㉔ 七宝結び(1回半)… 52　54
㉕ 七宝結び(2回)／㉖ 七宝アレンジ①… 53　55
㉗ 七宝アレンジ②／㉘ 七宝アレンジ③… 56　58
㉙ 七宝アレンジ④／㉚ 七宝アレンジ⑤… 57　59
㉛ 七宝アレンジ⑥／㉜ 七宝アレンジ⑦… 60　62
㉝ ねじり七宝結び(4回)／㉞ ねじり七宝アレンジ
………………………………………… 61　63

基本の「巻き結び」だけでも…
㉟ 横巻き結び／㊱ 縦巻き結び ………… 64　67
㊲ 横裏巻き結び／㊳ 横巻き・横裏巻き結び… 65　67

Point Technic 巻き結びの結び方 ……… 66

㊴ 巻き結びアレンジ① 格子パターン／
㊵ 巻き結びアレンジ② ねじり縦巻きパターン … 68　70

photo how to

㊶巻き結びアレンジ③ いかだパターン／
㊷巻き結びアレンジ④ ななめ巻き七宝 ………… 69 71

「ななめ巻き結び」をつづけて結ぶと...

㊸連続ななめ巻きアレンジ①バスケットパターン／
㊹連続ななめ巻きアレンジ② 菱形パターン ……… 72 74
㊺連続ななめ巻きアレンジ③ ウッドパターン／
㊻連続ななめ巻きアレンジ④ 菱形かのこパターン… 73 75
㊼連続ななめ巻きアレンジ⑤ ヘリンボーンパターン／
㊽連続ななめ巻きアレンジ⑥ 波形パターン ……… 76 78
㊾連続ななめ巻きアレンジ⑦ からみ波形パターン／
㊿連続ななめ巻きアレンジ⑧ 丸花パターン ……… 77 79

自然の葉っぱや花をモチーフに...

(51)若葉パターン／(52)木の葉パターン ……… 80 82
(53)小さな花パターン／(54)大きな花パターン … 81 83

つぶつぶ、ポコポコ、木の実の柄も...

(55)ドットパターン／(56)木の実の格子パターン… 84 86
(57)木の実の七宝パターン／(58)木の実と花パターン
…………………………………………… 85 87

存在感あるモチーフいろいろ...

(59)バタフライモチーフ／(60)菱形ボーンモチーフ／
(61)菱形織りモチーフ ………………………… 88 90
(62)菱形巻き結びモチーフ／(63)菱形あわじモチーフ／
(64)菱形七宝モチーフ ……………………… 89 91

マットに、ベルトに、そのままでも...

(65)スクエア入れ子モチーフ ……………… 92 94
(66)円形花モチーフ／(68)平結びの編みパターン… 93 95
(67)タッチング結びパターン ……………… 93 94
(69)ネイティブアメリカン柄の
バーティカルヒッチワーク…………………… 96 97
(70)雪の結晶柄のカバンドリーワーク ………… 96 98

Chapter 03

パターンづかいのアイディア集

アクセサリーパーツと合わせて photo how to

01 ボタン ……………………… 100 125
02 フラワーブローチ ………… 101 125
03 リーフブローチ …………… 101 126
04 コサージュ ………………… 101 126

お気に入りのパターンで

05 - 09 チャーム …………… 102 132
10 ネックレス ………………… 104 127
11 ネックレス ………………… 104 128
12 チョーカー ………………… 105 129
13 チョーカー ………………… 105 130
14,15 ベルト ………………… 106 131
16 ブレスレット ……………… 107 134
17 ブレスレット ……………… 107 135

マクラメで簡単リメイク

18,19 ハンドル………………… 108 136
20 バッグストラップ ………… 109 137
21 ウォッチベルト …………… 110 138
22 カメラストラップ ………… 111 139
23 レーシーブレード ………… 112 140
24 エッジデコレーション …… 113 141

パターンをそのまま使う、広げて使う

25 コースター ………………… 114 142
26 ポットマット ……………… 114 143
27 チェアマット ……………… 115 144
28 ネットバッグ ……………… 116 146
29 ミニバッグ ………………… 117 148
30 トートバッグ ……………… 118 150
31 スリムバッグ ……………… 119 152
32 バスケット ………………… 120 154
33 グラニーズバッグ ………… 122 156

Introduction

ひもとひもを結び合わせて、結び目をつくる。
マクラメの基本は、たったこれだけ。
だれもが毎日の暮らしのなかで
なにげなくくり返している動作です。
1回結んだだけなら、ただの結び目。
ところが結び目を並べていくと、
ロープになったり、大きな面になったり。
結び目の構成しだいで千変万化し、
無限のパターンへと展開していきます。

とはいえひもさえあれば、
特別な道具がなくても大丈夫。
こんな素朴なクラフトですから、
マクラメは古くから世界各地で行われてきました。
結び目で描かれた幾何学模様、植物、生き物……
素朴でやさしいフォークロア・デザインです。

たとえばボタンやフリンジ、持ち手をつくり、
ニットやファブリックにプラスアルファして
デザインのアクセントにするのもおすすめ。

この本では、そんなマクラメの基本結びと
手づくりのヒントになりそうなパターン・
バリエーションをたっぷりご紹介しています。
まずはパラパラとページをめくり、
気になるパターンを見つけてみませんか？

結び記号一覧

マクラメの結び目の種類は「結び記号」で表されています。本書では、以下のような記号を使用しています。

 ひと結び →p.21
 本結び →p.21
 とめ結び →p.21
 コイル巻き →p.22
 まとめ結び（ラッピング）→p.22

 8の字結び →p.22
 つゆ結び →p.22
 三つ編み →p.30
 四つ編み →p.30
  五つ編み →p.30

 六つ編み →p.30
 平結び（左上平結び）→p.31
 平結び（右上平結び）→p.31
 並列平結び（6本）→p.31
 輪結び（左輪結び）→p.34

 輪結び（右輪結び）→p.34
 左右結び（右輪はじまり）→p.34
 左右結び（左輪はじまり）→p.34
 タッチング結び（右タッチング）→p.35
 タッチング結び（左タッチング）→p.35

 左右タッチング結び →p.35
 ねじり結び（左上ねじり）→p.38
 ねじり結び（右上ねじり）→p.38
 ダブルねじり結び（左上）→p.39
 ダブルねじり結び（右上）→p.39

 ダブルねじり結び（クロス）→p.39
 しゃこ結び（3目）→p.42
 フィッシュボーンA →p.42
 フィッシュボーンB →p.42
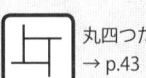 丸四つだたみ →p.43

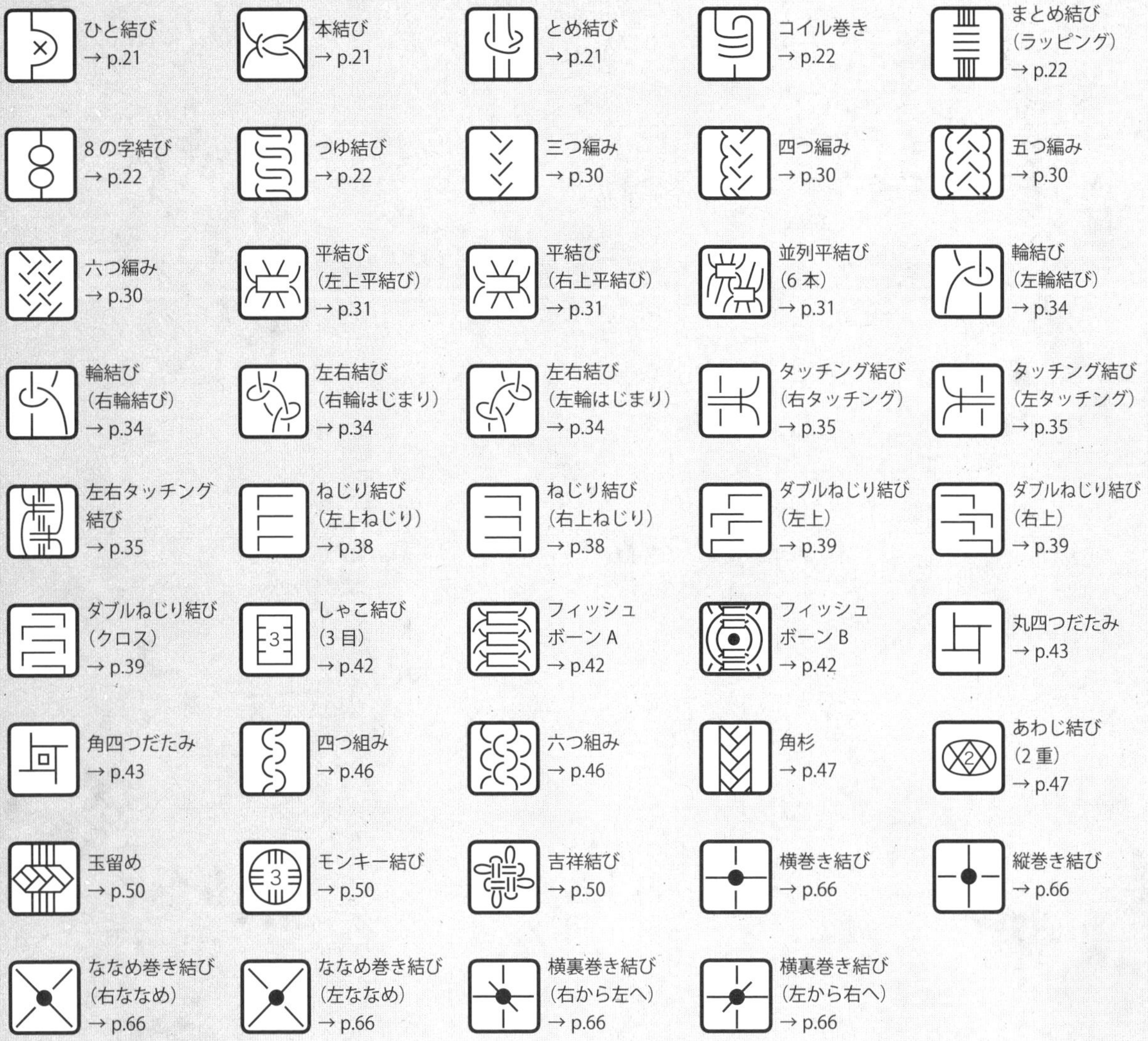

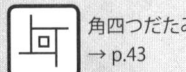 角四つだたみ →p.43
  四つ組み →p.46
 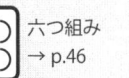 六つ組み →p.46
 角杉 →p.47
 あわじ結び（2重）→p.47

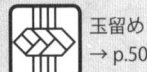 玉留め →p.50
 モンキー結び →p.50
 吉祥結び →p.50
 横巻き結び →p.66
 縦巻き結び →p.66

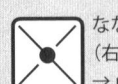 ななめ巻き結び（右ななめ）→p.66
 ななめ巻き結び（左ななめ）→p.66
 横裏巻き結び（右から左へ）→p.66
 横裏巻き結び（左から右へ）→p.66

この本の使い方

◎本文中に記載した寸法のなかで、とくに表記がないものの単位はすべてcm（センチメートル）です。

◎「Chapter 02」のひもパターン、面パターンは、いずれもパターンの基本形として紹介しているため、サンプラー（写真サンプル）に使用したひもの切り寸法は表示していません。パターンをもとに作品をつくる際、必要になるひもの切り寸法は、p.23の「Point 2」の一覧表を参考に概算することをおすすめします。

◎「Chapter 03」の作品材料欄において、「ヘンプトゥワイン・中　ナチュラル[321]」などと表示されている場合、[ ]内に表示されている数字は色番号です。

◎この本のサンプラー、作品は、メルヘンアートの材料と用具を使用して製作されています。材料、用具についてのお問い合わせは下記へお願いいたします。

川端商事株式会社
〒541-0057　大阪市中央区北久宝寺町1-7-6　TEL 06-6271-0991/FAX 06-6264-6827

メルヘンアート株式会社
〒130-0015　東京都墨田区横網2-10-9　TEL 03-3623-3760/FAX 03-3623-3766　電話受付時間 9:00～17:00（土日祝除く）
http://www.marchen-art.co.jp

Macrame
Pattern
Book

Prologue

フォークロア・デザインなら、
マクラメにおまかせあれ。

What's Macrame?

マクラメって何？

「マクラメ」と聞いて、まず何を思い浮かべるでしょうか。メッシュの模様が涼しげな麻バッグ？ 革ひもやヘンプロープを組んで柄をつくったベルト？ 細いコードを天然石やビーズと組み合わせたアクセサリー？ あるいはちょっとレトロな雰囲気の鉢カバーやふくろうのオブジェ？ なかには「マクラメなんて聞いたこともない」という人もいるかもしれません。

マクラメとは、装飾的にひもを結んでものづくりをするクラフト全般のことをいいます。素材はひも状の「結べるもの」なら、なんでもOK。麻（ヘンプ）や革、綿ロープといったところが定番ですが、毛糸、たこ糸、刺繍糸、ビニールひもなどなど、身のまわりにあるさまざまな素材を活用できます。

実際、マクラメはいろいろなところで使われていて、先ほど例としてあげた定番的アイテムのほかにも、ショールやストールの縁飾り、カーテンのタッセル、織物の縁についたフリンジなども、マクラメの技法でつくられています。そんなふうに考えていくと、たいていの人は「ああ、あれね」と何かしら思いうかぶのではないでしょうか。

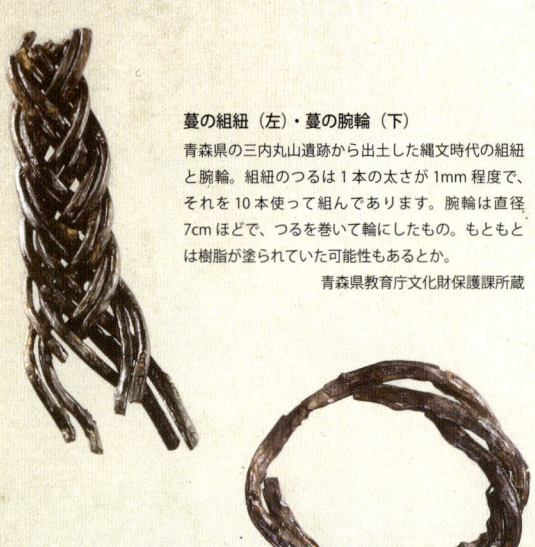

蔓の組紐（左）・蔓の腕輪（下）
青森県の三内丸山遺跡から出土した縄文時代の組紐と腕輪。組紐のつるは1本の太さが1mm程度で、それを10本使って組んであります。腕輪は直径7cmほどで、つるを巻いて輪にしたもの。もともとは樹脂が塗られていた可能性もあるとか。
青森県教育庁文化財保護課所蔵

修多羅（しゅたら）
修多羅とは、もとはサンスクリット語の「スートラ」からきた経文、経典を意味する言葉。右の修多羅は、その経文を結びであらわしているとされています。仏教とともに伝わり、現代でもお坊さんが七条袈裟という袈裟を身につけるときに肩から垂らしています。お坊さんが用いるのは太い組紐で結ばれた大きなものですが、右のものはストラップサイズのミニ修多羅。

History of Macrame

マクラメの歴史

ひも状のものを組んだり結んだりして何かに役立てる——この素朴な手わざ自体のはじまりは、人間が知恵をもち、道具を使いはじめたころにさかのぼれるでしょう。日本でも、縄文時代の集落跡である青森県の三内丸山遺跡から、植物のつるで組んだ組ひもや腕輪が出土しています。

そもそも「縄文」という言葉自体、特徴的な土器に縄を使ってつけられた文様からきたもの。その文様は、縄文の人々が「結び」には延命や豊作を祈る呪術的な力が宿ると考えていたことから、いわば魔除けとして施したと考えられています。そして当初は魔除けであったものが、しだいに実用性や装飾性の意味合いを強め、発展をとげていったようです。

こうした変遷は日本にかぎったことではなく、素朴な手わざだけに、世界各地で結びのテクニックが生まれ、各地域の風土や文化のなかで培われてゆきました。それはたとえば私たちが子どものころ、ちょうちょ結びや堅結びを教わったときのように、日常のなかで役に立ち、ときに文字通り「命綱」になることすらある暮らしの知恵として、ごく自然に親から子へ、子から孫へと伝えられていたはず。だから、「結び」自体の起源を特定することは、とても難しいのです。

それでは現在につづく「装飾のための結び」としてのマクラメはどうかというと、これもはっきりとはしないのですが、「マクラメ」という言葉自体はアラビア語で「交差して結ぶ」「格子編み」という意味の「ムカラム（mcaram）」からきていると考えられています。

**ルーマニア（左）とハンガリー（右）の
アンティーククロス**
右の2枚はいずれも100年ほど前につくられたクロス。産業が機械化される以前、多くの女性たちは自ら植物を育て、それを紡いで糸にし、その糸で布を織り、織った布を仕立てて刺繍を施し……と、気が遠くなるような手間と時間をかけて日用の布製品を手づくりしていました。なかでもルーマニアやハンガリーには、織りや刺繍に加え、クロスの端をレースのように繊細なマクラメで飾ることを伝統とする地域もあるそう。

七宝網
茶道の世界では、器や道具だけでなくそれらを収める箱や袋も鑑賞の対象になります。茶碗や茶入を包む袋物の一種として古くから使われてきた七宝網は、その美しい網目が見所。すべて一点もので、入れるものの形や色に合わせてつくられます。

織物や布の端をまとめる目的ではじまった結びの技法がしだいに装飾性を帯びていったもので、発祥は東ヨーロッパ、西アジア、中近東、はたまた北アフリカともいわれています。いずれにしても、中世に世界の最先端を誇っていたイスラム文化圏で発展した技術が、商業民族としてアジアからヨーロッパにかけての広い地域で交易をおこなっていたアラビア人によりイタリアに伝えられ、ヨーロッパ各地でも独自の発展をとげていった、という流れのようです。

ヨーロッパのなかでもいち早くマクラメが伝わったイタリアのジェノバでは、その後世界中で最も多くのマクラメの種類が生み出され、現在もマクラメの盛んな街として知られています。また16〜17世紀のヨーロッパでは、女性の衣服の装飾としてマクラメが大流行。ヴィクトリア朝時代（18世紀）のイギリスでは、王妃が宮廷の女性たちに教えたことをきっかけにマクラメが大流行し、細い糸で結ぶ繊細なマクラメの装飾をつくることが、貴婦人のたしなみとされたそうです。

さらにマクラメは、大航海時代以降のヨーロッパからの人とモノの移動にともなって、スペインからメキシコへ、フランスからカナダのネイティブアメリカンへ、ジェノバからアメリカや南米へ……などと、各地へ広がっていったようです。そのなかで、マクラメという言葉も、アラビア語からフランス語になり、フランス語から英語になって、世界中で通用するものとなっていきました。

そして日本で手芸としてのマクラメが楽しまれるようになったのは、西洋文化が一気に流れこんだ明治時代から。以来、昭和のはじめ、第二次大戦後、1980年代と何度かのブームをへて現在にいたっています。

本書でご紹介するマクラメのパターンは、以上のような長い歴史をへてくるなかで、より美しい模様、個性的な模様をという工夫の積み重ねにより生み出されてきたものです。なかには一見しただけではどう結んだのか、見当のつかないものもあるかもしれません。

でもじつのところ、マクラメのパターンは「平結び」（31ページ参照）と「巻き結び」（66ページ参照）を基本に、あとはその応用と組み合わせによるバリエーションということもできます。なんといっても基本は「ひもを結ぶ」という単純なテクニックですから、しくみがわかればあとはそのくり返し。自分の手のなかで模様が生まれてきた瞬間の楽しさを経験すると、あれもこれもと結んでみたくなることうけあいです。

とはいえ、この本で紹介できるのは、多種多様な結びのバリエーションのほんの一部にすぎません。そのなかから、基本テクニックとしておさえておきたいもの、よく使われている定番パターン、そして具体的なアイテムに展開しやすい、汎用性の高いパターンを厳選しました。長い時間と多くの人の手をへて受け継がれてきたことに思いをはせると、ひとつひとつのパターンが、小さなタイムカプセルのように思えてきませんか。

> Find
> the folklore
> design in
> Macrame

フォークロア・デザインのマクラメ

世界各地で日々の暮らしを彩る手仕事として受け継がれてきたマクラメは、素朴であたたかみのある民芸品や、フォークロアテイストの洋服、アクセサリーなどを眺めてみると、そこにもここにも、見つけ出すことができます。ここではそんな、世界各地のマクラメアイテムを集めてみました。

マダガスカルのサイザル麻バッグ
アフリカ大陸東側のインド洋に浮かぶ島国、マダガスカル。特産品のサイザル麻でつくられたロープは、さらに手のこんだマクラメのバッグに加工され、遠く離れた日本までやってきます。

トルコのお守り
青いガラスに描かれた目玉であらゆる不幸をはね返す力をもつとされるこのお守りは、「ナザール・ボンジュウ」とよばれるトルコの伝統的なもの。トルコのお土産物屋さんにいくと、目玉のモチーフがデザインされたアクセサリーやキーホルダーなど、さまざまなアイテムを目にしますが、これは一番ベーシックなタイプ。マクラメの技法を用いた麻ひもの飾り結びがついています。

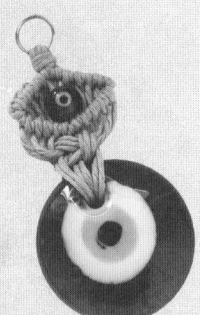

佐渡のなべしき
佐渡の農家でつくられているなべしき。材料は、稲を収穫したあとのわら。マクラメでいう「タッチング結び」でしっかりと結ばれた暮らしの道具は、収穫したものをあますところなく使う農家の知恵の結晶です。

マクラメのアクセサリー
エスニック雑貨店などに行くとよく見かけるのが、ブレスレット、アンクレット、ネックレスといったマクラメのアクセサリー。そのふるさとはメキシコ、ペルーなどの南米や、インドネシアなどの東南アジア。土地ごとに柄や結び方に特徴の違いが見られます。素材もヘンプ、ワックスコード、レザー、ウール糸などさまざま。

バングラデシュのジュートサンダル
ジュートとは日本語で「黄麻(こうま)」と呼ばれる(「つなそ」とも)麻の一種。バングラデシュの主要な特産品です。ジュートを伝統的な技術で加工した手工芸品は、貧しい女性たちが現金収入を得るためのフェアトレード商品としても、さまざまなアイテムがつくられています。このサンダルのアッパーは、七宝結びで菱形パターンをはさんだデザイン。

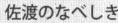

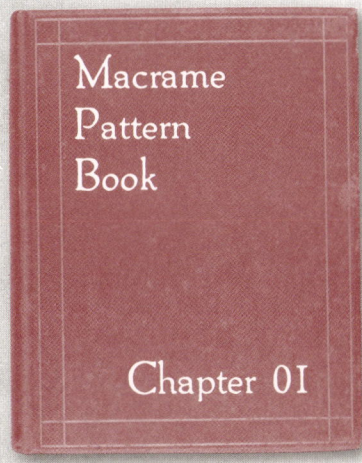

マクラメベーシックレッスン

マクラメの基本姿勢
マクラメ作品をつくる際は、ひもをマクラメボード（15ページ参照）などのボードに固定しながら結ぶのがおすすめ。上の図のようにひもを固定したボードをテーブルにななめに立てかけた状態にすると、結びやすく、楽に作業ができます。

Lesson 01

材料は「ひも」なら何でも。

　マクラメの作品づくりの材料は、結べる「ひも」なら何でも使えます。ナチュラルな風合いになるヘンプ、クールな雰囲気のレザー、繊細な印象に仕上がるコード類、カラフルなミサンガ用の糸、昔ながらのマクラメ糸など、素材やひもの太さを好みのテイスト、つくりたいものに合わせて選びます。こうした材料選びも、マクラメの楽しみのひとつ。

　ただ、どんな素材でも結ぶことはできるのですが、ひも自体にハリのあるもののほうが結びやすく、きれいな形をつくりやすいので初心者向きです。

　ここでは、よく使われる材料ごとに、それぞれの特徴を簡単にご紹介します。

麻ひも
Hemp・Jute

　ひと口に「麻」といっても、種類はいろいろ。マクラメ素材として最も一般的なのがヘンプです。ヘンプの原料はアサ科の大麻(おおあさ)。ナチュラルな風合いもさることながら、成長が早く、丈夫で農薬が必要ないなど、オーガニックな素材としても注目されています。アクセサリー向きの細いひも、バッグやマット向きのロープなど、太さも色もさまざまに加工されています。アジアや南米、アフリカの民芸品などにもよく使われている素材です。

　荷づくりひものようなラフな風合いのジュートは、シナノキ科の黄麻(こうま)が原料。

　ヘンプもジュートも、手芸用でないひもは繊維がはがれやすい、特有のニオイがきついなど、作業がしづらい場合も。やはり手芸用がおすすめです。

　麻は水につけると縮むので、汚れたときはなるべく水ぶきですませ、洗うときも手洗いにするなど、注意が必要です。

ヘンプ
トゥワイン

ヘンプロープ

ジュート
ラミー

ジュート
コード

革ひも Leather

アクセサリー、ベルト、バッグなどの材料に欠かせない革ひも。表裏のある平革ひもや、コード状の丸革ひも、ベロアなど、質感もバリエーション豊富。一般的に革はぬれると色落ちし、色移りする場合があるのでご注意を。保管の際は直射日光を避け、風通しのいい場所を選びましょう。

- バフレザーコード
- ベロア&ヴィンテージレザーコード
- ボタニカルレザーコード
- アミレザー

コード類 Cord

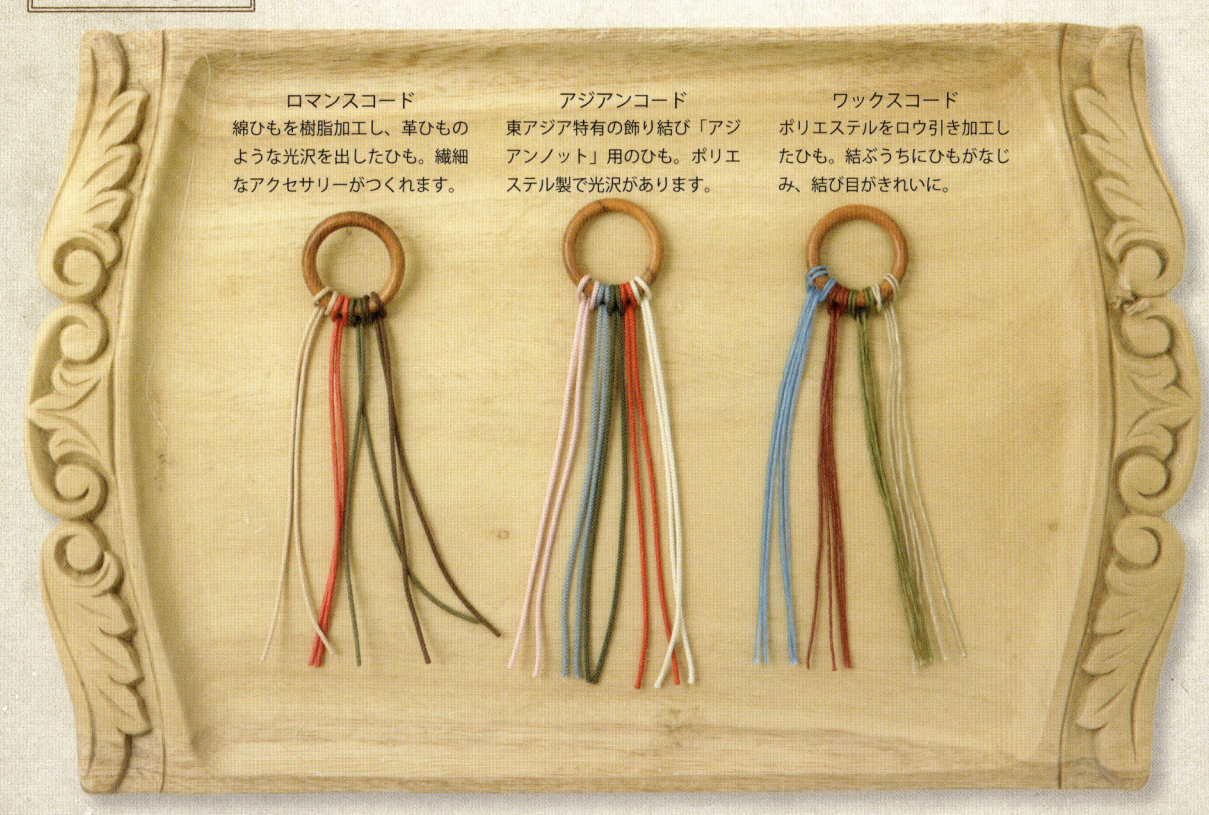

- ロマンスコード
  綿ひもを樹脂加工し、革ひものような光沢を出したひも。繊細なアクセサリーがつくれます。
- アジアンコード
  東アジア特有の飾り結び「アジアンノット」用のひも。ポリエステル製で光沢があります。
- ワックスコード
  ポリエステルをロウ引き加工したひも。結ぶうちにひもがなじみ、結び目がきれいに。

Chapter 01 マクラメベーシックレッスン

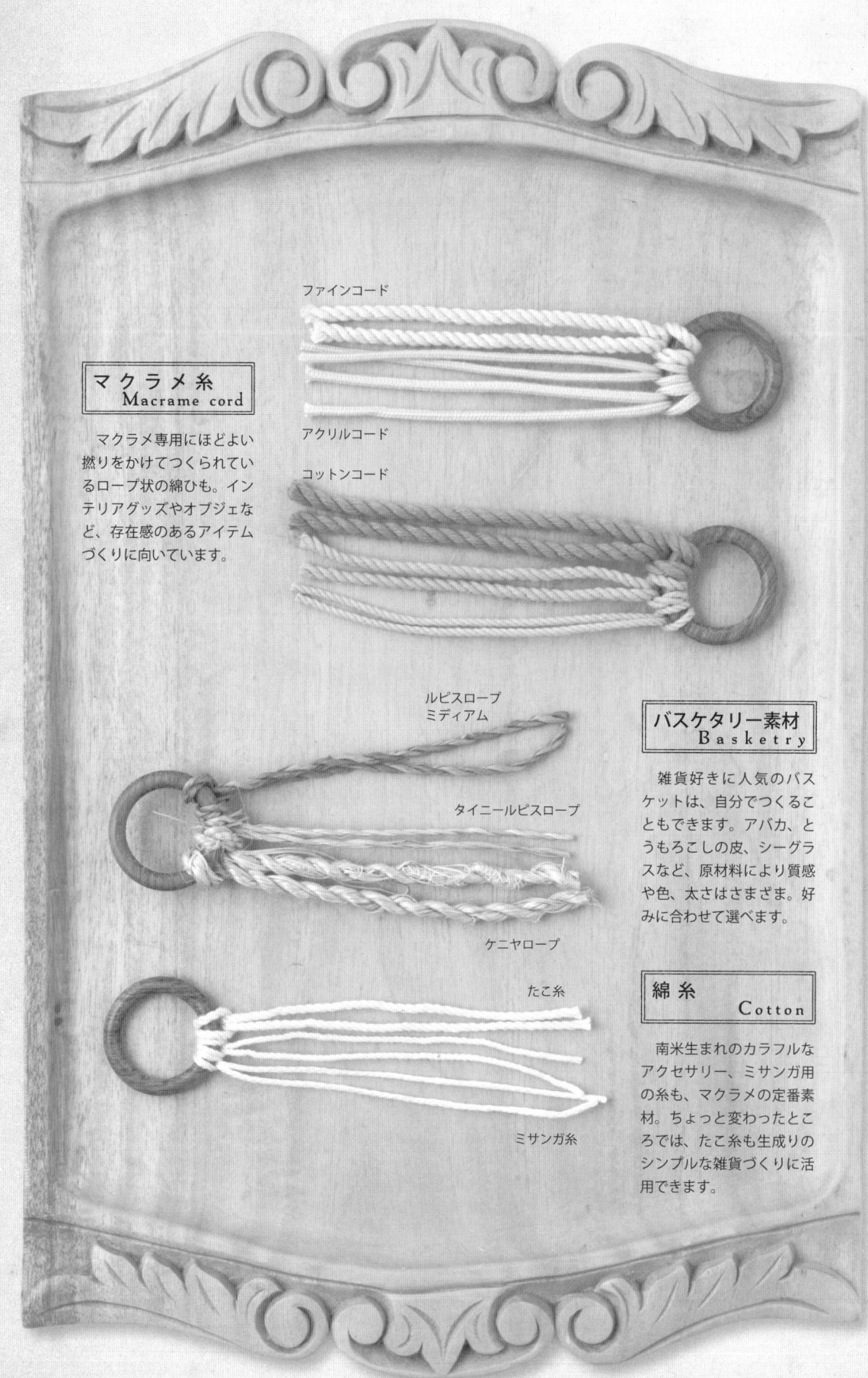

ファインコード

マクラメ糸
Macrame cord

マクラメ専用にほどよい撚りをかけてつくられているロープ状の綿ひも。インテリアグッズやオブジェなど、存在感のあるアイテムづくりに向いています。

アクリルコード

コットンコード

ルピスロープ
ミディアム

タイニールピスロープ

バスケタリー素材
Basketry

雑貨好きに人気のバスケットは、自分でつくることもできます。アバカ、とうもろこしの皮、シーグラスなど、原材料により質感や色、太さはさまざま。好みに合わせて選べます。

ケニヤロープ

たこ糸

綿糸
Cotton

南米生まれのカラフルなアクセサリー、ミサンガ用の糸も、マクラメの定番素材。ちょっと変わったところでは、たこ糸も生成りのシンプルな雑貨づくりに活用できます。

ミサンガ糸

Lesson 02

必要な道具・あると便利な道具

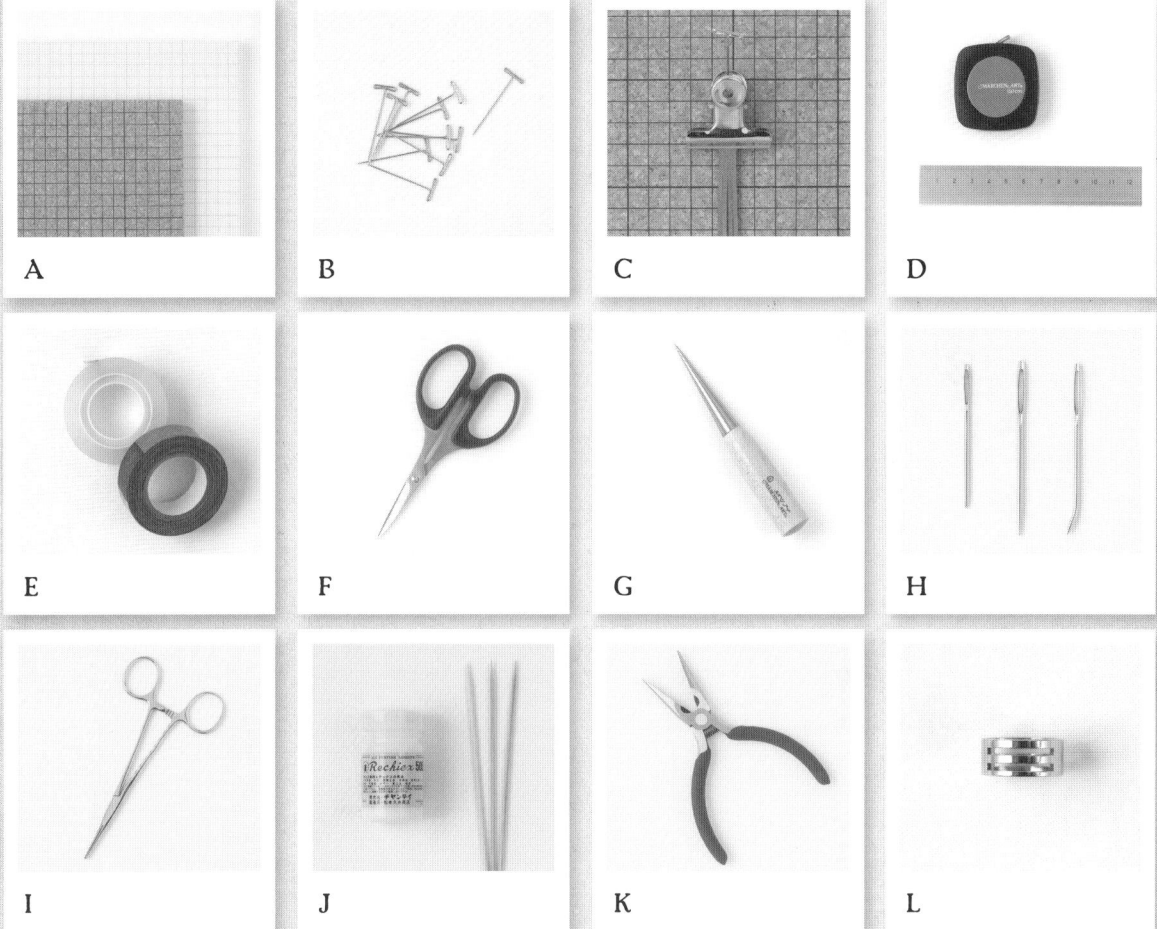

A：マクラメボード
ひもを固定して、結びやすくするボード。専用のものには方眼が印刷されているので、寸法のガイドにもなります。コルクボードや板、アイロン台でも代用できます。

B：マクラメピン
ボードにひもを固定するときに使います。画びょうや押しピンでもOK。

C：目玉クリップ
マクラメピンが刺せない革ひもなどは写真のようにクリップではさみ、クリップをピンでボードに固定します。

D：メジャー・定規
ひもの長さや面の寸法を測るときに。定規は七宝結びのガイドとしても使えます。

E：セロハンテープ・マスキングテープ
セロハンテープはマクラメボードを使わない場合にひも端を机などに固定するときに。加えて撚りのあるひもをカットするときにあらじめ巻いておくとひも端のほぐれ防止になります。マスキングテープはセロハンテープを使うと表面が剥離する恐れがある素材を使う場合に、あると便利なアイテム。作業中に手を休めたいときの仮どめなどに使います。

F：はさみ
ひもや革のカットに。切れ味のよい手芸用がおすすめです。

G：目打ち
ひものたるみを詰めたり、結び目をほどいたり、何かと活躍する道具。

H：とじ針
結びはじめや結び終わりのひも端の始末に使います。ニット用のとじ針でもOK。

I：鉗子
結んだひものすきまからひも端を引き出すときなどに使います。あると便利な道具。

J：接着剤（レチックス）・竹ぐし
ひも端の始末に使う手芸用の強力接着剤。竹ぐしなどの先の細いものを利用してつけると、きれいに使えます。

K：ペンチ
丸カンやCカンの開閉や留め具の固定に使います。細かな作業が多いので、使いやすいのは先が細いタイプ。

L：丸カンリング
パーツに丸カンを使うときにあると便利な道具。ペンチがふたつ必要な丸カンの開閉がペンチひとつで可能に。

Lesson 03

パーツ選びも、楽しみのひとつ。

マクラメアイテムはビーズやチャームなど、さまざまなパーツと組み合わせてつくることもできます。装飾パーツの素材やテイストも、デザインの方向性を決める重要なポイント。また、留めパーツや金具パーツは、アクセサリーやストラップ、キーホルダーなどをつくるときの必須アイテム。パーツを上手に使えると、作品づくりの幅がぐっと広がります。

トップパーツ Top parts

ペンダントトップにしたり、携帯ストラップのチャームにしたり、アクセサリーのデザインの主役になるトップパーツ。アンティーク風、シルバー、ガラス、ウッドなど、素材はいろいろ。チャームには「お守り」の意味もあるように、国内外の縁起物がモチーフになっているものもたくさんあります。複数のトップパーツを組み合わせるのもおすすめです。

ビーズ Beads

アクセサリーの材料としておなじみのビーズですが、結びの間にはさむだけでなく、フリンジの先につけて飾りにしたり、面パターンに組み込んで柄の一部にするなど、さまざまな使い方ができます。

素材は人気のパワーストーンやガラス、ウッド、ボーン、金属など種類豊富。表面の柄や全体の形状も、多種多様なタイプがそろっています。ひもを通しやすい太穴のものを選んで。

Chapter 01 マクラメベーシックレッスン

留めパーツ
End parts

基本的にはネックレスやブレスレットの留め具ですが、バーとリングの組み合わせや、ボタン型、ホーン型など、デザインのアクセントになる凝ったデザインのものもたくさんあります。素材を使用するひものテイストに合わせて選ぶのが使い方のコツ。

金具パーツ
Metal parts

機能的なアイテムづくりに欠かせない金属のパーツ類。こうしたパーツを活用することで、作品の完成度が質実ともにアップして、まるで既製品のように。せっかくつくった作品を長く楽しむためにも、丈夫なものを選びましょう。

キーホルダーパーツ　レバーカン　鉄砲カン　カニカンジョイント　キーリング

木製パーツ
Wood parts

キーホルダーの二重リングがわりにしたり、ベルトのバックルにしたりと、活用範囲の広いリング。ほっこりやさしいフォークロアテイストに仕上げるなら、木製がおすすめです。

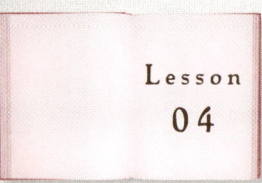

Lesson 04

結びはじめの方法

結びはじめの方法にはひも状にする場合、面状にする場合、それぞれにいくつかの方法があります。主要な方法の使い分け方をチャートにしたので、これから「したいこと」に合わせてチェックしてみてください。

Start
つくりたいのは
A：ひも
B：面

―A→ 芯ひもを二つ折りに
A：する
B：しない

―A→ 芯ひもを二つ折りにするのは
A：そのまま
B：結んでから

―A→ ⓐ 芯ひもを二つ折りするスタート →18ページ

↓B

フリンジは
A：つけない
B：つける

―A→ ⓔ フリンジなしのスタート →19ページ

↓B

ⓕ フリンジつきのスタート →20ページ

スタート位置は
A：ひもの端
B：ひもの中央

―B→ ⓑ 結んでから二つ折りするスタート →19ページ

↓A ↓B

ⓒ ひも端を残すスタート
※パーツをつけずに中央からスタートする場合も共通
→19ページ

←A― 中央にパーツを
A：つけない
B：つける
―B→ ⓓ 中央にパーツをつけるスタート →19ページ

ひも Strings

ⓐ 芯ひもを二つ折りするスタート

ひも端をループにする場合の、基本的な方法です。

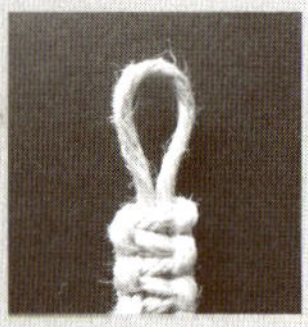

記号例

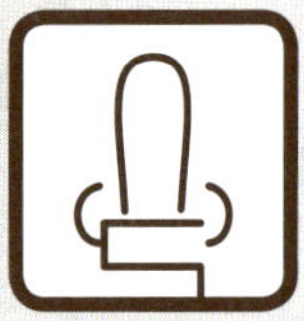

1 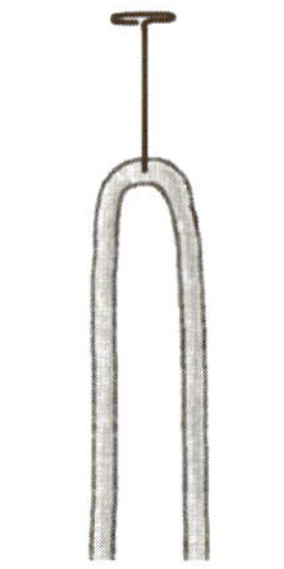 芯ひもを二つ折りにして、マクラメボードにピンでとめる。

2 ←指定の寸法→ 結びひもをつけ位置に合わせてピンでとめ、結びはじめる。

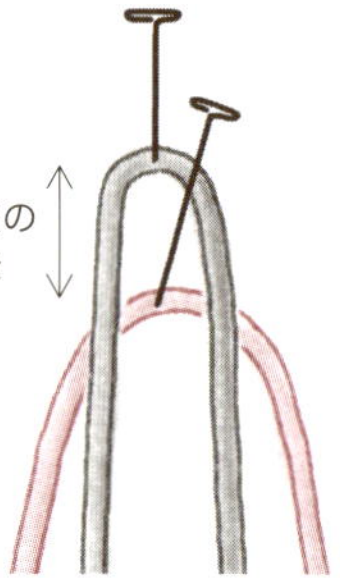

ⓑ 結んでから二つ折りするスタート

複数のひもを束ねてループにする場合に使用する方法です。

記号例

1
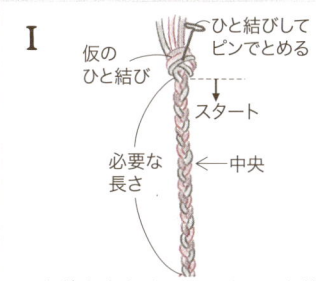

ひも端をまとめてゆるめにひと結び（→ p.21）をしてピンでとめ、中央をはさんで指定の長さだけ三つ編みなどをする。

2
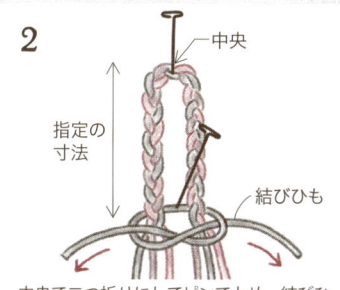

中央で二つ折りにしてピンでとめ、結びひもをつけ位置に合わせてピンでとめて結びはじめる。

ⓒ ひも端を残すスタート

ひも端をそのまま残す場合、パーツを使わず中央からはじめる場合の方法です。

記号例

1
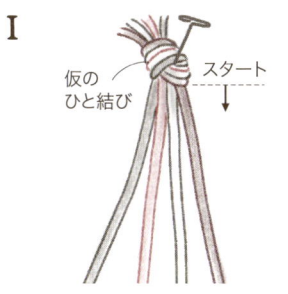

ひも端をまとめてゆるめにひと結び（→ p.21）をしてピンでとめ、結びはじめる。

1*
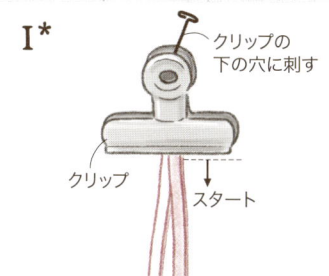

平革ひもの場合は、表面の染め付けが剥離しないよう、クリップにはさんでボードに固定する。

ⓓ 中央にパーツをつけるスタート

ペンダントトップをつける場合などに使用する方法です。

記号例

1
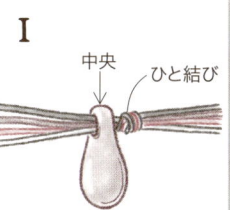

ひもの中央にパーツを通し、片方をまとめてゆるめにひと結び（→ p.21）する。

2
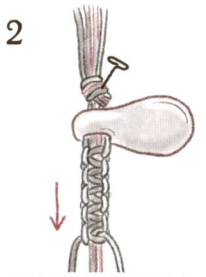

ひと結びしたほうを休ませておき、反対側を結んでいく。

3
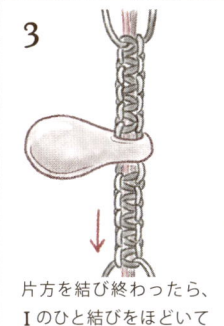

片方を結び終わったら、1のひと結びをほどいて結んでいく。

面 Planes

ⓔ フリンジなしのスタート（A）

芯ひもに結びひもをとりつける一般的な方法です。

記号例

1
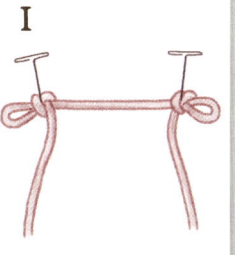

芯ひもをピンと伸ばして張り、左右の結び目にピンをさしてとめる。（共通）

1*

「輪」に結ぶ場合はマクラメボードに芯ひもを巻き、結んでとめる。

2
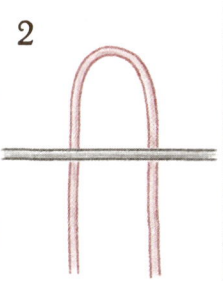

結びひもを二つ折りにして芯ひもの下に入れる。

Chapter 01 マクラメベーシックレッスン

（ⓔフリンジなしのスタートつづき）

3
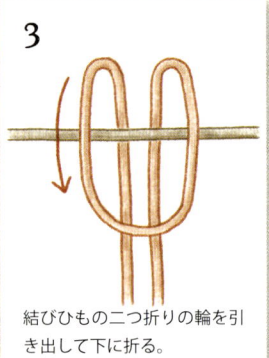
結びひもの二つ折りの輪を引き出して下に折る。

4
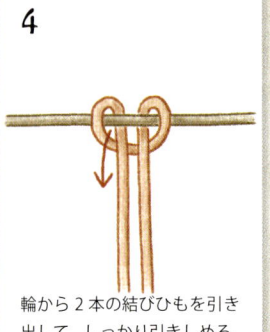
輪から2本の結びひもを引き出して、しっかり引きしめる。

4*-a
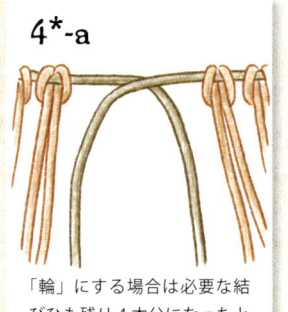
「輪」にする場合は必要な結びひも残り4本分になったところで芯ひもを重ねる。

4*-b
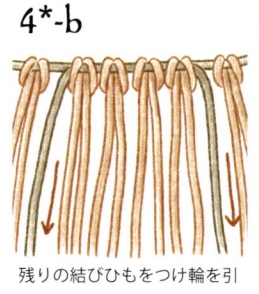
残りの結びひもをつけ輪を引きしめる。芯ひもの端はその後の結び目の芯にして隠す。

ⓔ フリンジなしのスタート（B）

(A)で、結びひもをつけたときの結び目が表裏逆になる方法です。

 記号例

2
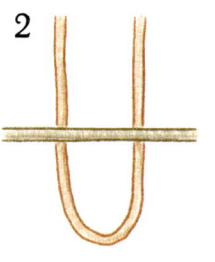
結びひもを二つ折りにして、芯ひもの下に入れる。

3
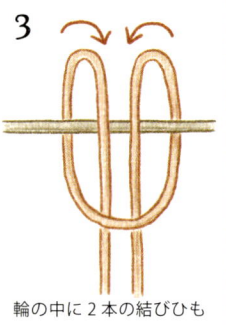
輪の中に2本の結びひもを入れ、下に引き出す。

4
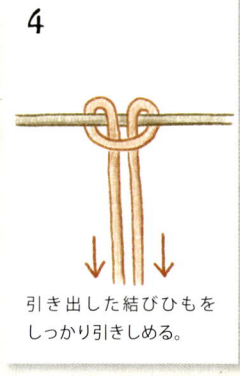
引き出した結びひもをしっかり引きしめる。

ⓔ フリンジなしのスタート（C）

(A)の方法でひもをつけたあと、左右にもう1回巻いて幅を出す方法です。

 記号例

2
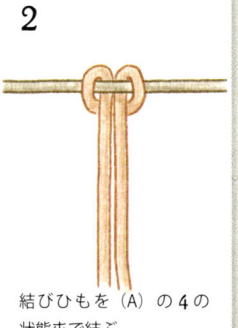
結びひもを(A)の4の状態まで結ぶ。

3
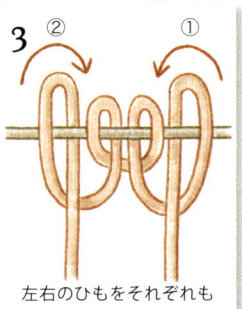
左右のひもをそれぞれもう1回ずつ芯ひもに巻きつける。

4
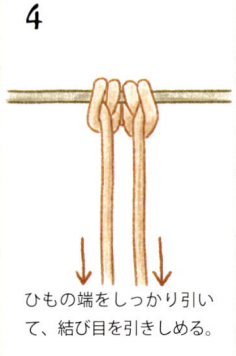
ひもの端をしっかり引いて、結び目を引きしめる。

ⓕ フリンジつきのスタート

面の端に飾りとしてフリンジを残したいときの基本的な方法です。

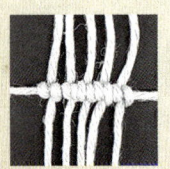 記号例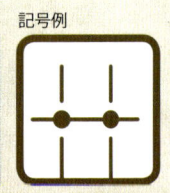

1
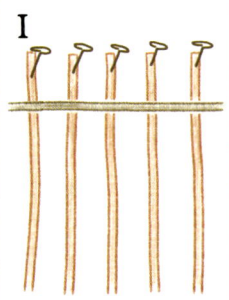
芯ひもと結びひもを図のようにセットする。

2
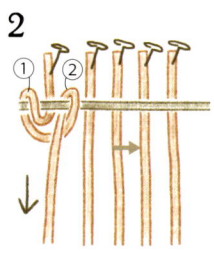
結びひもを芯ひもに2回巻きつけて引きしめる（横巻き結びをする）。

3
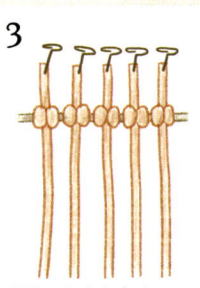
ほかのひももすべて2のようにして結び、最後にピンをはずす。

Lesson 05

ひも端始末に使う基本的な結び方と始末の方法

マクラメの技法のなかには、連続してパターンをつくるためには用いないけれど、ひも端の始末などには欠かせないごくごく基本的な結び方がいくつかあります。基本中の基本として、覚えておきたいテクニックです。

ひと結び

ほかの結びの補強や、数本のひもをひとまとめにするときに。まとめるひもの本数が増えると、結び目も大きくなります。

結び記号

1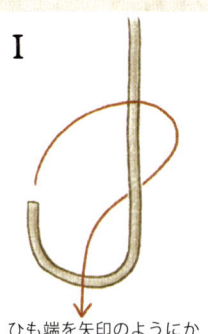
ひも端を矢印のようにからげ、できた輪に通す。

2
ひも端を引いて輪を引きしめる。

3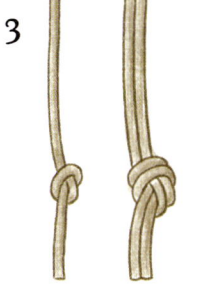
できあがり。ひもの本数が増えても同様に結ぶ。

本結び

「真結び」「堅結び」とも呼ばれる基本結び。1回目と2回目で上にするひもを逆にして結びます。ほどけにくいのが特徴です。

結び記号

1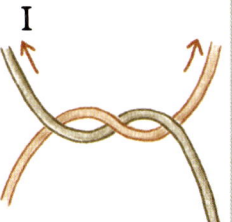
左のひも端が上になるように2本のひもを交差させ、1回結ぶ。

2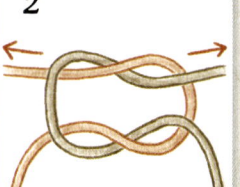
右のひも端が上になるように2本のひもを交差させ、もう1回結ぶ。

3
左右のひも端をしっかり引いて引きしめる。

とめ結び

2本以上のひもをまとめるときに。ひもの本数が増えても結び目が大きくならないので、端をすっきり始末できます。

結び記号

1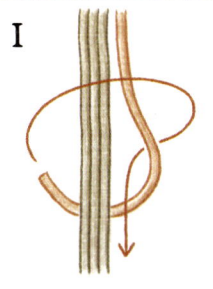
ひも端の1本を折り、矢印のようにからげる。

2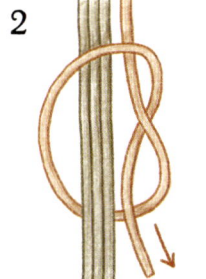
からげたひもの端をしっかり引いて引きしめる。

3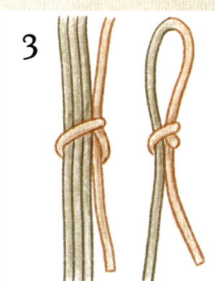
できあがり。ひもの本数が増えても結び目はひも1本分の大きさになる。

Chapter 01　マクラメベーシックレッスン

コイル巻き（3回巻き）

結び終わりで使えばコイルのような飾りになる結び方。ひもを巻きつける回数で、結び目の長さが変化します。

記号例

1
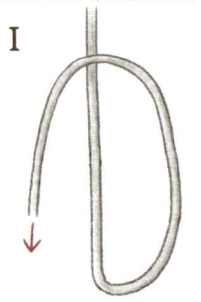

ひも端を数字の「6」の形になるように重ねる。

2
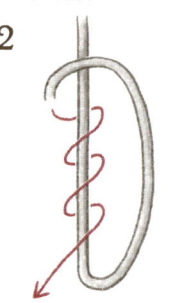

ひもの先を輪に通し矢印のように3回巻きつける。

3
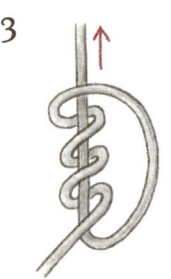

芯にしたひもを上に引っぱり引きしめる。

まとめ結び（ラッピング）

束ねたひもを1本のひもでぐるぐる巻いてまとめる方法。裏を見ながら結ぶのが基本です。

記号例

1
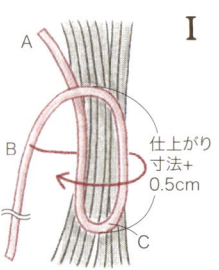

芯ひもに結びひもを折って重ね、上から下へすき間なく巻きつける。

2
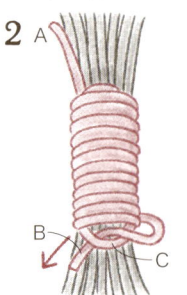

Cの輪にひも端Bを通す。

3
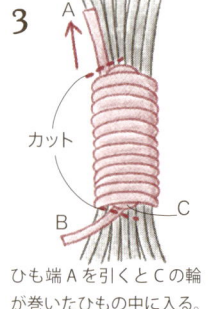

ひも端Aを引くとCの輪が巻いたひもの中に入る。A、Bを根元で切る。

8の字結び

結びひもで8の字のような形をつくる飾り結び。太めのひもや、細いひもを数本束ねて結ぶと形が引き立ちます。

記号例

1
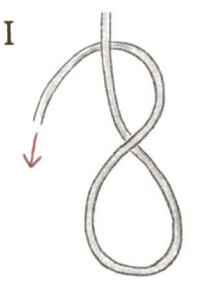

ひも端を図のように、数字の「8」の形に重ねる。

2
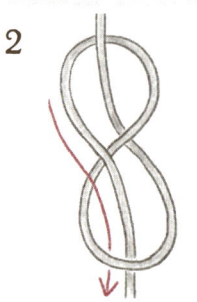

ひもの先を下側の輪に通す。

3
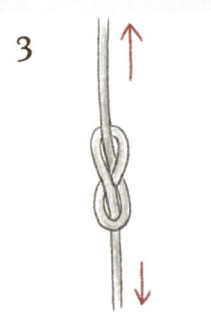

結び目の形を整えながらひもを引きしめる。

つゆ結び

2本のひもでつくる結び目。「蛇結び」とも呼ばれるように、連続して結ぶと蛇のうろこのような柄が出てきます。

記号例

1
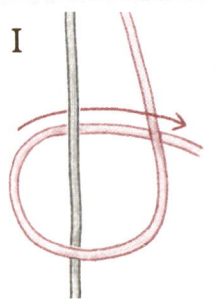

右のひもを左のひもに図のようにからげる。

2
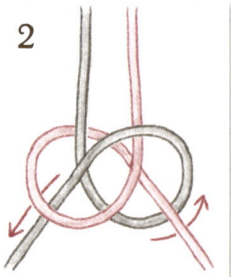

左のひもを右のひもの後ろを通して前に出し、1でできた輪に通す。

3
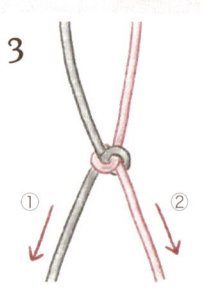

結び目をつくる位置で押さえ、まず左のひも、次に右のひもを引きしめる。

芯ひものひも端始末

芯ひもを外に出さない仕上げにする場合は、右のようにひも端をとじ針に通し、裏面の結び目に通して隠してしまいます。

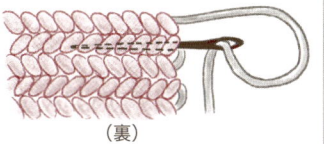
（裏）

結びひものひも端始末

結びひもを見えなくする場合も、芯ひもを隠す場合と同様に、とじ針で裏面の結び目に1本1本通して隠しておきます。

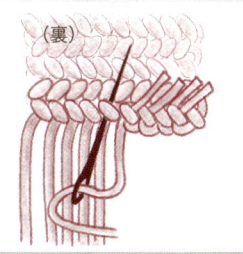
（裏）

Chapter 01　マクラメベーシックレッスン

Lesson 06

きれいに結ぶには、すこしコツがあります

マクラメ作品をきれいに仕上げるには、結び目をきれいに、きちんとそろえて結ぶのが肝心。ちょっとむずかしそうですが、いくつかのコツを押さえると意外と簡単。まずは試し結びからはじめてみてください。

Point-1　長いひもはあらかじめまとめておく

大型の作品をつくるときなど、長い芯ひもや結びひもを使用する場合は、あらかじめ右のようにして巻いておくと、途中でからまる心配がありません。短い結びひもは、小さくまとめて輪ゴムでとめておくのがおすすめです。

結びひもの束はなるべく小さくまとめたほうが、輪をくぐらせる作業が楽になります。

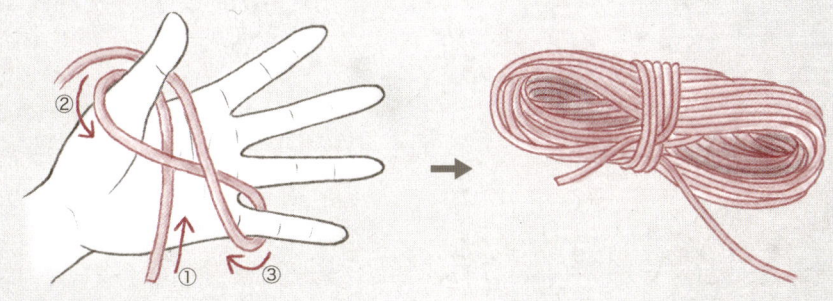

Point-2　ひもは余裕をもたせた長さにカットする

必要なひもの長さ（ひも長）は結び目の種類や組み合わせ、ひもの使い方によって違ってきます。目安として、右の表に結び目の種類ごとのひも長の目安を示しました。多くの場合、つくり方ページの材料欄にひも長は示されていますが、ひも長は使用するひもや結ぶ人の力加減によっても違ってきますので、基本的に長めにカットしておくと安心です。

結び目の種類	ひも長の目安	結び目の種類	ひも長の目安
平結び	できあがり寸法の5～6倍	左右結び	できあがり寸法の4～5倍
ねじり結び	できあがり寸法の5～6倍	七宝結び（2cm間隔・1回）	できあがり寸法の2～2.5倍
巻き結び（横・ななめ）	できあがり寸法の6～7倍	とめ結び（1.5cm間隔）	できあがり寸法の2～2.5倍
タッチング結び	できあがり寸法の6～7倍	あわじ結び（1.2cm間隔）	できあがり寸法の2.5～3倍

Point-3　力加減は一定に

　連続した結び目のひと目ひと目の大きさをそろえるには、ひもを引っぱるときの力加減を一定に保つことが大切です。芯ひもも、次の結び目の方向にしっかり引いて、たるみをなくしておきます。
　連続して並んだ結び目は、平らに落ち着くように（ねじれたりしないように）整えながら結ぶときれいに仕上がります。

Point-4　試し結びをする

　ひも長をより正確に割り出すには、実際に使用するものと同じ素材、太さのひもで試し結びをするのがおすすめです。
　ひもなら5〜10cmくらい、面なら5〜10cm四方を結んでみて、使用したひもの長さをチェック。それをもとに作品全体で必要なひもの長さを計算します。編み物の「ゲージ」と同じ考え方です。

Point-5　ひも端に印をつける

　とくにひものパターンで、同じ色のひもを何本も束ねて結ぶ場合、「どれがどれだったけ……？」と混乱しないよう、それぞれのひもの端に印をつけておくのがおすすめです。
　作業のじゃまにならないよう、色分けしたシールを貼ったり、紙を巻いたり、テープを巻いて文字を書いておくなど、素材に合わせたわかりやすい方法を工夫しましょう。

Point-6　ひもをまとめて穴に通すときはテープでまとめる

　2本のひもをビーズに通すときは、2本を束ねて先端をテープで巻いてまとめておくと、通しやすくなります。
　その後さらに3本目、4本目を通すときは、右の図のように先に通したひもの間に追加するひもをはさんで反対側から引っぱると、スムーズに通ります。

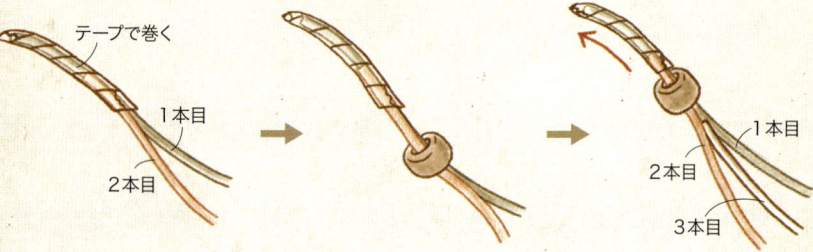

Point-7　寸法や結び目の位置を確認しながら結ぶ

　マクラメのパターンの美しさは、結び目が整然とそろっていてこそ発揮されるもの。全体の寸法や結び目の位置をそろえるには、つねにマクラメボードの方眼や定規で確認し、こまめにマクラメピンで結び目を固定しながら結ぶのがポイントです。
　写真①のように、ポイントごとにマクラメピンで固定しながら、マクラメボードの目盛りで全体のサイズを確認していくというのが、最も基本的な方法です。

　七宝結びの場合は、あきの寸法に合う幅の定規を写真②のようにあてながら結ぶという方法もあります。これならマクラメボードがなくても、きれいにそろった七宝柄が結べます。
　また、輪に結ぶときは写真③のようにひもがからまないよう間に紙をはさんでからマクラメボードにピンで固定し、結ぶ→ピンを抜いて全体を回す→ピンで固定する→結ぶ、とくり返して結んでいきます。

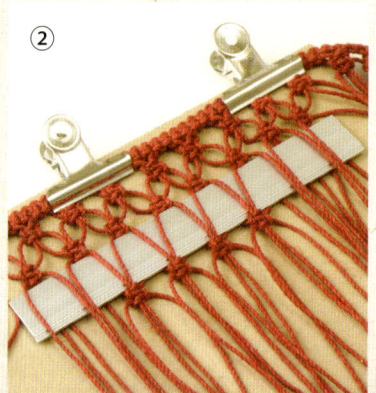
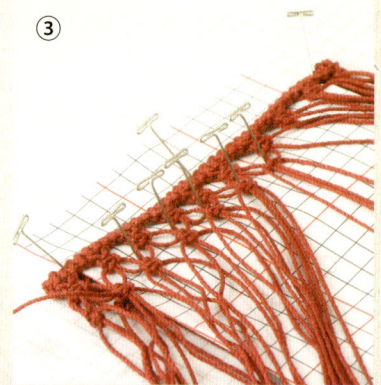

Lesson 07

トラブル解決のためのマクラメ Q & A

準備万端整えてはじめたつもりでも、実際に作業をしてみると「しまった！」となってしまう場合もあるものです。そんなトラブルの予防法、対処法をご紹介します。

Question-1　マクラメピンがすぐに抜けてしまうのはなぜ？

A. マクラメピンの刺し方には、コツがあります。それは、「固定するひもが引っぱられる方向とは逆の方向へ傾けて打つ」こと。力のかかる方向にピンが傾いていると、抜けやすくなってしまいます。

また、ただひもに刺すだけでは撚りがほどける原因にもなるので、結び目に刺したり、ひも端の場合はループをつくってひっかけておくようにしましょう。

Question-2　間違いを発見！どうすればいい？

A. だいぶ前に結んだところに「あ！　違う！」と間違いを発見……。ショックではありますが、これを直すにはひもをほどき、そこまで戻って結び直すしか方法がありません。

ほどくときはなるべくひもの質感を損ねないよう丁寧に。目打ちやピンセットを使うのがおすすめです。

こんなやり直しをせずにすむよう、くれぐれも作業は慎重に。

Question-3　ひもが足りなくなっちゃった！！

A. 結びひもが足りなくなった場合、芯ひもが足りなくなった場合、それぞれにひもを足す方法があります。どの方法も、新たなひもをつぎ足し、ついだ箇所のひも端は最後に裏面で隠して始末するのが基本。ついだ箇所のひも端はとじ針に通せるよう、少し長めに残しておきましょう。

🌹 **左右の結びひもを足す（ひも・平結びの場合）**

結んでいる途中で結びひもが両方足りなくなったときの方法です。

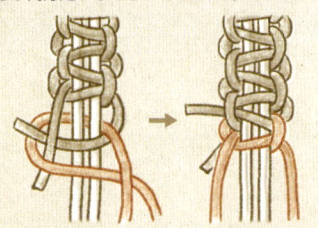

（表面）
二つ折りにした新たな結びひもを、元のひもにひっかけるようにして平結び（→p.31）を結ぶ。

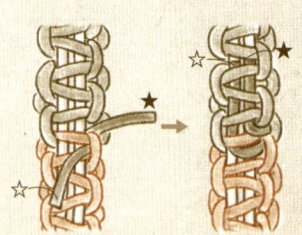

（裏面）
足りなくなった結びひものひも端は、最後に裏側で結び目に隠す。

🌹 **結びひもの片方を足す（ひも・平結びの場合）**

結んでいる途中で結びひもが片方だけ足りなくなったときの方法です。

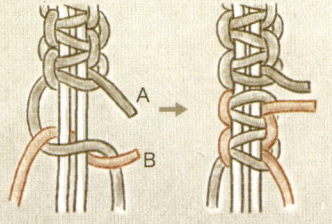

（表面）
元の結びひもの残っている側と新たな結びひもで、右の図のように平結び（→p.31）を結ぶ。ひも端A、Bをしっかり引いて、すきまができないようにする。

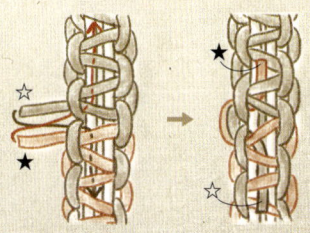

（裏面）
ついだ箇所の2本のひも端は、最後に裏面で結び目に隠す。結び目がボコボコしないよう、1本は上、もう1本は下に隠す。

芯ひもをひっかけて足す（ひも・平結びの場合）

足りなくなった芯ひもに二つ折りにした新しいひもをひっかけて足す方法。ひっかけている分、強度が増します。

（表面）
二つ折りにした新たな芯ひもを、元のひもにひっかけて足し、平結び（→p.31）を結ぶ。元の芯ひもの端は裏側に出しておく。

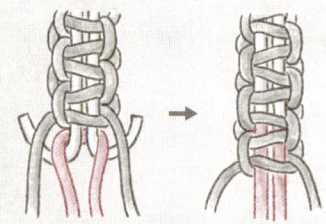 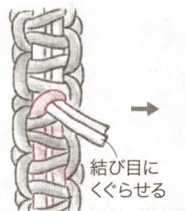

（裏面）
足りなくなった芯ひものひも端は、最後に裏側で抜けてしまわないよう上側の結び目に通して隠す。

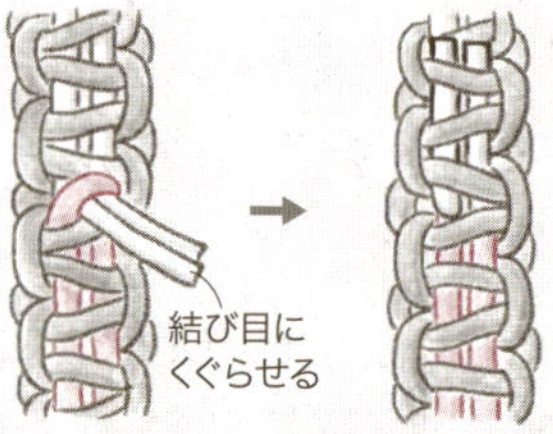

結び目にくぐらせる

芯ひもを重ねて足す（平結び）

足りなくなった芯ひもに新たな芯ひもをのせるだけの方法。

（表面）
足りなくなった芯ひもの上に新たな芯ひもを重ねて置き、そのまま平結び（→p.31）を結ぶ。芯ひももはのせているだけなので、作業中に抜けないように注意する。

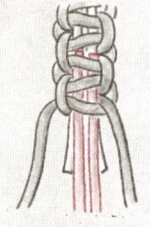

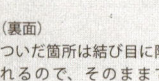

（裏面）
ついだ箇所は結び目に隠れるので、そのままでOK。

片方の結びひもと芯ひもを足す（平結び）

片側の結びひもと芯ひもが足りなくなったときに1本のひもで足す方法。

（表面）
足りなくなった側の平結びのループに新たな芯ひも兼結びひもを通しておき、次の結び目からは足したひもを使っていく。

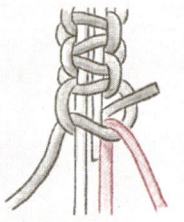 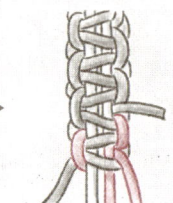

（裏面）
ついだ箇所のひも端は、最後に裏側で結び目に通して隠す。

結びひもを足す（面・巻き結びの場合）

結んでいる途中で結びひもが足りなくなったときに足す方法。配色ひもを変えるときにも使えます。

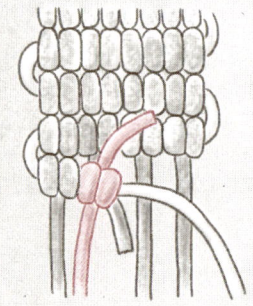 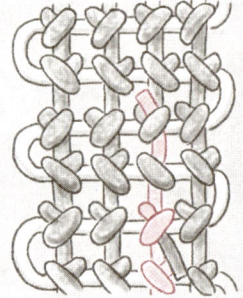

（表面）
新たな結びひもを足して、巻き結び（→p.66）を結ぶ。

（裏面）
ひも端は裏面に出し、最後に結びの裏コブに通して始末する。

芯ひもを足す（面・巻き結びの場合）

結んでいる途中で芯ひもが足りなくなったときに足す方法です。

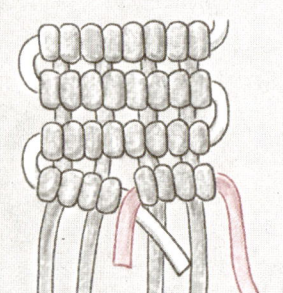 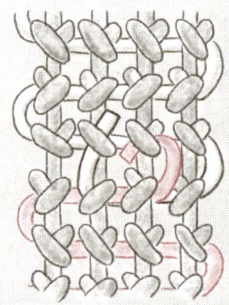

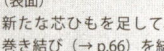

（表面）
新たな芯ひもを足して、巻き結び（→p.66）を結んでいく。

（裏面）
ひも端は裏面に出し、最後に結びの裏コブに通して始末する。

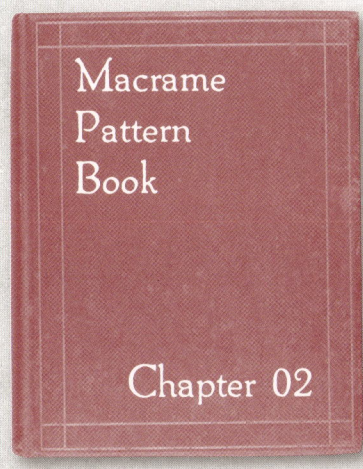

マクラメパターンカタログ

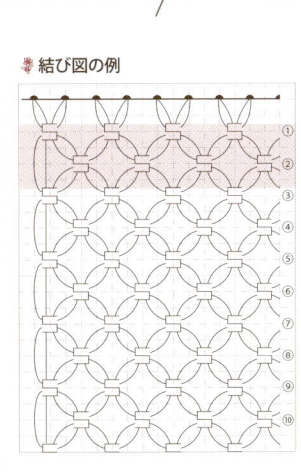

<面パターンの結び図の見方>
Chapter 02 では、ひもパターン 22 種と面パターン 48 種、計 70 種の基本的な結び方をご紹介します。このうち面パターンの結び方は、右のような「結び図」で表示しています。結び図は、
・基本的に結び記号 1 個分が 1 目
・横一列が一段。一番上の太いラインが芯ひも
・芯ひもがスタートライン。芯ひもに結びひもをとりつけて上段から下段へと結んでいく
というのが基本的なしくみ。
右側の数字は段数をあらわしています。また、パターンごとにそのパターンで 1 模様となる段数を ■ のエリアで表示しています。

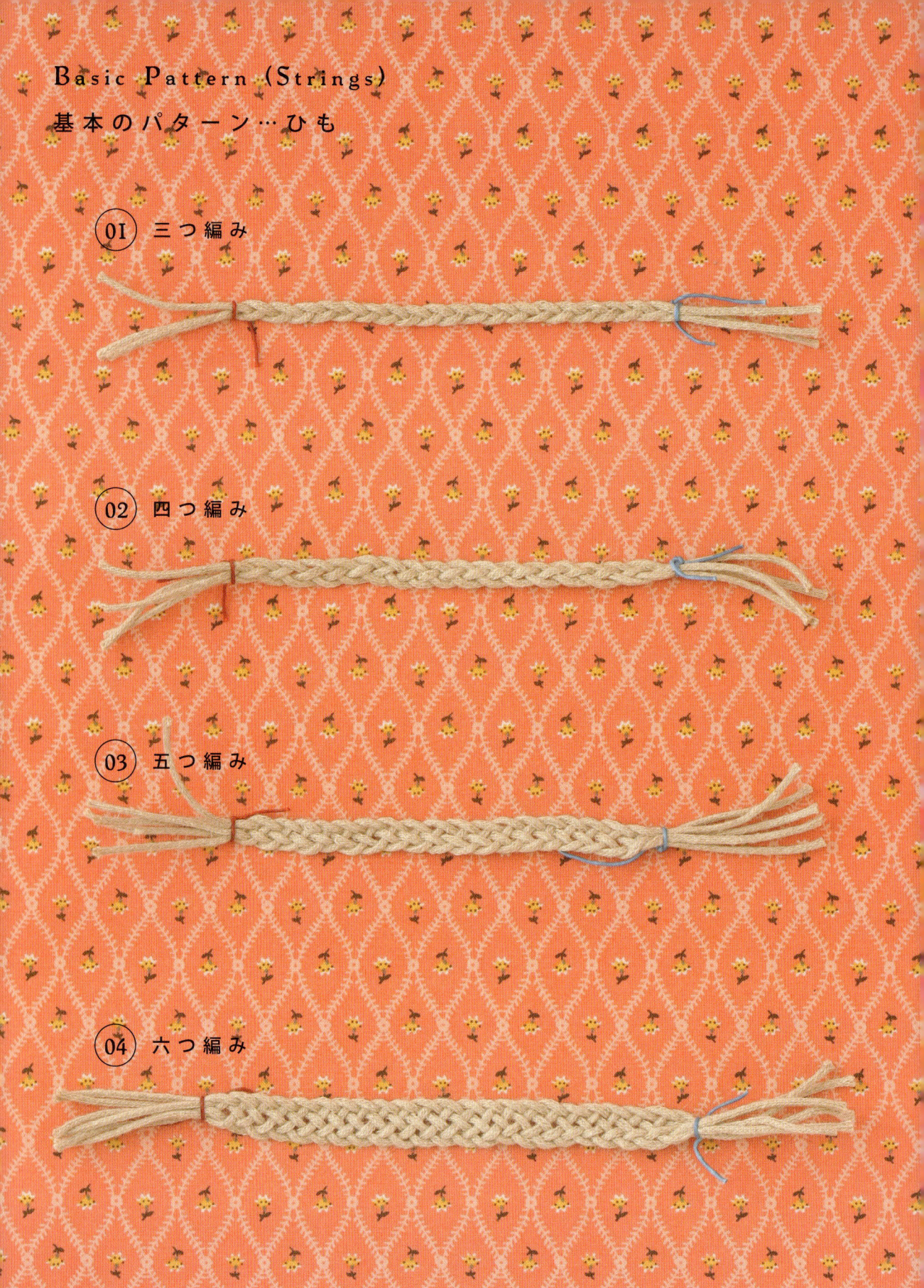

⑤ 平結び　　　　　　⑥ 並列平結び（6本）

a.　　　　　b.　　　　　c.　　　　　d.

Chapter 02

マクラメパターンカタログ　基本パターン・ひも

aは2本の結びひもを同色で結んだもの。bは結びひもの右をベージュ、左をホワイトにしたパターン。⑤
2列の平結びを交互に結ぶので幅広に。dは左右の色を変えたもの。すきまからのぞく芯ひもの色もポイント。⑥

01 三つ編み

日常生活の中で使うことも多い編み方。表裏のある素材を使うときは、裏面が外に出ないように注意して。

photo page 28

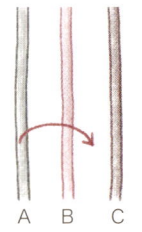
1
AをBの前に出して交差する。
A B C

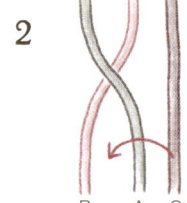
2
CをAの前に出して交差する。
B A C

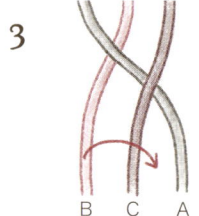
3
BをCの前に出して交差する。
B C A

4
2〜3をくり返し、ときどき引きしめながら編んでいく。

02 四つ編み

一見複雑そうですが、右から左へ2回交差、最後に中央で1回交差、と覚えておくと簡単です。

photo page 28

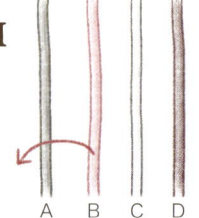
1
BをAの前に出して交差する。
A B C D

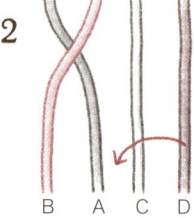
2
DをCの前に出して交差する。
B A C D

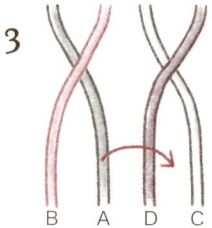
3
AをDの前に出して交差する。
B A D C

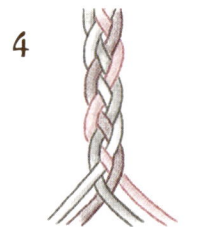
4
1〜3をくり返し、ときどき引きしめながら編んでいく。

03 五つ編み

まずはとにかく編んでみて、慣れるのが一番。両端のひもを内側に入れ、さらに交差して編んでいくイメージです。

photo page 28

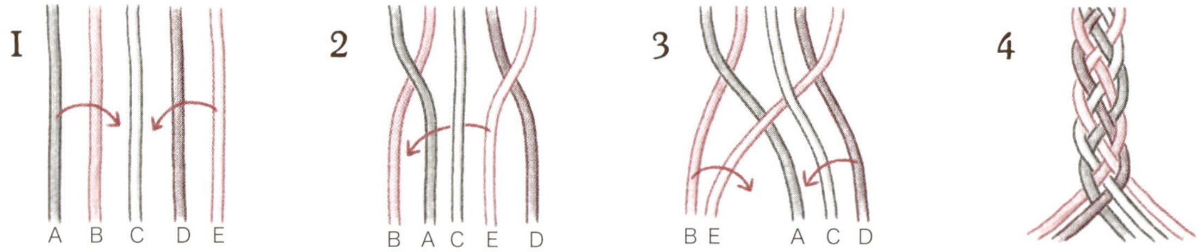

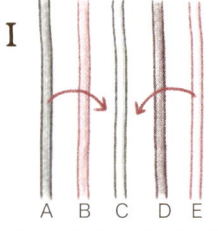
1
AをBの前に出し、EをDの前に出してそれぞれ交差する。
A B C D E

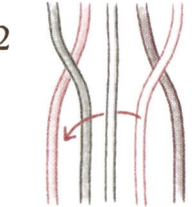
2
Eを矢印のようにCの後ろ、Aの前で交差してBとAの間に移す。
B A C E D

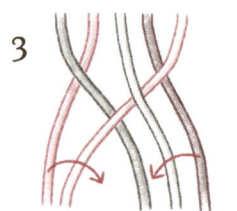
3
BをEの前に出し、DをCの前に出してそれぞれ交差する。
B E A C D

4
2〜3をくり返す。ときどき引きしめて編み目を整えながら編む。

04 六つ編み

五つ編み同様、両端のひもを内側に入れて編みます。かなり幅が出るので、ベルトなどにぴったりです。

photo page 28

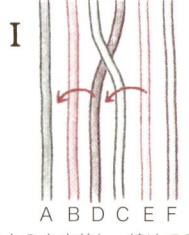
1
CとDを交差し、続けてDとB、EとCも交差する。
A B C D E F

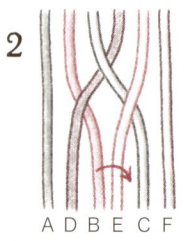
2
中央にきたBとEを交差する。
A D B E C F

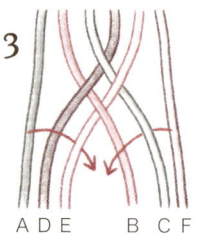
3
両端のAとFを矢印のように通して中央に移す。
A D E B C F

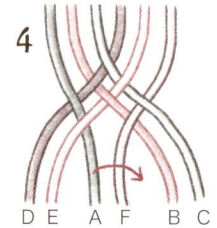
4
AとFを交差する。
D E A F B C

5
3〜4をくり返し、ときどき引きしめながら編む。

05 平結び

平らなベルトのようなひもになる、最も基本的な結び方のひとつ。芯は2本が基本ですが、増やすこともできます。

photo page 29

左上平結び
最初に左の結びひもを折って結びはじめます。「コブ」が左側に出ます。

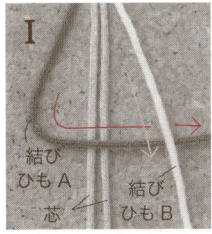
1 結びひもAを芯ひもの上に置き、Bをのせる。

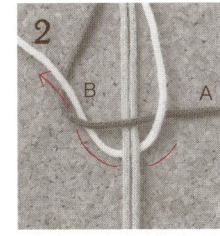
2 Bを芯の下にくぐらせて左の輪から手前に出す。

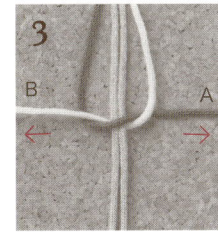
3 A、Bを左右に引く。ここまでで左上平結び0.5回。

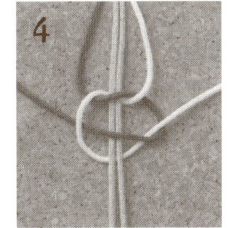
4 左右を逆にして1〜3をくり返す。

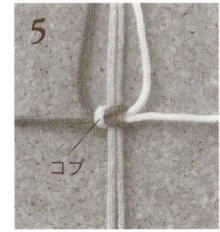
5 左上平結びが1回完成。「コブ」が左側にできた。

右上平結び
最初に右の結びひもを折って結びはじめます。「コブ」が右側に出ます。

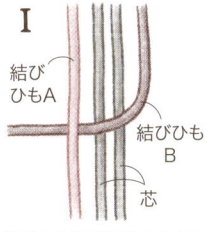
1 結びひもBを芯ひもの上に置き、Aをのせる。

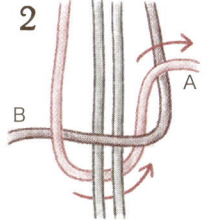
2 Aを芯の下にくぐらせて右の輪から手前に出す。

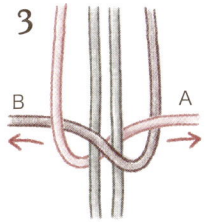
3 A、Bを左右に引く。ここまでで右上平結び0.5回。

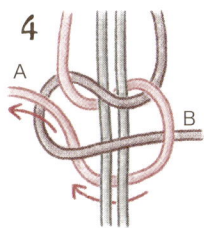
4 左右を逆にして1〜3をくり返す。

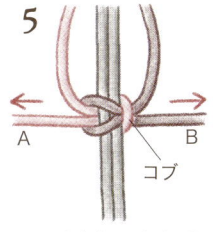
5 右上平結びが1回完成。「コブ」が右側にできた。

One point 01

続けて結ぶ場合は左右の順番に注意

左上平結びと右上平結び。長く結ぶと見た目はほとんど同じです。ただし、最初の結び方で続けないと、全体がねじれてしまうので要注意。次に左右どちらのひもを使うか迷ったときの目印はコブ。コブの下に出ているほうが、次に芯ひもにのせる結びひもです。

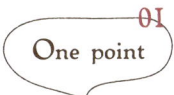 ⇢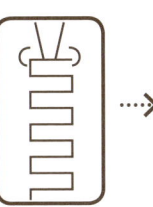

One point 02

2色づかいでリバーシブルに

平結びは表と裏の目の出方がほとんど同じですが、2本の結びひもを別色にすると表裏で色の出方が違うリバーシブルデザインに。p.29のbは右の結びひもをベージュ、左をホワイトで結んでいますが、裏返すと右の写真のように色が逆転します。

---

06 並列平結び（6本）

ひも6本の左4本で左上平結び、右4本で右上平結びを交互に結びます。AとBを別色にすると写真dのような柄に。

photo page 29

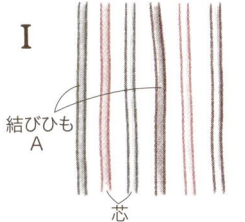
1 結びひもA 芯
最初は左側の4本の中央2本を芯、左右2本を結びひもにする。

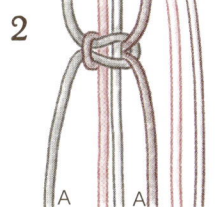
2
Aで左上平結び（上欄参照）を結ぶ。

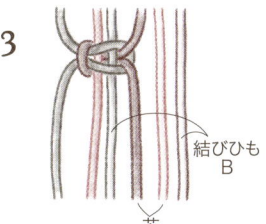
3 結びひもB 芯
次に右側4本で（中央の2本が芯）右上平結び（上欄参照）を結ぶ。

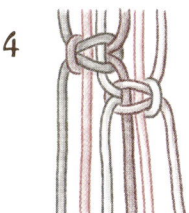
4
並列平結び1回分が完成。1〜3をくり返して結んでいく。

⑦ 輪結び　　　　　　　　　　⑧ 左右結び

a.　　　　　b.

⑦ ひも1本で結び目を連ねる素朴な結び。結びひもを左から巻くと左輪結び（a）、右から巻くと右輪結び（b）に。
⑧ 左右のひもがかわるがわる芯になり、結びひもになり。なにやらムカデのようなデコボコの質感がユニーク。

⑨ タッチング結び

a.

b.

c.

d.

⑩ 左右タッチング結び

Chapter 02 マクラメパターンカタログ 基本パターン・ひも

aは結びひもを右からからめる右タッチング結び、bは結びひもを左からからめる左タッチング結びです。⑨
タッチング結びの左右を組み合わせるとcのように。dは左側だけ渡りひもを長く伸ばしてループにアレンジ。⑩   33

07 輪結び

結びひも1本を芯ひもに巻きつけていく結び方。コブがらせんを描き、可憐なネジバナのようなひもになります。

photo page 32

左輪結び（a）
左側から結びひもを芯ひもに巻きつけます。コブは左上から右下へ向かうらせん状に並びます。

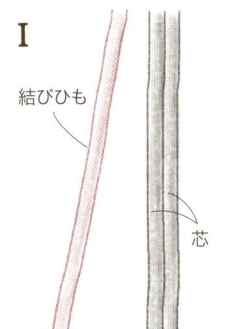
I
結びひも
芯

仕上がり寸法の4～5倍の結びひも1本を芯ひもの左に置く。

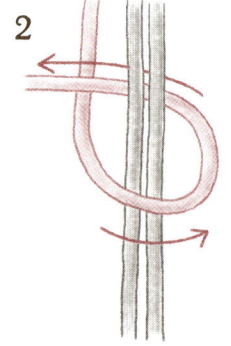
2

結びひもを芯ひもに左から右に向かって巻きつける。

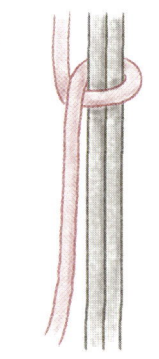
3

ひも端を引きしめると、左輪結びが1回完成。

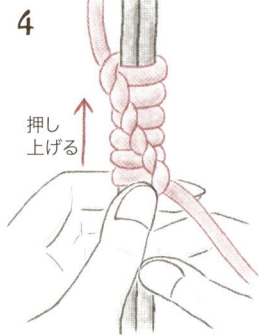
4
押し上げる

結び目が半回転したところを目安に、全体を押し上げて詰める。

右輪結び（b）
右側から結びひもを芯ひもに巻きつけます。コブは右上から左下へ向かうらせん状に並びます。

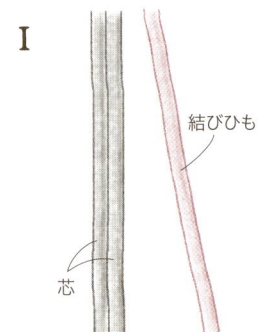
I
結びひも
芯

仕上がり寸法の4～5倍の結びひも1本を芯ひもの右に置く。

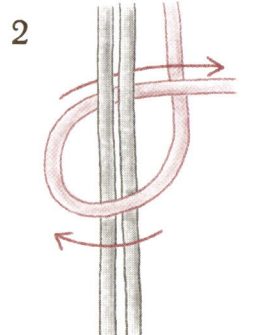
2

結びひもを芯ひもに右から左に向かって巻きつける。

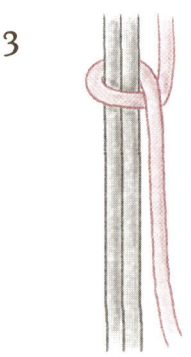
3

ひも端を引きしめると、右輪結びが1回完成。

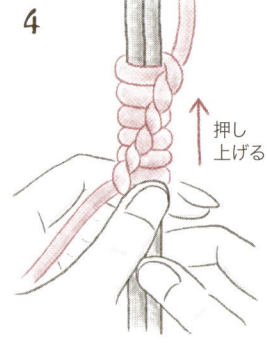
4
押し上げる

結び目が半回転したところを目安に、全体を押し上げて詰める。

08 左右結び

2本のひもで、結びひもと芯ひもを交互にかえながら右輪結びと左輪結びを交互に結んでいく結び方です。

photo page 32

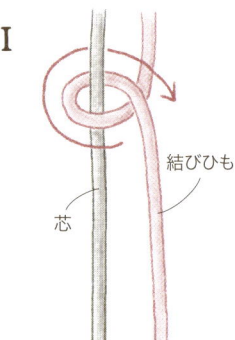
I
芯
結びひも

左を芯ひも、右を結びひもにして右輪結び（上欄参照）を結ぶ。

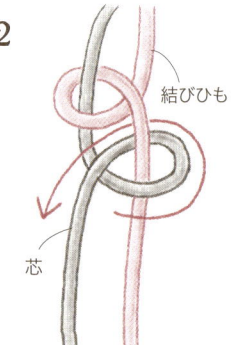
2
結びひも
芯

右を芯ひも、左を結びひもにして左輪結び（上欄参照）を結ぶ。

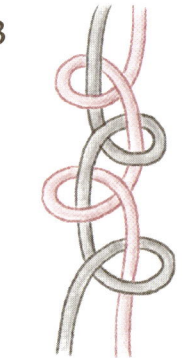
3

I～2で左右結び1回完成。これをくり返して結んでいく。

One point
スタートの結びは記号でチェック

左の手順は右輪結びからはじまる左右結びですが、下のような記号の場合は左輪結びでスタート。スタートが左右どちらかは記号をチェックするとわかります。

左輪結びでスタートする場合の記号

09 タッチング結び

「タティングレース」をシャトル（糸巻）を使わずに編むような技法です。引きしめながら、すきまなく結ぶのがコツ。

photo page 33

右タッチング結び（a）

右のひもを結びひもにして結びます。結びひもがつねに芯ひもの右側に出ます。

1 芯ひもに結びひもを手前から巻き、ひも端を引きしめる。

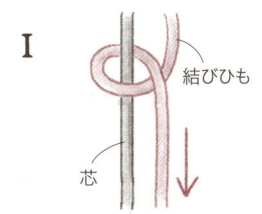

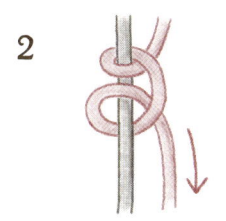

2 芯ひもに結びひもを後ろから巻き、ひも端を輪に通して引きしめる。

3 右タッチング結びが1回完成。

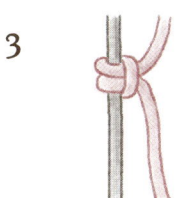

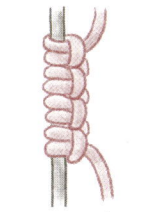

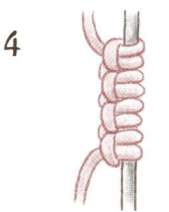

4 1〜3をくり返して結んでいく。

左タッチング結び（b）

左のひもを結びひもにして結びます。結びひもがつねに芯ひもの左側に出ます。

1 芯ひもに結びひもを手前から巻き、ひも端を引きしめる。

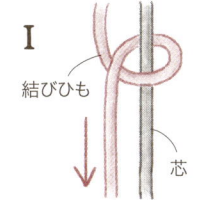

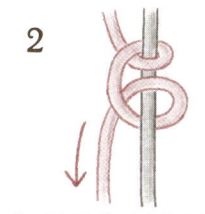

2 芯ひもに結びひもを後ろから巻き、ひも端を輪に通して引きしめる。

3 左タッチング結びが1回完成。

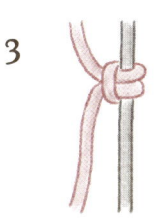

4 1〜3をくり返して結んでいく。

10 左右タッチング結び

左タッチング結びと右タッチング結びを交互に結びます。結び目に渡すひもがたるまないよう、しっかり引きしめて。

photo page 33

1 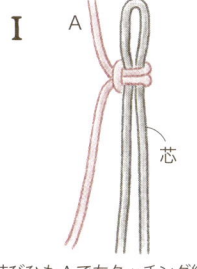 結びひもAで左タッチング結び（上欄参照）を1回結ぶ。

2 結びひもBで右タッチング結び（上欄参照）を1回。その下にAのひもを渡して左タッチング結び1回。

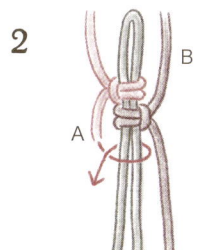

3 2の結び目の下にBのひもを渡し、右タッチング結び1回。

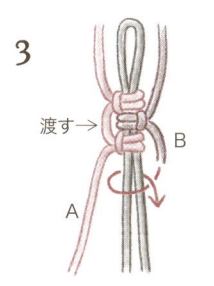

4 以下同様に、前の結び目の下にひもを渡しながら交互に結んでいく。

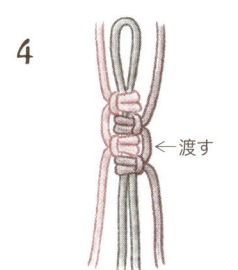

One point ひもを伸ばせばピコットに

p.33のdは、左右タッチング結びの左タッチング結びにだけピコットをつくったものです。ピコットのつくり方は右の通りで、結び目の間のひもを伸ばすだけ。記号図で見ると、ピコット部分だけタッチング結びの記号にループを足した形になります。

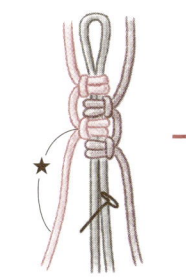

ループのできあがり寸法×2（★）の長さにピンを打つ。

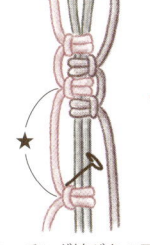

タッチング結びを1回結ぶ。

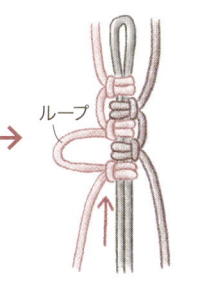

ピンをはずし、芯を押さえて結び目を押し上げると、ピコットができる。

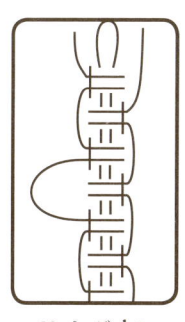

33ページdの結び図

Chapter 02 マクラメパターンカタログ 基本パターン・ひも

⑪ ねじり結び

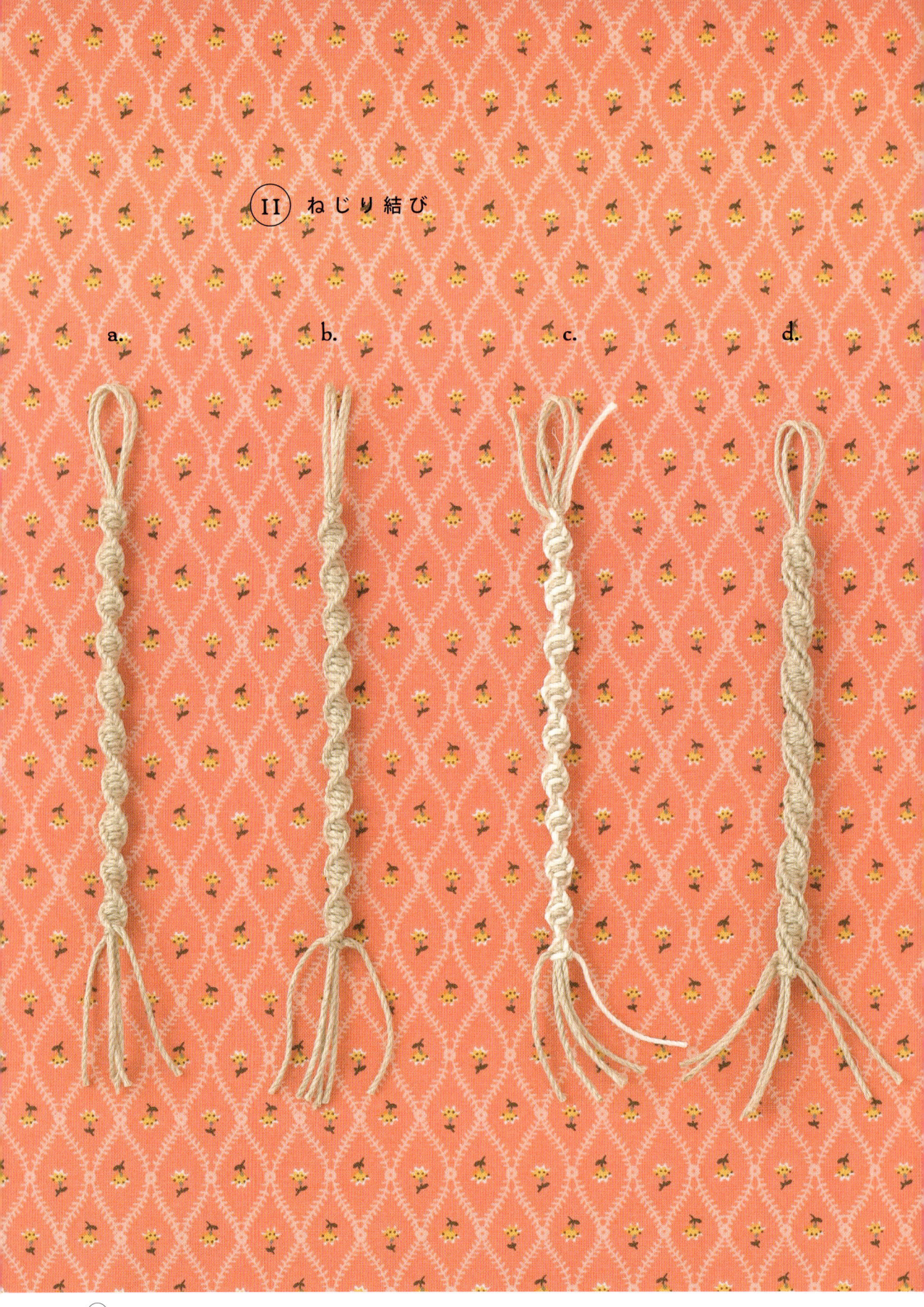

a.　　　　　b.　　　　　c.　　　　　d.

⑪
コブのらせんが左から右に下がる a は左上ねじり、右から左に下がる b は右上ねじり。c は左右のひもの色を変えた左上ねじり。

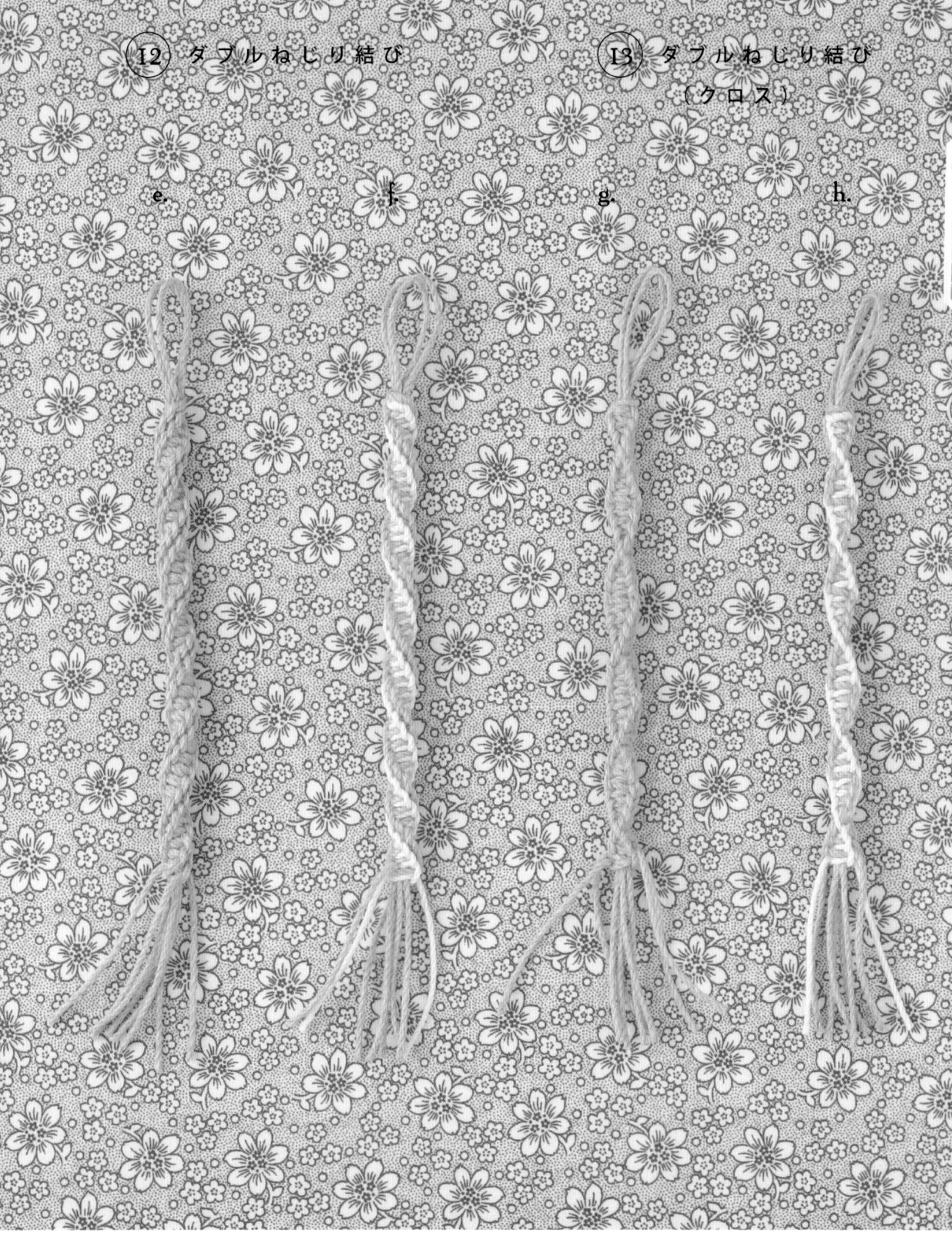

⑫ ダブルねじり結び　　　⑬ ダブルねじり結び
　　　　　　　　　　　　　　　〔クロス〕

e.　　　　f.　　　　g.　　　　h.

ねじり結びのらせんがダブルに。dは左上、eは右上、fは2組の結びひもを別色にした左上ダブルねじり。⑫
左右のねじり結びを組み合わせると、菱形模様が浮き上がります。hは2組の結びひもを別色にしたもの。⑬

11 ねじり結び

平結び(p.31参照)を応用させた結び方。同じ方向に結び続けることで、全体のねじれをつくり出します。

photo page 36

左上ねじり結び（a）

左上平結びの最初の0.5回分をくり返して結びます。コブは左上から右下に向かうらせん状に並びます。

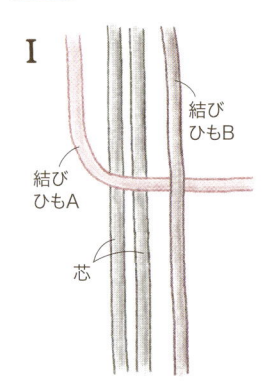

1 結びひもAを芯ひもの上に置き、Bをのせる。

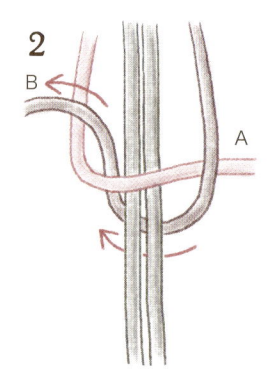

2 結びひもBを芯の下にくぐらせて左の輪から手前に出す。

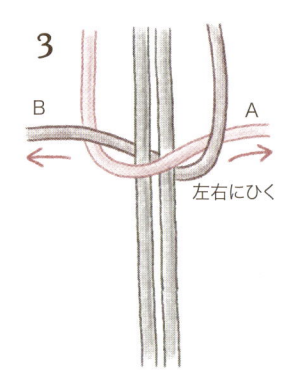

3 A、Bをバランスよく左右に引く。ここまでで左上ねじり結び1回。

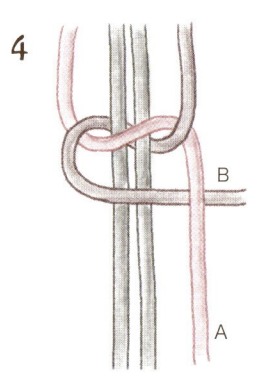

4 左側にきたBを芯ひもの上に置き、Aをのせる。

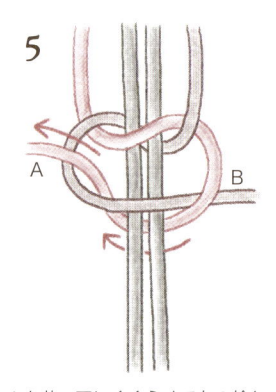

5 Aを芯の下にくぐらせて左の輪から手前に出す。

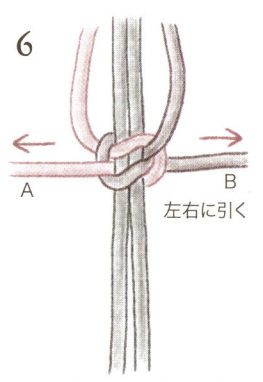

6 A、Bをバランスよく左右に引く。ここまでで左上ねじり結びが2回結べる。

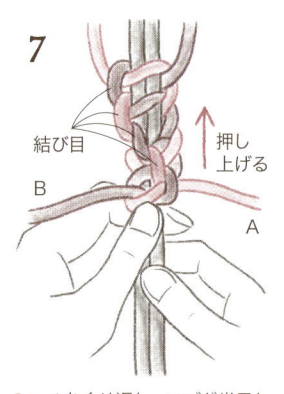

7 1〜6をくり返し、コブが半周したところで左右のひもを入れ替え、全体を押し上げて詰める。

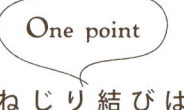

One point

ねじり結びは約5回で半回転

ねじり結びは約5回でコブが半周するので、そこで結びひもの左右を入れ替えます。これを規則的にくり返すと、仕上がりがきれいに。

右上ねじり結び（b）

右上平結びの最初の0.5回分をくり返して結びます。コブは右上から左下に向かうらせん状に並びます。

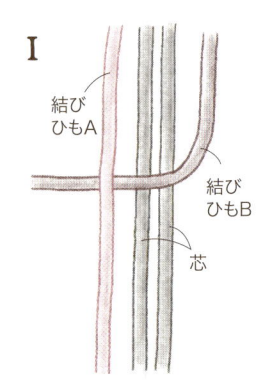

1 結びひもBを芯ひもの上に置き、Aをのせる。

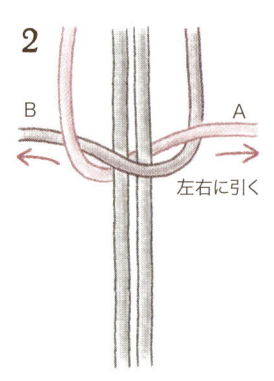

2 結びひもAを芯の下にくぐらせて右の輪から手前に出し、A、Bの端を左右にバランスよく引く。

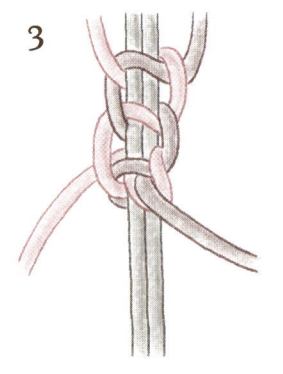

3 1〜2をくり返して結んでいく。

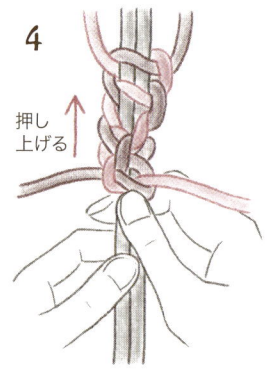

4 コブが半周したところを目安に芯を持って全体を押し上げて詰める。

12 ダブルねじり結び（左上）

4本の結びひもでねじり結びをふたつ同時に結んでいきます。結ばないほうのひもを上によけておくのがポイント。

photo page 36

1 芯ひもに結びひもA、Bをつける。結び目の位置はふたつとも芯ひもの後ろ側にする。

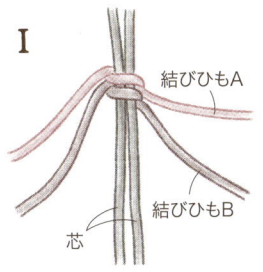

2 Bを上によけ（Bの右側はAの前、左側はAの後ろに置く）、Aで左上ねじり結び（左ページ参照）1回。

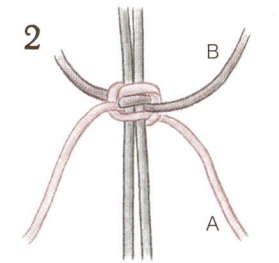

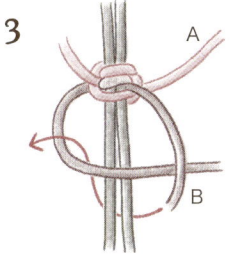

3 次にAを上によけ、Bで左上ねじり結び1回。

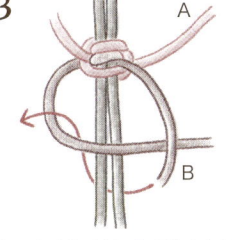

4 ダブルねじり結びが1回完成。2～4をくり返して結んでいく。

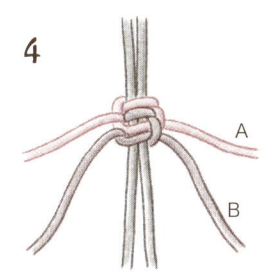

5 4～5回結んだら、芯を持って結び目を押し上げて詰める。押し上げる

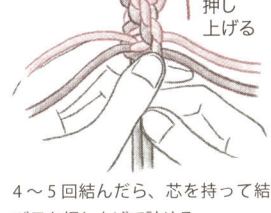

ダブルねじり結び（右上）

右上ねじり結び（左ページ参照）でダブルねじり結びをすると、コブのらせんが逆になります。

One point 柄が引き立つ2色づかい

p.37のfは、ダブルねじり結びのふたつのねじり結びを別色で結んだものです。こうすると、2本のらせんがより引き立つ美しいデザインに。加えて作業中にはどのひもを使うかがひと目でわかるようになるというメリットもあり、一石二鳥なのです。

13 ダブルねじり結び（クロス）

左上ねじり結びと右上ねじり結びを交互に結ぶダブルねじり結び。2本のらせんが交差するデザインになります。

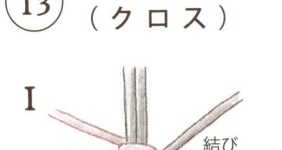

photo page 37

1 芯ひもに結びひもA、Bをつける。結び目の位置をずらし、4本のひもを十字に配置する。

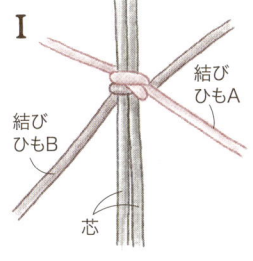

2 Aで右上ねじり結び（左ページ参照）を1回結ぶ。右側のひもが上になる

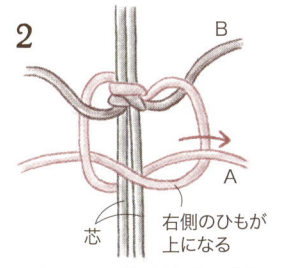

3 全体を少し左に回し、Bで左上ねじり結び1回。これでダブルねじり結び（クロス）が1回結べる。左側のひもが上になる

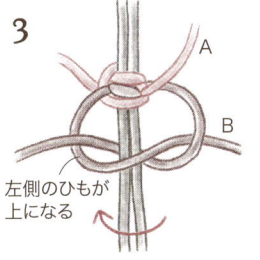

4 全体を右に回して戻し、Aで右上ねじり結び1回。以下、3、4をくり返して結んでいく。

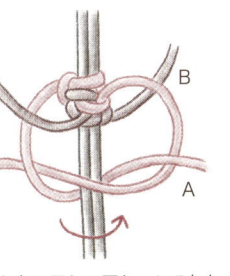

5 AとBのコブがぶつかったら、Aのひもの左側はBの前、右側はBの後ろに置く。Aが前 / Aが後ろ

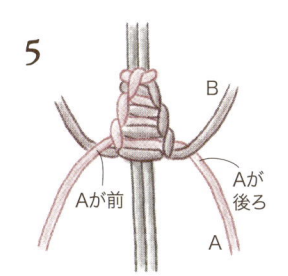

6 ときどき芯を持って結び目を押し上げて詰めながら、2～5をくり返す。1模様

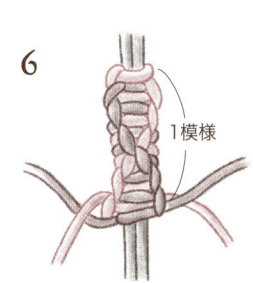

One point 3回ずつ結ぶとコブがぶつかる

ダブルねじり結びをきれいに結ぶコツは、規則的にコブがぶつかるようにすること。A、Bのひもでそれぞれ3回ずつ結ぶたびに2組のねじり結びのコブがぶつかるように気をつけると、混乱することなく結べます。

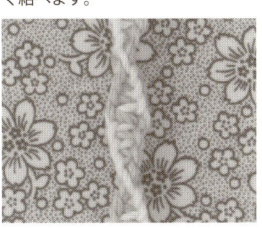

Chapter 02 マクラメパターンカタログ 基本パターン・ひも

a.　　　　b.

⑭ しゃこ結び

⑮ フィッシュボーンA（左）
⑯ フィッシュボーンB（右）

⑭ くるりと丸まったドットがかわいいしゃこ結び。高さは平結びの回数で調整します。**a**は平結び3回、**b**は5回。
⑮⑯ 3つの平結びを重ねて魚の骨のようなデザインに。⑮は基本パターン、⑯はアレンジパターンです。

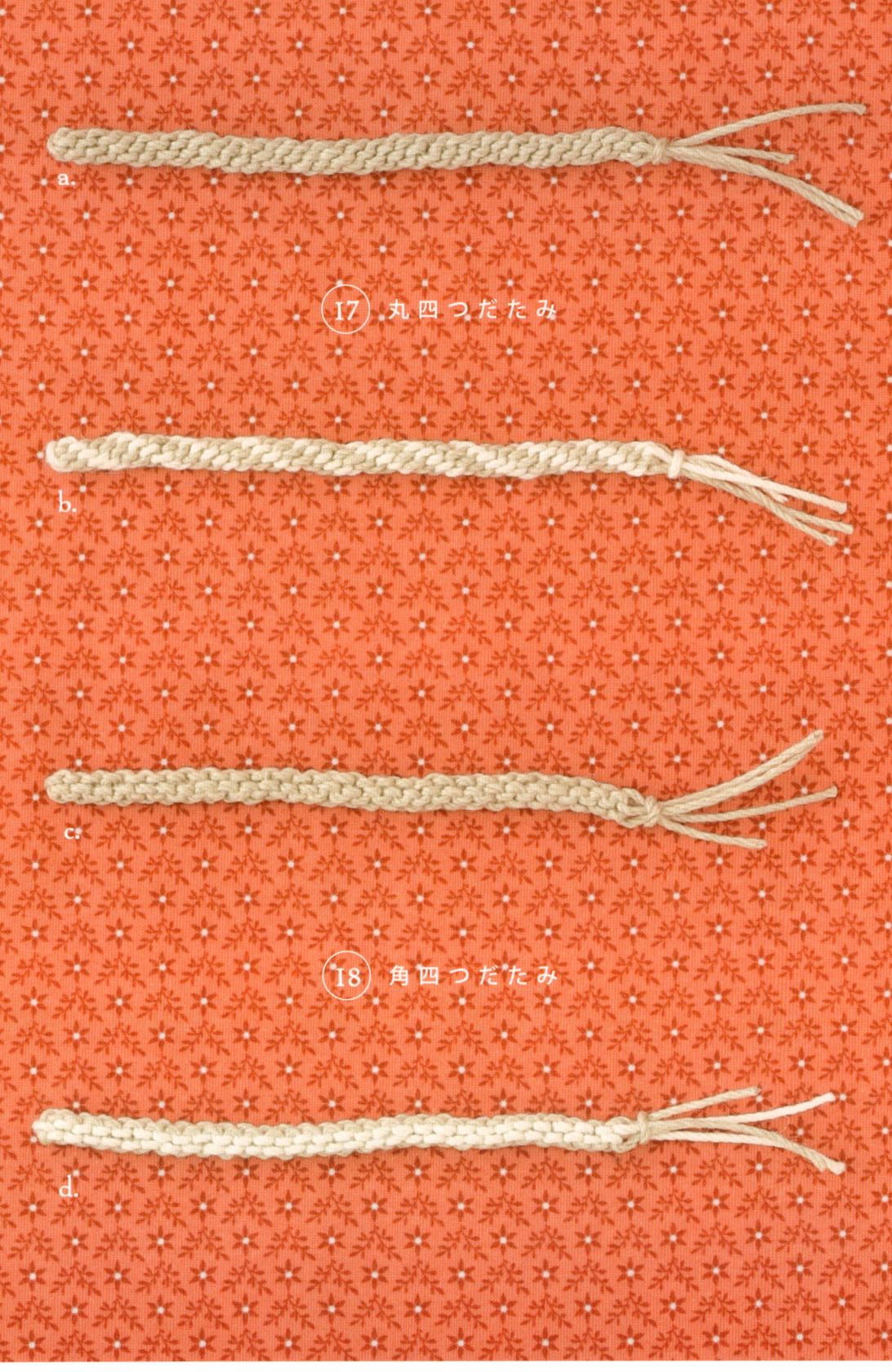

a.

⑰ 丸四つだたみ

b.

c.

⑱ 角四つだたみ

d.

Chapter 02

マクラメパターンカタログ 基本パターン・ひも

ひも4本でこんなロープも結べます。断面が円形になる丸四つだたみは、2色づかいでらせん状のストライプに。⑰
丸四つだたみの結び方を少し変えると、断面が四角形の角四つだたみに。2色づかいで縦ラインが入ります。⑱

14 しゃこ結び（3目）

続けて結んだ平結びを巻き上げて立体的なドットをつくります。面パターン内の模様やボタンとしても活用できます。

photo page 40

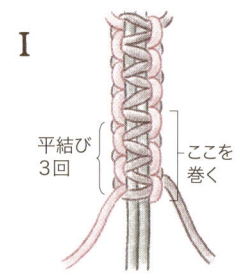

1 平結び（p.31参照）を3回結ぶ。

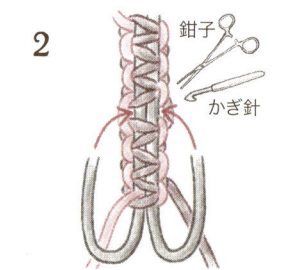

2 平結び3目の前の芯ひもと結びひもの間に、かぎ針や鉗子を使って芯ひもの端を矢印のように通す。

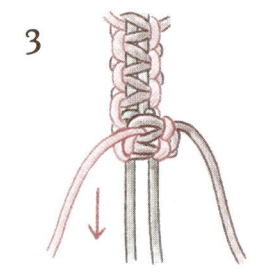

3 芯ひもを下に引いて平結びを巻き上げて玉状にする。

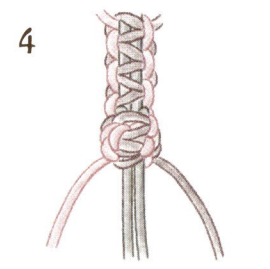

4 玉の下側で平結びを1回結ぶと、3目のしゃこ結びが完成。

One point
平結びの回数でドットの大きさが変わります

しゃこ結びのドットの大きさは、平結びの回数で決まります。たとえば40ページのbは、平結び8回をドットにしています。この回数の違いは、記号の中心に数字で記されます。bを結び図にすると右のようになり、左上平結び3回と平結び8回のしゃこ結びをくり返していることがわかります。

平結び5回のしゃこ結びの記号

平結び8回のしゃこ結びの記号

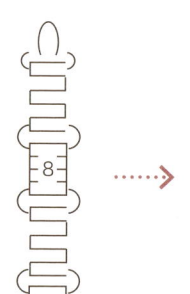

15 フィッシュボーンA

結びひも3本で交互に平結びを結び、渡すひもは浮かせてアーチ型に。形をとりやすいハリのあるひもで結びます。

photo page 40

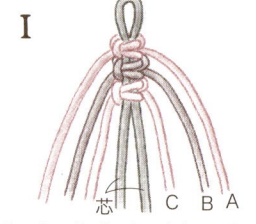

1 芯ひもに結びひも3本（A〜C）を平結び（p.31参照）1回でつける。

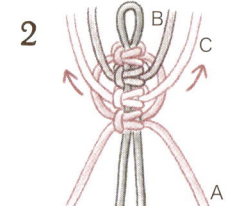

2 B、Cを上に上げてよけておき、Aを左右に渡らせてから平結び1回。

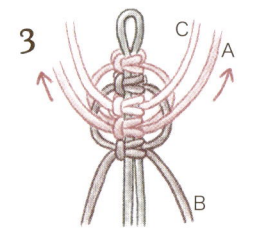

3 C、Aを上に上げてよけておき、Bを左右に渡らせてから平結び1回。

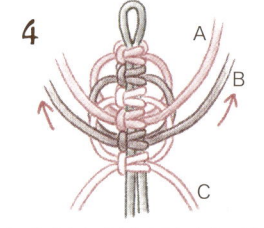

4 A、Bを上に上げてCを左右に渡らせてから平結び1回。以下、2〜4をくり返す。

16 フィッシュボーンB

フィッシュボーンAを同心円型にアレンジした結び方。中心にはビーズなどを入れて円形のベースにします。

photo page 40

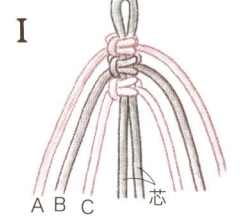

1 芯ひもに結びひも3本（A〜C）を平結び（p.31参照）1回でつける。

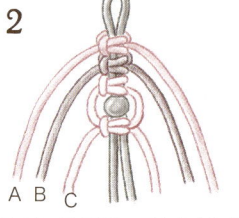

2 芯にビーズを通し、Cを左右に渡らせてから平結び1回。

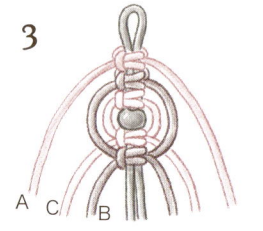

3 Bを左右に渡らせてから平結び1回。

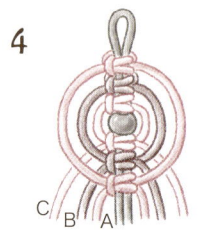

4 Aを左右に渡らせてから平結び1回。次に芯にビーズを通し、A〜Cの順に結ぶ。

17 丸四つだたみ

4本のひもを順番に重ねて井桁をつくっていく結び方。つねに同じ方向に結ぶことで結び目がずれて円柱状になります。

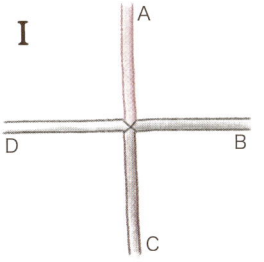

photo page 41

1 仕上がり寸法の4〜5倍のひも4本(2本を十字にする場合は約10倍)を、十字の形に開いて置く。

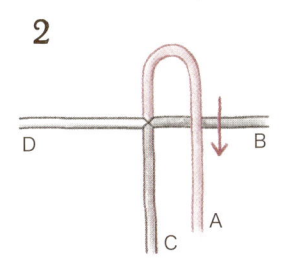

2 AをBの上にのせる。

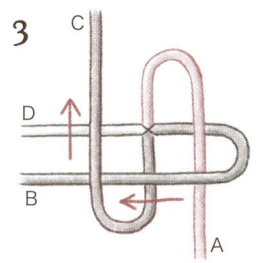

3 BをCの上にのせ、CをDの上にのせる。

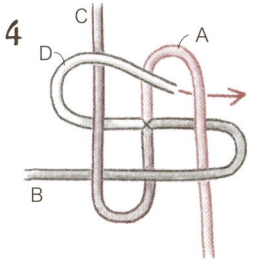

4 DをCの上にのせ、Dのひも端をAの輪に通す。

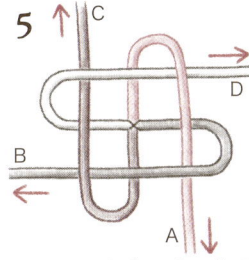

5 ひも4本を1本ずつ、少しずつ引いて均等に引きしめていく。

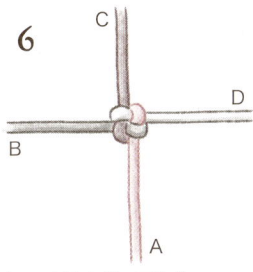

6 丸四つだたみが1回完成。

7 2〜5をくり返して組んでいく。

One point
ななめストライプのひも配置

P.41のbは、AとCをベージュ、BとDを白で結んでいます。このように2色を配置すると、床屋さんのサイン風のななめのストライプのデザインに。

18 角四つだたみ

丸四つだたみと同じ要領で、1回ごとにひもを重ねる方向を逆にします。結び目がずれず、角柱状になります。

photo page 41

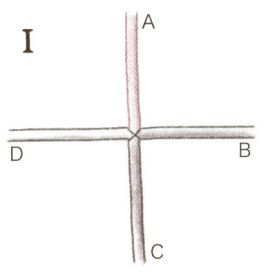

1 仕上がり寸法の4〜5倍のひも4本(2本を十字にする場合は約10倍)を、十字の形に開いて置く。

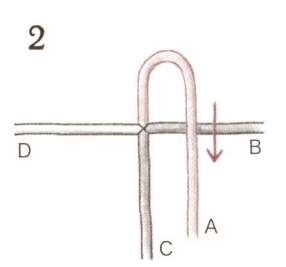

2 丸四つだたみ(上欄参照)を1回結ぶ。

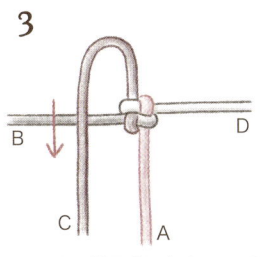

3 2周目は反対回りにするので、CをBの上にのせる。

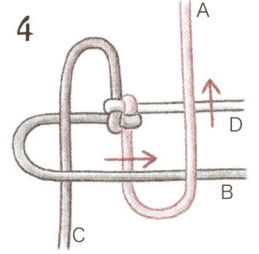

4 BをAの上にのせ、AをDの上にのせる。

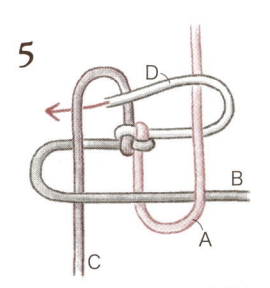

5 DをCの上にのせ、Dのひも端をCの輪に通す。

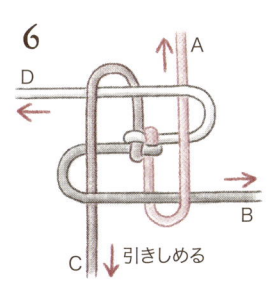

6 ひも4本を1本ずつ、少しずつ引いて均等に引きしめていく。

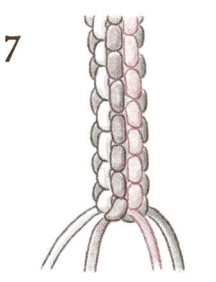

7 2〜6をくり返して組んでいく。

One point
ストライプのひも配置

P.41のdは、AとCをベージュ、BとDを白で結んでいます。この配色はbと同じですが、角四つだたみは結び目がねじれないため、まっすぐなストライプになります。

Chapter 02 マクラメパターンカタログ 基本パターン・ひも

⑲ 四つ組み

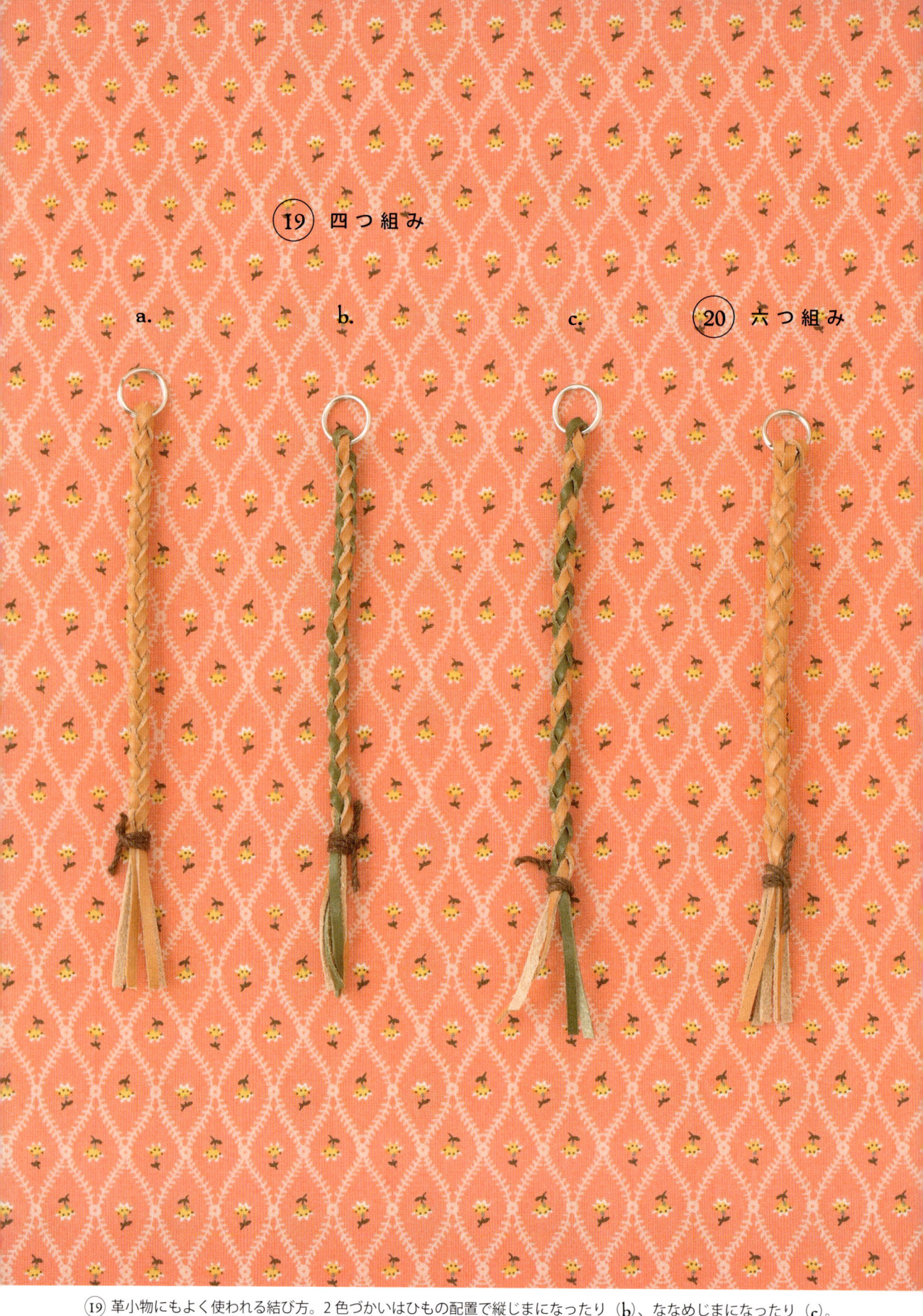

a.　　　　　b.　　　　　c.　　⑳ 六つ組み

⑲ 革小物にもよく使われる結び方。2色づかいはひもの配置で縦じまになったり（b）、ななめじまになったり（c）。
⑳ 四つ組みのひもを6本にすると、重厚な印象。表裏のない素材で組むと表面の凹凸が際立ってまた違う質感に。

㉑ 角杉（8本組）

a.

b.

㉒ あわじ結び（2本組）

c.

d.

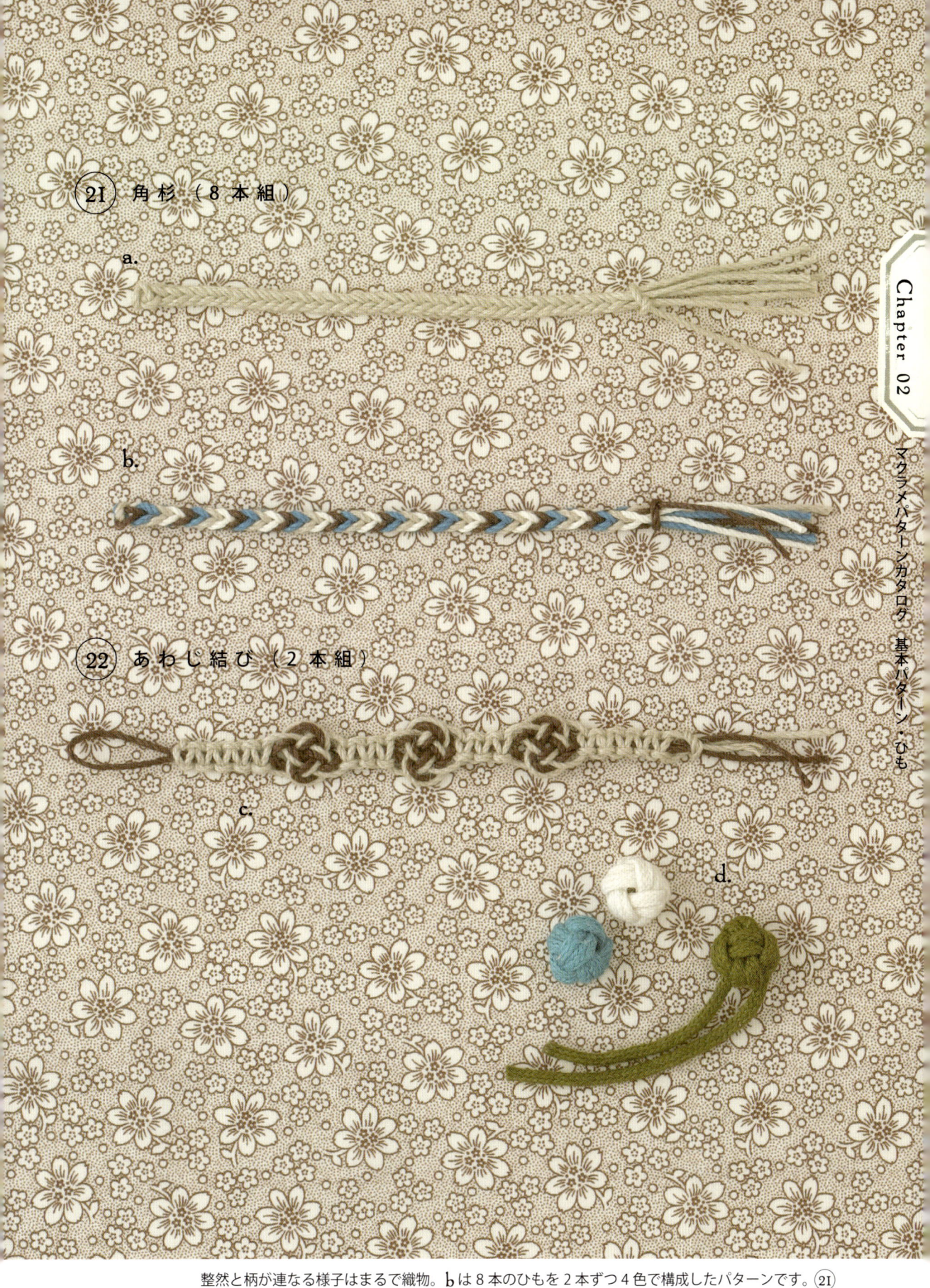

Chapter 02 マクラメパターンカタログ　基本パターン：ひも

整然と柄が連なる様子はまるで織物。bは8本のひもを2本ずつ4色で構成したパターンです。㉑
cの花のような形の部分があわじ結び。これを1本のひもでつくり玉状に整形すると、dのあわじ玉に。㉒

19 四つ組み

4本の結びひもを左右交互に、端のひもを内側に入れてからげます。「休んでいるひもを次に使う」と覚えるのがコツ。

photo page 44

1
裏 表 表 裏
A B C D
仕上がり寸法の1.2倍(2本の二つ折りで組む場合は2.5倍)のひもを4本並べ、BとCを交差する。

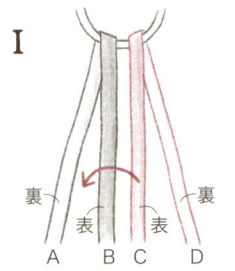

2 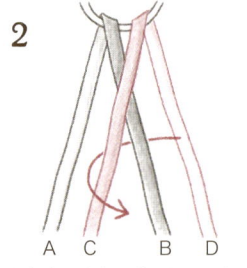
A C B D
Dを矢印のように動かしてCとBの間に入れる。

3 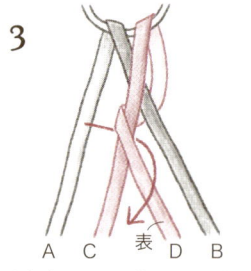
A C 表 D B
Aを矢印のように動かしてCとDの間に入れる。

4 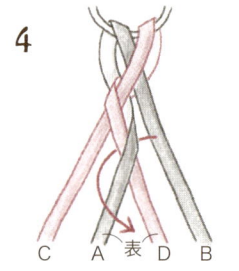
C A 表 D B
Bを矢印のように動かしてAとDの間に入れる。

5 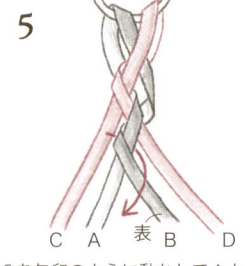
C A 表 B D
Cを矢印のように動かしてAとBの間に入れる。

6 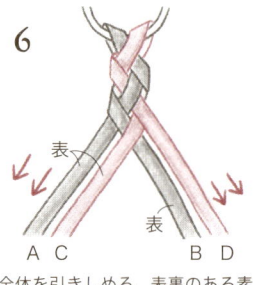
表 表
A C B D
全体を引きしめる。表裏のある素材は表が外に出るよう整える。

7
2〜6をくり返して組んでいく。

One point
2色づかいのひも配置

四つ組みはAとB、CとDを同色にするとp.44の c のようなななめストライプ、AとC、BとDを同色にすると b のようなまっすぐなストライプになります。同じ組み方でも、配色ひとつで仕上がりの印象はかなり違ってきます。

20 六つ組み

四つ組みの結びひもを6本にした結び方。ひもが増えて複雑になりますが、端から内に入れるという基本は同じです。

photo page 44

1
裏 表 表 裏 表 裏
A B C D E F
仕上がり寸法の1.2倍(3本の二つ折りで組む場合は2.5倍)のひもを6本並べ、CとDを交差する。

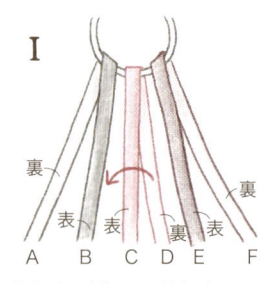

2 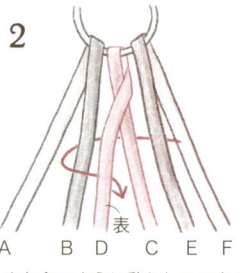
A B D C E F
Fを矢印のように動かしてDとCの間から出す。

3 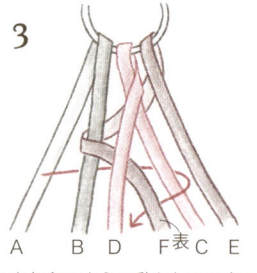
A B D F 表 C E
Aを矢印のように動かしてDとFの間から出す。

4 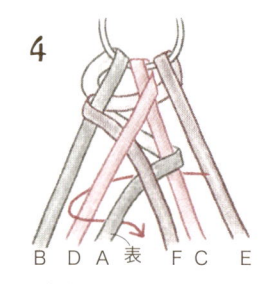
B D A 表 F C E
Eを矢印のように動かしてAとFの間から出す。

5 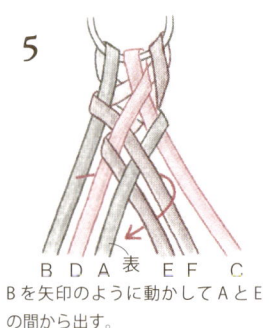
B D A 表 E F C
Bを矢印のように動かしてAとEの間から出す。

6 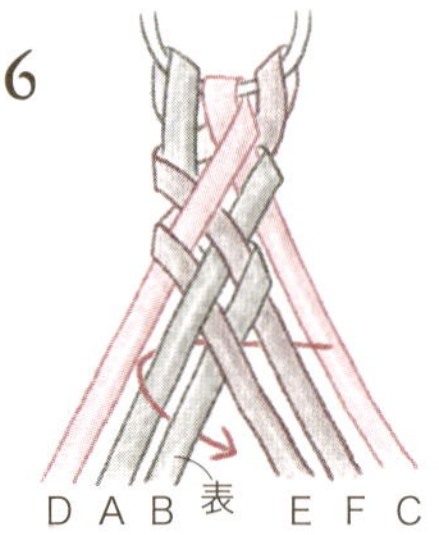
D A B 表 E F C
Cを矢印のように動かしてBとEの間から出す。

7 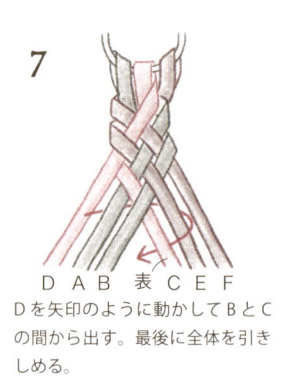
D A B 表 C E F
Dを矢印のように動かしてBとCの間から出す。最後に全体を引きしめる。

8 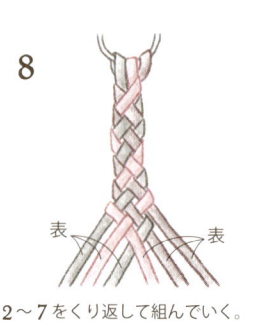
表 表
2〜7をくり返して組んでいく。

21 角杉（8本組）

ひも8本で矢羽根模様のような柄をつくります。同色で結ぶ場合は、混乱しないようひも端に印をつけておきます。

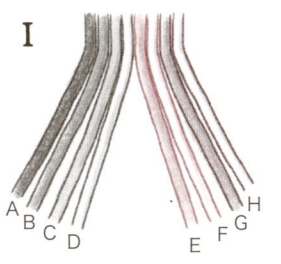

photo page 45

1
8本のひもを左右4本ずつに分けて並べる。

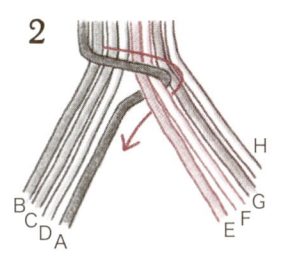

2
AをFとGの間に入れ、Dの右側に戻して全体を引きしめる。

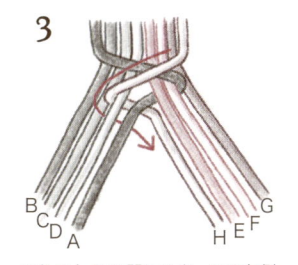

3
HをCとDの間に入れ、Eの左側に戻して全体を引きしめる。

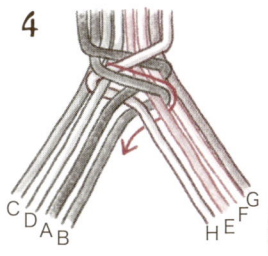

4
BをEとFの間に入れ、Aの右側に戻して全体を引きしめる。

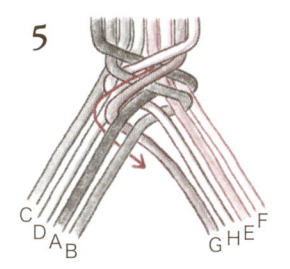

5
GをDとAの間に入れ、Hの左側に戻して引きしめる。

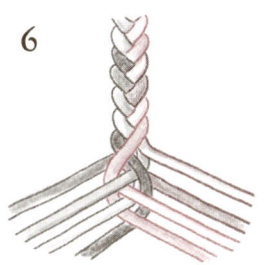

6
以下同様に、一番外側のひもを左右交互に反対側のひもの束の中央に入れて組んでいく。

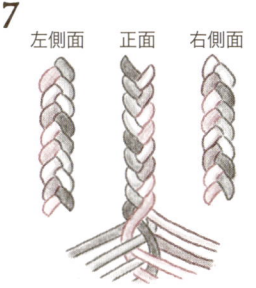

7
左側面　正面　右側面

しだいに全体は角柱状になり、前面と後ろ面は矢羽根模様、側面は上下逆転した模様になっていく。

One point　柄がきわだつ4色づかい

p.45のbは、8本のひものうち、AとH、BとG、CとF、DとEをそれぞれ同色にして、4色で角杉を結んだもの。こんなふうにすると、角杉の矢羽根模様がいっそうきわだちます。好みの配色でアレンジしてみましょう。

22 あわじ結び（2重）

あわじ結びとも呼ばれる、アジアの伝統的な飾り結び。1本でも結べますが、2本にすると形がしっかり仕上がります。

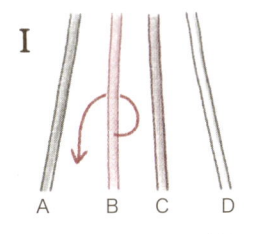

photo page 45

1
Bを矢印のように動かして輪をつくる。

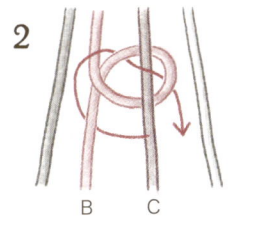

2
Cを輪にのせ、さらにCのひも端を矢印のように通す。

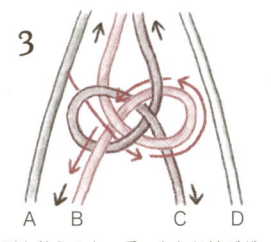

3
形を整えると1重のあわじ結びが完成。次にAをBに沿わせて通す。

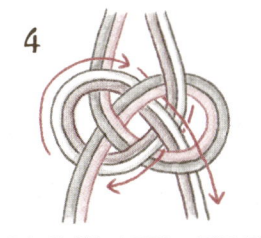

4
DもCに沿わせて通し、最後に形を整えればできあがり。

One point　あわじ玉のつくり方

2重のあわじ結びを1本のひもで結び、ゆるみをつめて形を整えると、p.45のdのようなコロンとかわいい「あわじ玉」ができます。そのままボタンやビーズのようにも使える飾り結びです。

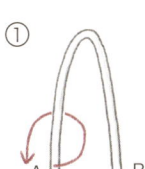

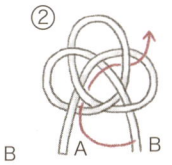

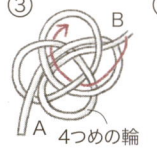

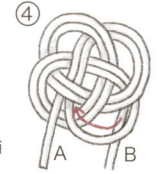

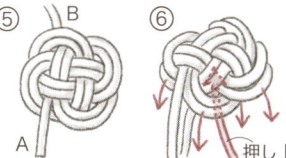

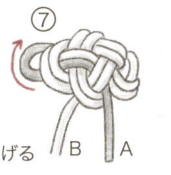

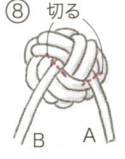

① B側を長くした二つ折りにし、1重のあわじ結び（上欄参照）を結ぶ。②2周めはBをAに沿わせて通す。③下にできる4つめの輪も残して2周めの最後まで通す。④最後は矢印のように前から後ろへ通す。⑤結びはじめ側から終わり側へ、ゆるみを送りながら引きしめ、すきまを詰めて形を整える。⑥裏から指で中央を押し上げながら、丸くしていく。⑦ゆるみを結び終わりに送り、少しずつ引きしめて玉状にする。⑧丸く形を整え、ひも端を切る場合はギリギリで切って接着剤をつけてかためる。

④ 4つめの輪
⑥ 押し上げる
⑧ 切る

Column

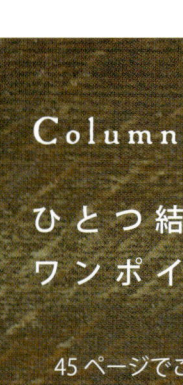

ひとつ結べばできあがり。
ワンポイント・マクラメ

　45ページでご紹介した「あわじ玉」のように、ボール状になったり、花のモチーフのような形になる飾り結びもたくさんあります。そのままストラップやキーホルダーを仕立てたり、ひも端を始末してボタンやブローチにしたり、モチーフとしてウエアやバッグに縫いつけたり……と、使い方はアイディアしだい。カラフルなボールをたくさんつくって、ネックレスやラリエットに仕立ててもすてきかも。
　素材や色にこだわって、ワンポイント・マクラメを楽しんでみませんか。

A 玉留め

ワンポイント・マクラメのボタン

B 吉祥結び

C モンキー結び

芯入り玉留めの
チャーム

モンキー結びの
チャーム

ワンポイント・マクラメの結び方

基本の玉留め（4本組）

玉留めはデザインのアクセントにもなるひも端の始末としてよく使われる技法。中心に芯を入れる「芯入り玉留め」もあります。

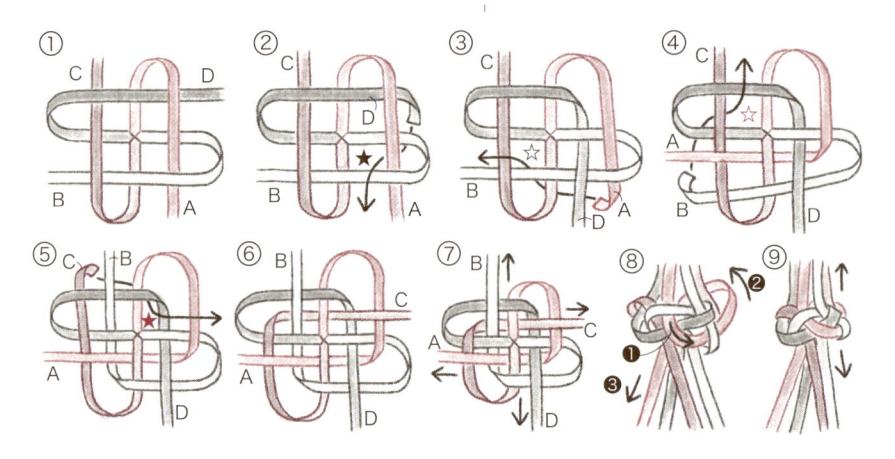

①丸四つだたみ（p.43参照）の手順4までを結ぶ。
②Dを★の輪に下から上へと通す。
③Aを☆の輪に下から上へと通す。
④Bを☆の輪に下から上へと通す。
⑤Cを★の輪に下から上へと通す。
⑥すべてのひもが中央から上に向かって出ていることを確認する。
⑦ひも端を1本ずつ、少しずつ矢印の方向へ引いて結び目を引きしめる。
⑧目打ちなどを使って根元から端の方向にひものたるみを送り、さらに結び目を引きしめる。
⑨上下に引き形を整えてできあがり。

基本のモンキー結び（3回）

サルのこぶしに似た形から「モンキー結び」と呼ばれるコロンとした結び。中にビー玉やビーズを詰めて丸い形をつくります。

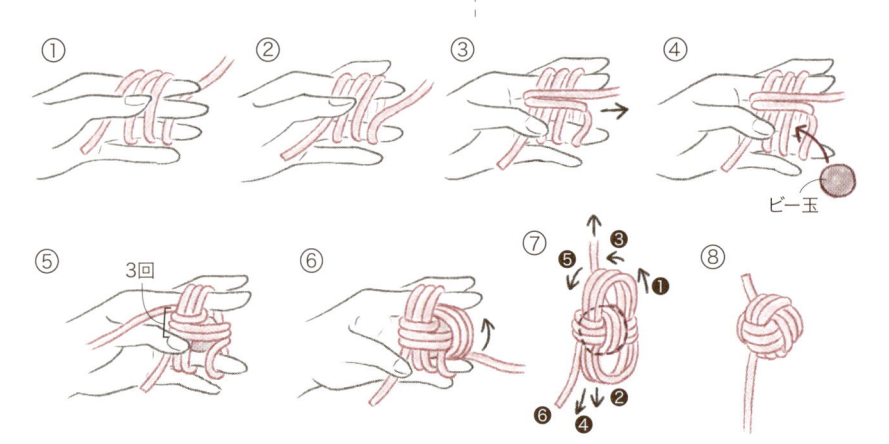

①人さし指、中指、薬指に3回ひもを縦巻きする。
②中指を抜く。
③指の間に通しながら、図のように2回①のひもに横巻きする（ここからはひも端をとじ針に通しておくと作業が楽）。
④ビー玉やビーズ、小さく丸めたアルミホイルを中に詰める。
⑤手前のひも3本にもうひと巻き。
⑥さらに③の横のひもに縦巻き3回。
⑦指を抜き、❶〜❻の順に引きしめていく。
⑧できあがり。

基本の吉祥結び

名前のとおり、縁起のいい飾り結びとして中国などアジア各地で結ばれてきた結び。上下左右にループをのばして形をつくります。

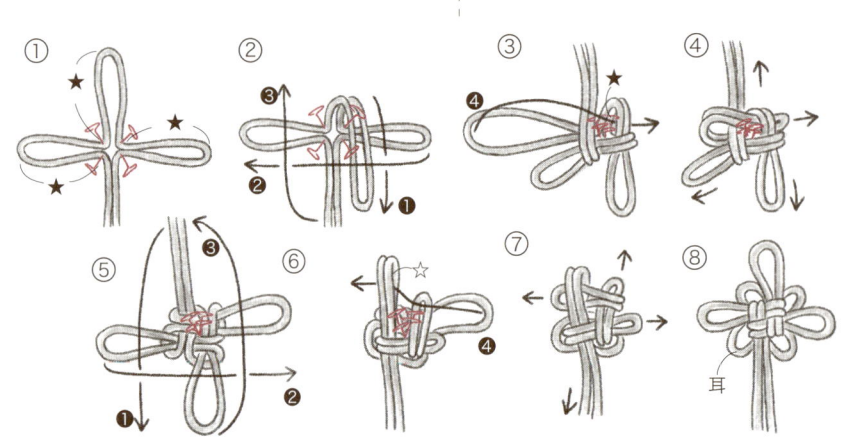

①ひもを上、左右で指定の長さ分二つ折りし、中央をピンでとめる。★は必ず同寸にする。
②❶〜❸の順に三方を折り重ねる。
③④のループを★に差し込む。
④四方に軽く引きしめる。
⑤②とは逆回りで、❶〜❸の順に三方を折り重ねる。
⑥④のループを☆に差し込む。
⑦ピンをはずし、四方に引きしめる。
⑧耳を引き、形を整えてできあがり。

ワンポイントマクラメのボタン

materials

A 玉留めのボタン
ボタニカルレザーコード・5mm　30cm×2本
　①ナチュラル[811]、ブラウン[812] を各1本
　②ナチュラル[811]、グリーン[814] を各1本
　③レッド[815]、ホワイト[816] を各1本

B 吉祥結びのボタン
バフレザーコード・2mm　75cm×1本
　①サンド[502]
　②ダークレッド[505]
　③ダークグリーン[506]
丸カン　各1個

C モンキー結びのボタン
バフレザーコード・2mm　70cm×1本
　①バフレザー　キャラメル[503]
　②バフレザー　ダークレッド[505]
　③ヴィンテージレザー　ナチュラル[501]
ナチュラルウッドビーズ丸玉 8mm[W591]　各1個
※ウッドビーズを中に詰める

[Aの結び方]
① ひも2本を十字に重ね玉留めを結ぶ　ボタンの足用に少したるませておく
② 2cm　できあがり　端は接着剤をつけてギリギリでカット。端が外から見えないよう内側に入れて形を整える

[Bの結び方]
① 5cm　5cm　5cm　図のようにセットして吉祥結びを結ぶ
② (裏)　裏返し、Bはギリギリでカット。Aは目に通して下に輪をつくってからギリギリでカット
③ (裏) 3.5cm　中心に丸カンをつけてできあがり

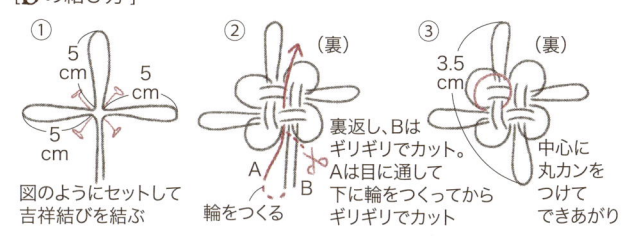

[Cの結び方]
① モンキー結びを結ぶ
② 2cm　ひも1本を2cmにカットしひもの根元に接着剤をつけて端を入れこむ
③ 1.5cm　もう1本の端をギリギリでカットすればできあがり

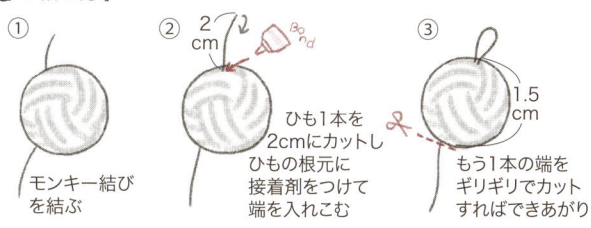

芯入り玉留めのチャーム

materials
ボタニカルレザーコード・5mm　30cm×2本
　①ナチュラル[811]、レッド[815] を各1本
　②レッド[815]、ホワイト[816] を各1本
ジュートラミー　25cm×5本
　①生成り[551]
　②ホワイト[552]
二重リング　1個

[結び方]
① ジュートラミーを二重リングにかけ二つ折り
② ジュートラミーを芯にして、レザーコードで玉留めを結ぶ。端はギリギリでカットして接着剤でとめる
　芯に巻くように結ぶ
③ ジュートラミーの房をほぐす
二重リング　スタート　1.5cm　7cm

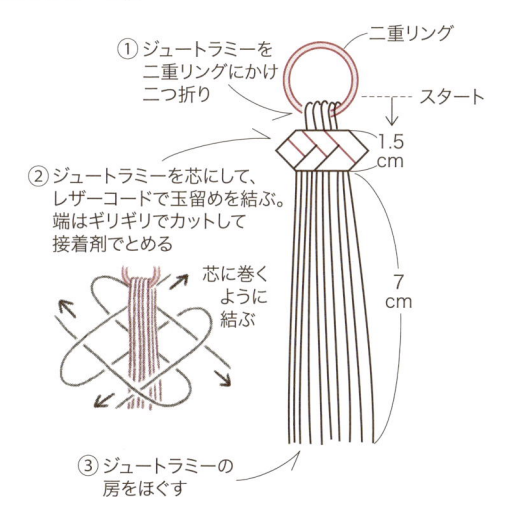

モンキー結びのチャーム

materials
バフレザーコード・2mm
　サンド[502]　70cm×2本
　ダークレッド[505]　80cm×1
キーホルダーパーツ[S1009]　1個
ナチュラルウッドビーズ
　丸玉 8mm[W591]　3個

[結び方]
④ 3本をキーホルダーパーツにかけて二つ折り
⑤ レッドのひもで共糸まとめ結び（→p.126）。ひも端はギリギリでカット
③ 三つ編み7cm
② 3本をバランスよく束ね、レッドのひもでとめ結び
① モンキー結びを3個つくり、それぞれひもは短い1本だけギリギリでカット
キーホルダーパーツ　1cm　5cm　2.5~4cm　スタート

Chapter 02　マクラメパターンカタログ　基本パターン・ひも

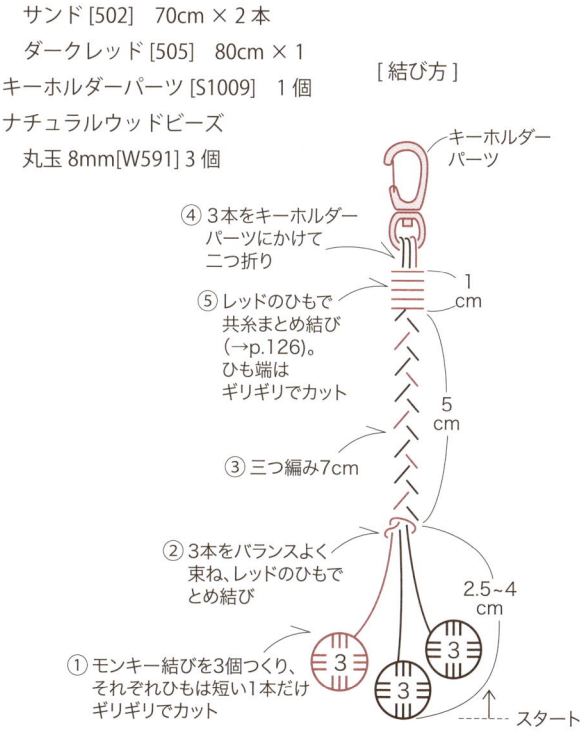

Basic Pattern (Planes)
基本のパターン…面

あれもこれも「七宝結び」で…

㉓ 七宝結び（1回）

㉔ 七宝結び（1回半）

㉓ 技法的には 24 とほぼ同じですが、段間を広げずきっちり結ぶと整然とした格子柄に。
㉔ いわゆる「七宝柄」といえば、このタイプ。日本の伝統的な七宝つなぎの文様です。

㉕ 七宝結び(2回)

Chapter 02

マクラメパターンカタログ 基本パターン・面

㉖ 七宝アレンジ①

平結びの回数を増やすと、穴の形は縦長六角形に。その分ななめのラインは横軸に対して鈍角になります。㉕
別色の芯ひもをつけ、それを結びひもとしても使うと、バッグなどにぴったりなボーダー柄のできあがり。㉖

23 七宝結び（1回）

平結び1回の七宝結び。平結びの位置を段ごとにずらして面をつくります。面の最もベーシックな技法のひとつです。

photo page 52

❀ 結び図

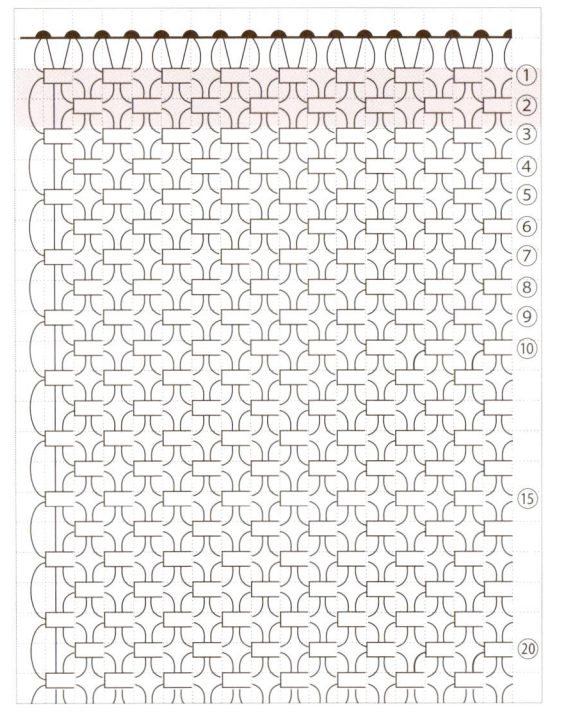

使用する結び方

　左上平結び → page 31

七宝結びの結び方

1 4本1組
芯ひもに4本1組（二つ折りなら2本）で結びひもをつける。

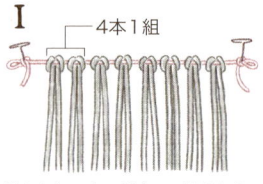

2 
最初の段は4本1組で平結びをする。

3 
2段めは2本ずつずらして平結びをする。

4 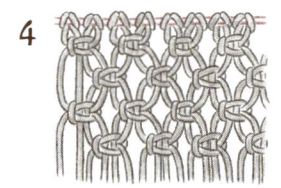
2～3をくり返す。全体の両端の各2本は1段おきに使う。

---

24 七宝結び（1回半）

上の基本形から平結びの回数を0.5回分増やし、段と段の間を広げた形。間隔をバランスよくそろえるのがコツ。

photo page 52

❀ 結び図

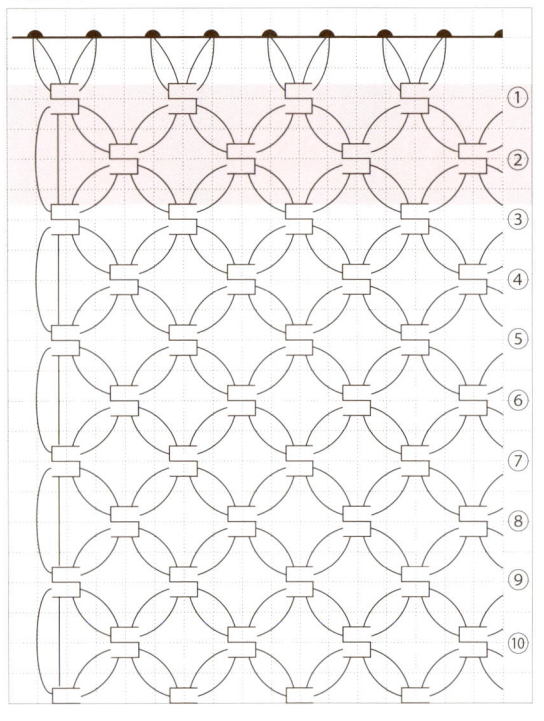

使用する結び方

　左上平結び → page 31

One point
七宝柄をそろえて結ぶコツ

段の間をあけて結ぶと、刺し子の図案などでもよく見かける「七宝つなぎ」の柄ができることから名づけられた七宝結び。段の間をあけて結ぶ場合は、右の写真のようにマクラメボードにピンで固定しながら結びます。七宝結びを間隔をあけて結ぶ場合は平結びの結び目がゆるみやすいので、なるべく1回半以上結ぶようにします。

54

㉕ 七宝結び（2回）

段の間は広げずに、平結びの回数を2回に増やすことで透け感を出す結び方。結び目がしっかり仕上がります。

photo page 53

❀ 結び図

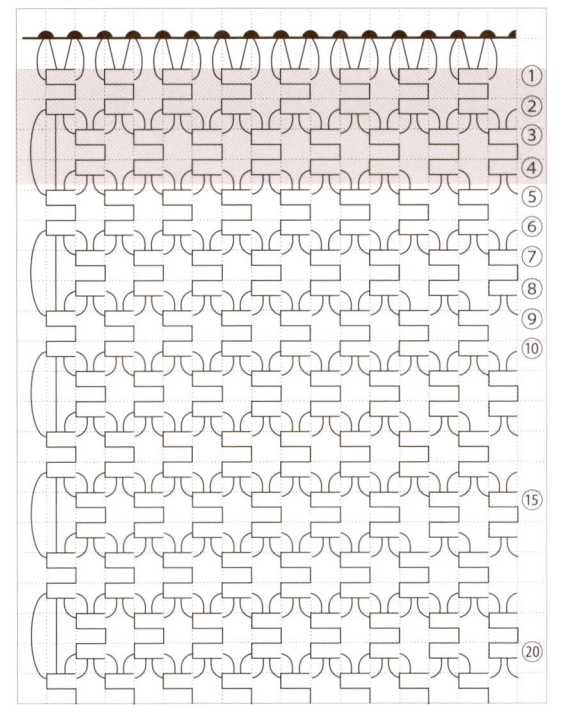

使用する結び方

左上平結び → page 31

One point

平結びの向きはそろっていればOK

この本でご紹介する七宝結びやそのアレンジは、基本的に左上平結びで結んでいますが、左上平結びを右上平結びに変えても、右の写真のようにほとんど同じ仕上がりになります。要するに全体が同じ向きにそろっていればOK。結びやすい方向で結んでください。

Chapter 02 マクラメパターンカタログ 基本パターン・面

㉖ 七宝アレンジ①

4本1組のひもの内側2本と外側2本を別色にして、3回の七宝結びを結びます。2色が交互に出るボーダー柄に。

photo page 53

❀ 結び図

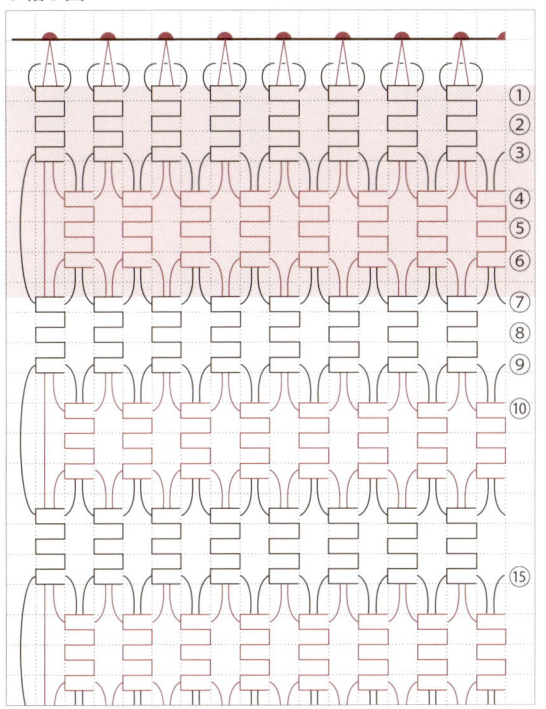

使用する結び方

左上平結び → page 31

One point

2色にする場合のひものつけ方

4本1組（二つ折りなら2本）のひもを2色の配色にする場合、最初に4本組の内側になるひもを芯ひもにつけ、そのひもに外側になる別色の結びひもをつけて結びはじめます。

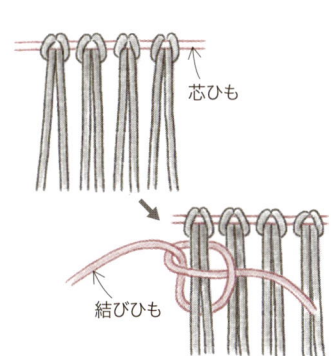

芯ひも

結びひも

55

㉗ 七宝アレンジ②

㉘ 七宝アレンジ③

㉗ 長く平結びを結んだ部分のすきまは、リボンやテープ、ひもなどの通し口としても使えます。
㉘ 複雑な柄ですが、使う技法は平結びのみ。こんな模様が簡単にできるのもマクラメの醍醐味です。

㉙ 七宝アレンジ④

㉚ 七宝アレンジ⑤

Chapter 02 マクラメパターンカタログ｜基本パターン・面

平結び1回の七宝結びをベースに、あえて結ばない目を入れることで、透け感がアップ。㉙
結びのアレンジには、別のひもをくぐらせる手も。七宝にこげ茶のひもを通したら、千鳥格子になりました。㉚

27 七宝アレンジ ②

七宝結びと連続平結びを交互に結びます。2種類の模様が並ぶことで、デザインに変化が生まれます。

photo page 56

結び図

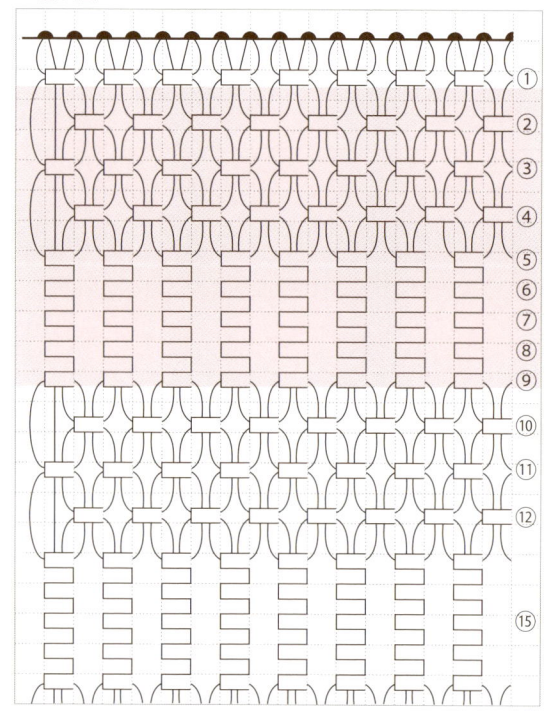

使用する結び方

左上平結び → page 31

One point

連続平結びは「ひも通し」にもなる

面の途中に入れる連続平結びには、デザイン性だけでなく実用性もあります。たとえば右のように連続平結び部分にテープを通すだけで、きんちゃく風に。コードやテープ、飾りのリボンなど、通したいものに合わせて平結びの回数を増減しましょう。

---

28 七宝アレンジ ③

基本は平結び4回の七宝結びですが、交差するときにひも4本をまたいで平結びをします。2色使いでより立体的に。

photo page 56

結び図

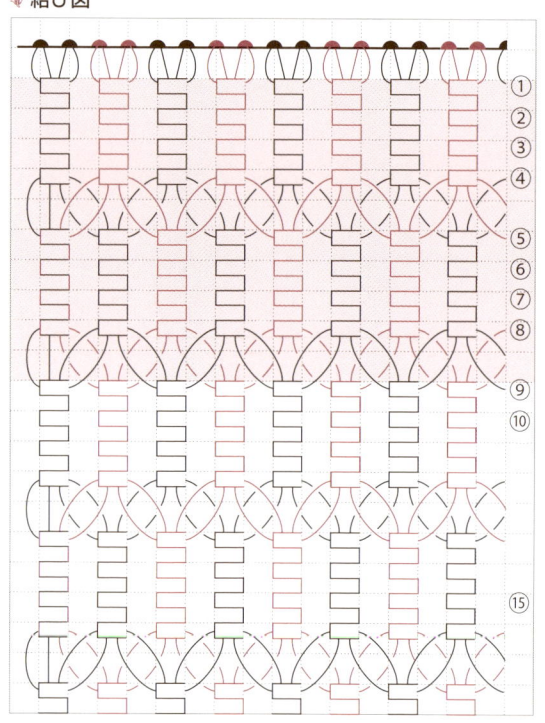

使用する結び方

左上平結び → page 31

交差部分の結び方

1 左上平結びを4回結ぶ。

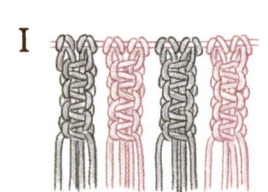

2 右に2本ずつずらし、1の平結びをまたいで同色のひも4本で左上平結びを4回結ぶ。(またぐ平結びはよけておく)

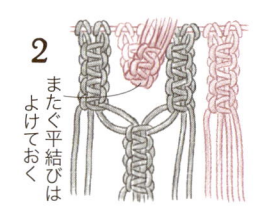

3 またいだ平結びを手前に出し、ひもを2本ずつずらして同色のひも4本で左上平結びを4回結ぶ。

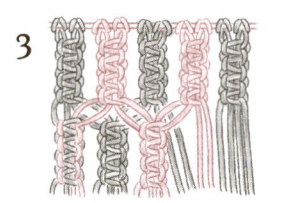

4 2〜3をくり返すと1模様のできあがり。

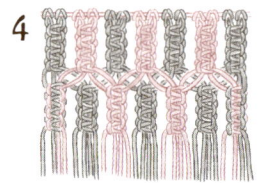

58

㉙ 七宝アレンジ④

平結び1回の七宝結びで、1段おきに結ばない目を入れることで、ななめの格子柄をつくります。4段で1模様です。

photo page **57**

結び図

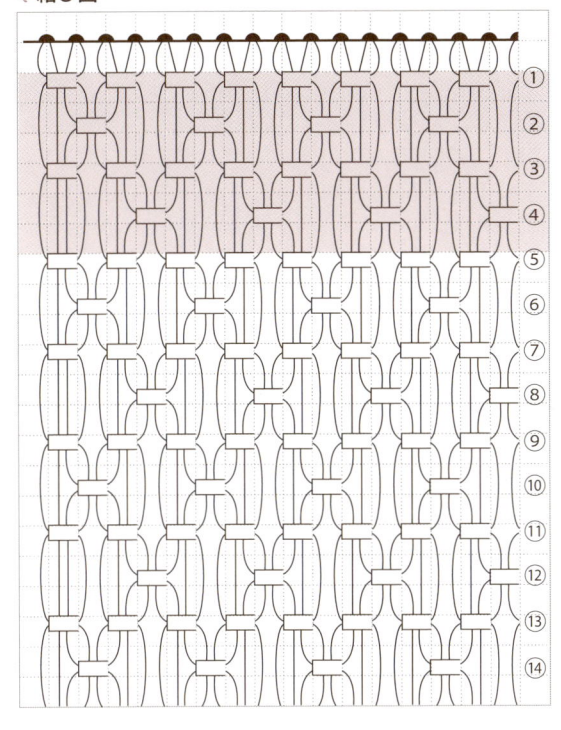

使用する結び方

左上平結び → page 31

1模様の結び方

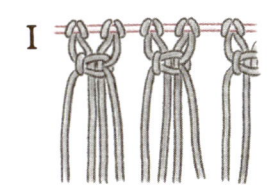

1 1段めは4本1組(二つ折りなら2本)で左上平結びをする。

2 2段めは端の2本を残し、4本で平結び、4本そのままをくり返す。 
残す　平結び　4本そのまま

3 3段めは端から4本1組で左上平結びをする。

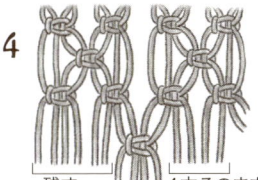

4 4段めは端の6本を残し、平結び、4本そのままをくり返すと1模様完成。以下1に戻ってくり返す。
残す　4本そのまま

㉚ 七宝アレンジ⑤

広げて結んだ七宝結び(1回)の段間に、別色のひもを交差させるだけで、千鳥格子のような柄に。ひもの配色がポイント。

photo page **57**

結び図

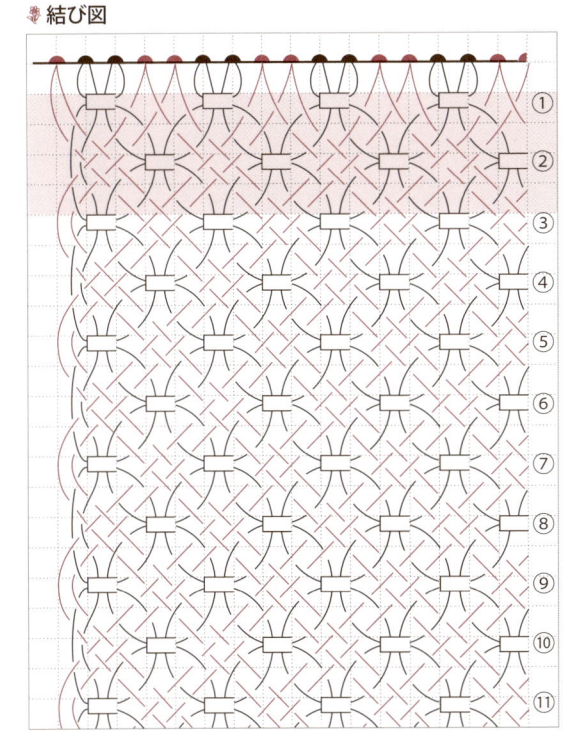

使用する結び方

左上平結び → page 31

結び方ガイド

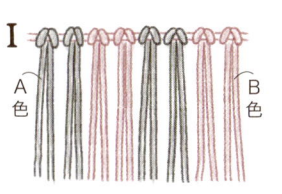

1 A色とB色のひもを4本ずつ(二つ折りなら2本)交互につける。
A色　B色 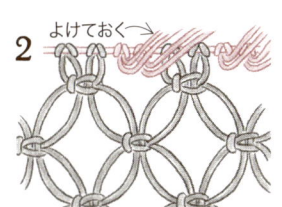

2 A色のひもで左上平結び1回の七宝結びを完成させる。 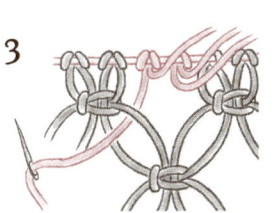
よけておく

3 B色のひもをとじ針に通し、七宝結びに織り込むように通す。

4 B色のひもをすべて織り込めばできあがり。

Chapter 02　マクラメパターンカタログ　基本パターン・面

㉜ 七宝アレンジ⑦

㉛ 七宝アレンジ⑥

㉛ 芯の数を規則正しく変えながら結ぶというアレンジ。ざっくり感を出したいときに使えるテクニックです。
㉜ プレーンな七宝結び（p.52）をねじり結びでアレンジ。それだけでこの違い。見くらべてみてください。

㉞ ねじり七宝アレンジ

㉝ ねじり七宝結び（4回）

Chapter 02　マクラメパターンカタログ　基本パターン・面

七宝結びは、ねじり結びだけでも結べます。独特なねじれを生かして立体的に仕上げるのがおすすめ。㉝
七宝アレンジ②（p.56）の平結びをねじり結びに変更。波のようにうねるすきまの形もなんだかユニークです。㉞

31 七宝アレンジ ⑥

芯の数を変えながら結んでいくと、大小の平結びがランダムに並んだような風変わりな網目模様に。6段で1模様です。

photo page 60

結び図

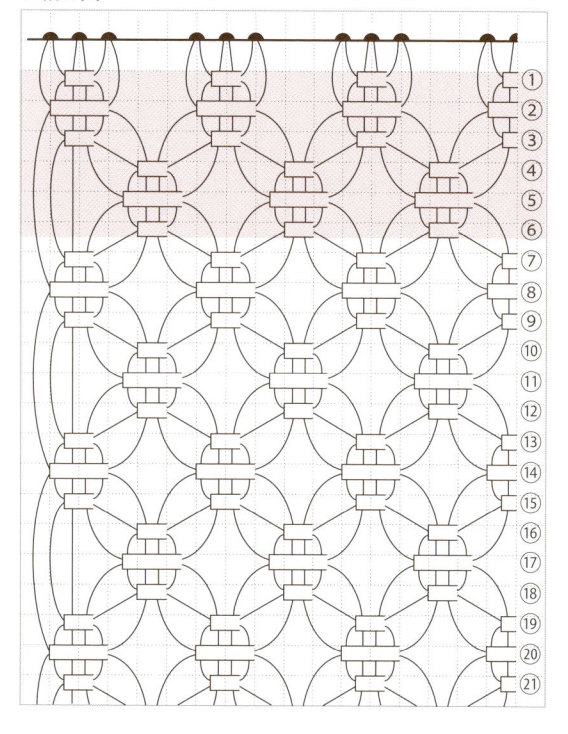

使用する結び方

左上平結び → page31

結び方ガイド

1 1段めと3段めは★で★の2本を芯にして平結び、2段めは☆で★と★の4本を芯にして平結び。

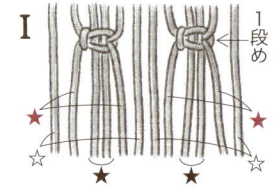

2 上側の模様ができる。

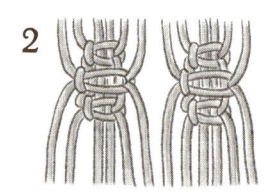

3 ひもを3本ずらし、4段めと6段めは★、5段めは★で平結び。

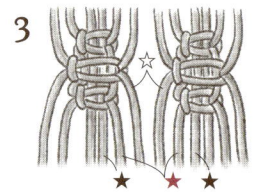

4 1〜3をくり返して結んでいく。

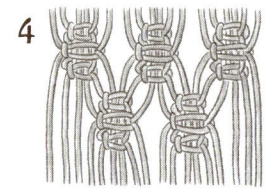

32 七宝アレンジ ⑦

七宝結びの平結びを1目おきにねじり結びに置き換えました。ねじり結びのコブがななめに浮き上がるラインに。

photo page 60

結び図

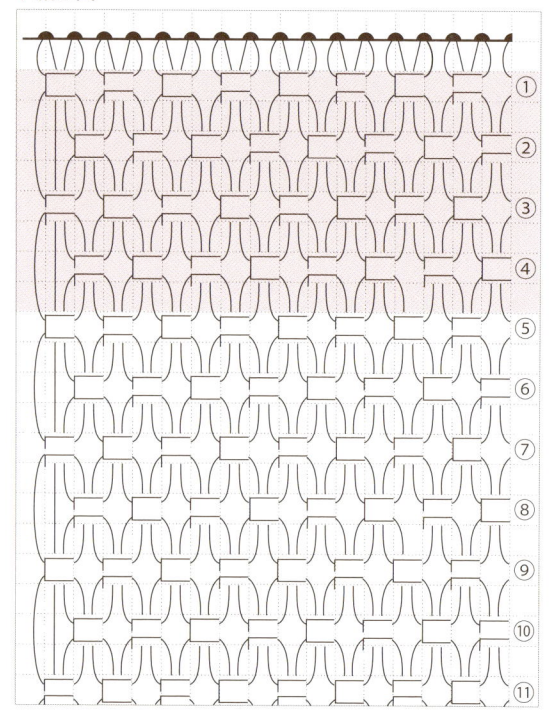

使用する結び方

左上平結び → page31

左上ねじり結び → page38

One point

2色で結ぶとこうなります

このパターンで、ひもを2本ごと(二つ折りなら1本)に別色にしてみると、右のようなちょっと不思議な柄に。ねじり結びが入ることでひもの流れが変わり、予想もしなかった柄が出てくることもあるのが、マクラメの面白いところなのです。

㉝ ねじり七宝結び（4回）

七宝結びの平結びをすべてねじり結びに変えてしまうと、ねじれた分厚地になり、マットなどにぴったりな面に。

photo page 61

🌼 結び図

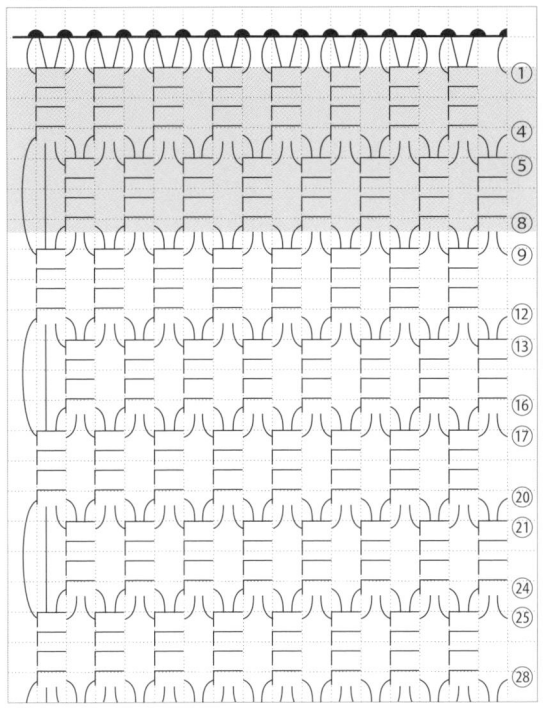

使用する結び方

左上ねじり結び → page 38

One point

ねじりの回数はコブの「回転」を目安に決める

ねじり七宝結びも、七宝結びと同じようにねじり結びの回数をアレンジすることで、デザインの変化をつくり出すことができます。ただ、回数が少なすぎると肝心の「ねじれ」がはっきりせず、面全体も不安定でよじれた状態になってしまいます。面を安定させるには、ねじり結びの回数をコブが半回転したところ、1周したところなど、結びひもが面全体と同じ高さになる回数に設定するのがコツです。

㉞ ねじり七宝アレンジ

七宝結びの間に、長いねじり結びをはさんだパターン。ねじり結びが加わることで、透け感と立体感が出ています。

photo page 61

🌼 結び図

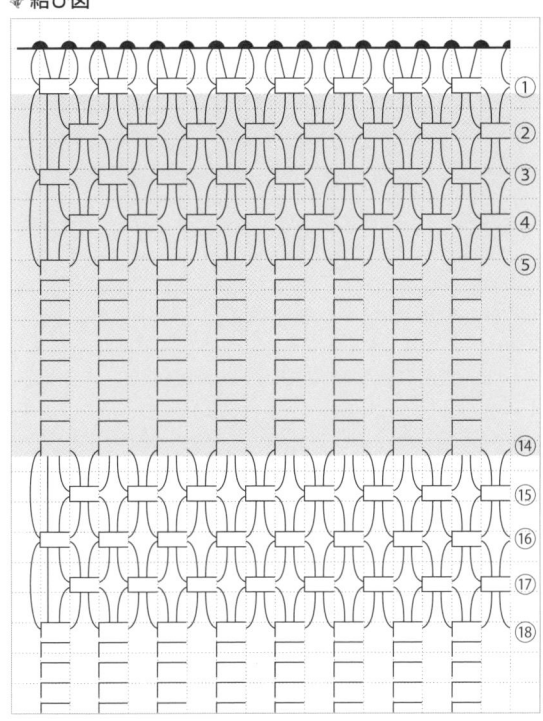

使用する結び方

左上平結び → page 31

左上ねじり結び → page 38

One point

ひもの長さの目安

このパターンは、連続ねじり結びの結びひもになるひもの使用量（右図のB）が、芯になるひも（右図のA）よりもかなり長めに必要です。目安はB＝A×1.5。最初にひもをとりつけるときに、右図のように1段めの平結びの結びひもになる側を長くしてとりつけます。

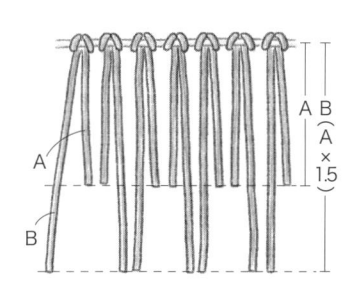

Chapter 02　マクラメパターンカタログ　基本パターン・面

基本の「巻き結び」だけでも...

㉟ 横巻き結び

㊱ 縦巻き結び

㉟ 結び目が横に並ぶから横巻き結び。すきまをあけずに結べば、横棒を並べたような密な面になります。
㊱ こちらは結び目が縦に並ぶから縦巻き結び。すきまをあけずに結べば、縦棒を並べたような密な面に。

(37) 横裏巻き結び

(38) 横巻き・横裏巻き結び

棒針編みの「表編み」「裏編み」と同じく、横巻き結びにも「表巻き」「裏巻き」があります。これは「裏巻き」。(37)
このパターンは棒針編みの「ガーター編み」に相当する結び方。段ごとに表、裏、表、裏と結んでいきます。(38)

Point Technic
巻き結びの結び方

巻き結びとは、面をつくるうえで欠かせないテクニックのひとつ。結び目の向きにより「横巻き結び」「縦巻き結び」「ななめ巻き結び」などのバリエーションがあり、これらをマスターしておくと、表現の幅もぐっと広がります。ここでは上記の3種に「横裏巻き結び」を加えた4種の結び方をご紹介します。

横巻き結び
縦ふたつ1組の結び目を水平に並べて面を埋める結び方。芯ひもを折り返す位置にピンを打つと、間隔をそろえやすくなります。

1 芯ひもに縦ひもをとりつけ、横から足す芯ひもをセットする。

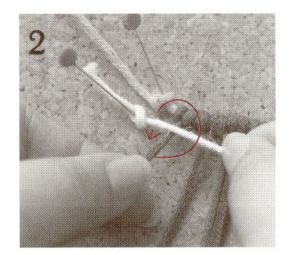

2 芯ひもを右手、縦ひもを左手に持ち、縦ひもを芯ひもに巻く。

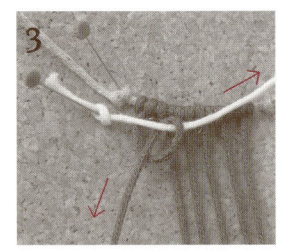

3 芯ひもを上に上げながら縦ひもを少しずつ引きしめる。

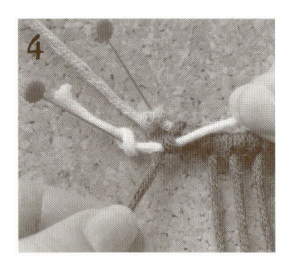

4 左から右へ進む横巻き結びが0.5目結べる。

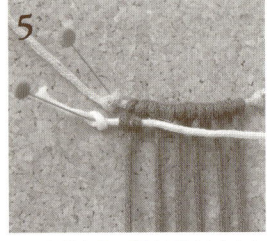

5 2〜3をもう一度くり返すと右から左へ進む横巻き結びが1目完成。続けて1段めを結ぶ。

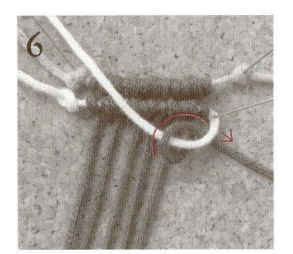

6 芯ひもを折り返してピンを打ち、右から左へ進む横巻き結びで2段めを結ぶ。2と左右逆に縦ひもを巻きつける。

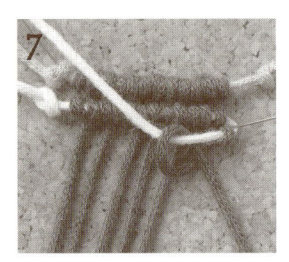

7 6と同様にもう1回巻きつけて引きしめる。

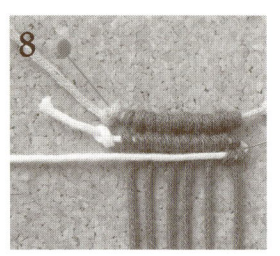

8 左から右への横巻き結びが1目完成。6〜7をくり返して、2段めを結ぶ。

縦巻き結び
横ふたつ1組の結び目を水平に並べて面を埋める結び方。縦のひもを芯にして、横のひもを巻きつけていきます。

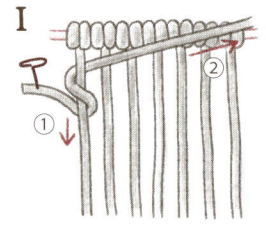

1 横ひもの端をピンでとめ、縦ひもに図のように下から上へと巻きつけて引きしめる。

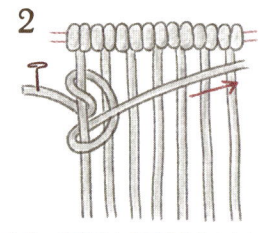

2 もう一度図のように下から上へと巻きつけて引きしめる。

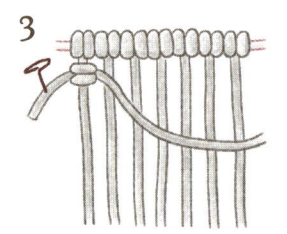

3 縦巻き結びが1回完成。

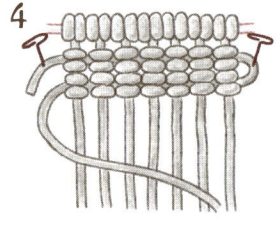

4 1段終わったら横ひもを折り返し、1〜3を左右逆向きに結んでいく。

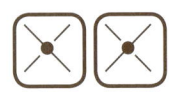

ななめ巻き結び
横巻き結びをななめに並べる結び方。

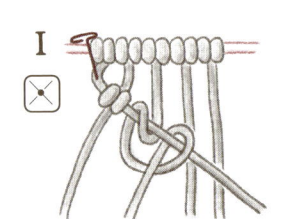

1 横巻き結びの結び目がななめになるように結ぶ(左右反転で結ぶと結び目の向きも反転する)。

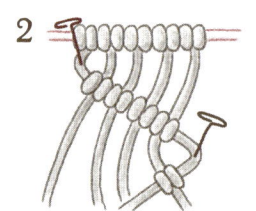

2 角度をそろえて結び目を並べていく(この図は右下がりの「右ななめ巻き結び」)。

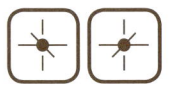

横裏巻き結び
横巻き結びの裏面が表面になる結び方。

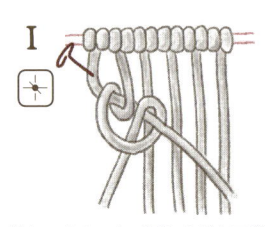

1 巻きつけるひもの通し方が上下逆の横巻き結びを結ぶ(左右反転で結ぶと結び目の向きも反転する)。

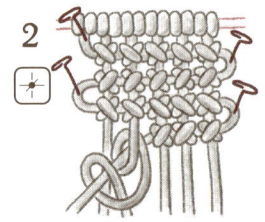

2 1段終わったら芯ひもを折り返し、左右逆向きに結んでいく。

㉟ 横巻き結び

2段おきに縦ひもを伸ばした窓をつくります。折り返す位置にピンを打ち、芯をしっかり引っぱりながら結ぶのがコツ。

photo page **64**

🌸 結び図　　　←芯ひもをつける

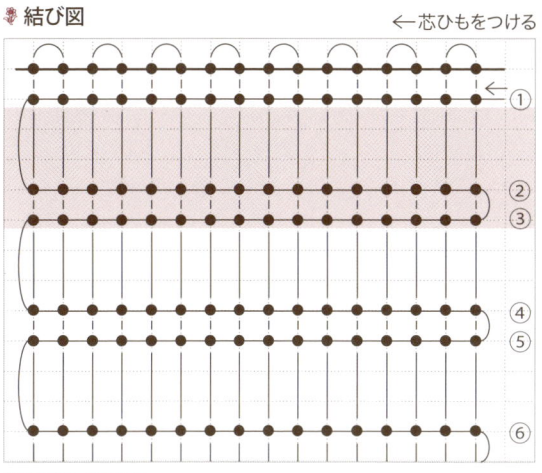

使用する結び方

横巻き結び → page 66

㊱ 縦巻き結び

すきまをあけてとりつけた縦ひもに横ひもで縦巻き結びをしています。窓の横幅は縦ひもの間隔で調整します。

photo page **64**

🌸 結び図　　　→芯ひもをつける

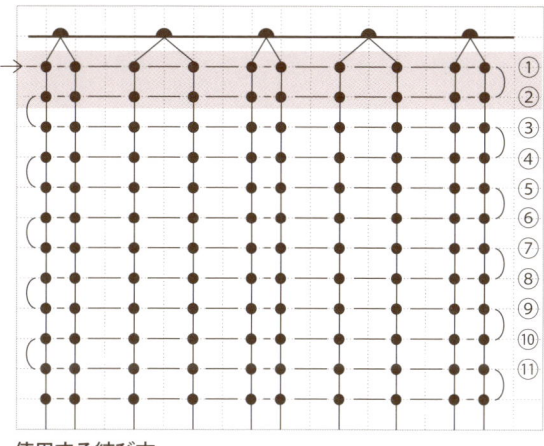

使用する結び方

縦巻き結び → page 66

㊲ 横裏巻き結び

横裏巻き結びで面を埋めました。段ごとに結び目のななめの向きが逆になり、横向きのヘリンボーンのような柄に。

photo page **65**

🌸 結び図　　　←芯ひもをつける

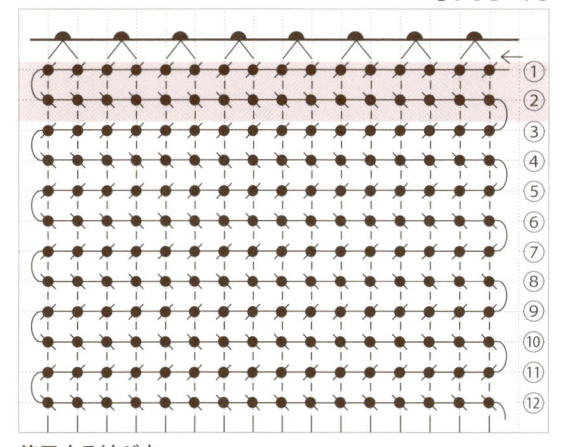

使用する結び方

横裏巻き結び → page 66

㊳ 横巻き・横裏巻き結び

1段ごとに横巻き結びと横裏巻き結びをくり返すパターン。裏面も同じ柄のリバーシブルデザインです。

photo page **65**

🌸 結び図　　　→芯ひもをつける

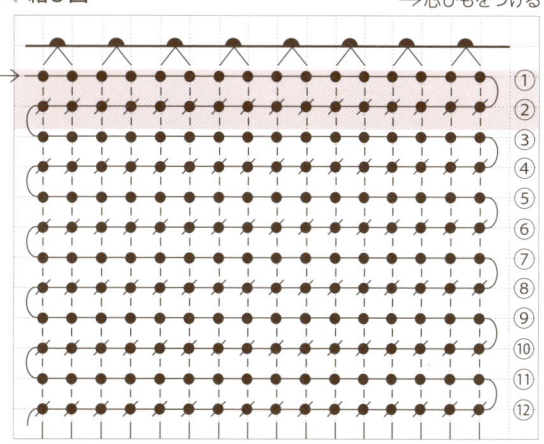

使用する結び方

横巻き結び → page 66

横裏巻き結び → page 66

Chapter 02　マクラメパターンカタログ　基本パターン・面

㊴ 巻き結びアレンジ①
格子パターン

㊵ 巻き結びアレンジ②
ねじり縦巻きパターン

㊴ 横巻き結びで埋めたマス目と縦ひもだけのマスを交互に。縦巻き結びで縦枠、横巻き結びで横枠をつくっています。
㊵ 縦巻き結びを1段結ぶごとに、ペアにした縦ひもをくるりとひとひねり。ねじる方向はお好みで。

㊶ 巻き結びアレンジ③
いかだパターン

㊷ 巻き結びアレンジ④
ななめ巻き七宝

Chapter 02 マクラメパターンカタログ 基本パターン・面

そのままだとひもになる平結びを、横巻き結びをはさんで面に。これも横巻き結びの典型的な活用法です。㊶
基本の七宝結びに、ななめ巻き結びをひとつプラス。基本テク同士の組み合わせで個性的なパターンに。㊷

39 巻き結びアレンジ① 格子パターン

巻き結びの正方形の位置を5段ごとにずらして格子柄に。窓部分の縦ひもの長さをそろえるときれいに仕上がります。

photo page 68

❀ 結び図　　→ひもをつける

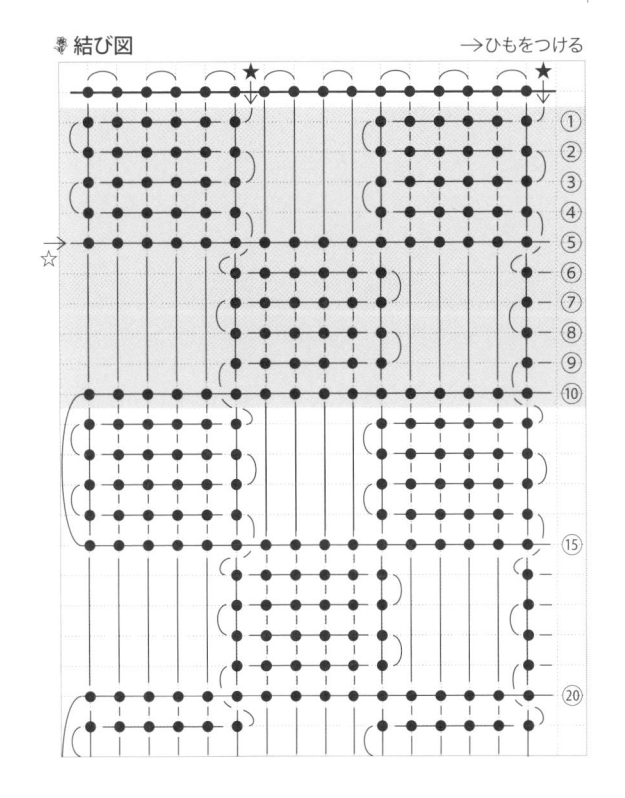

使用する結び方

- 縦巻き結び → page 66
- 横巻き結び → page 66 

結び方ガイド

1 結び図の★の位置からひもをつけ、縦巻き結び1目、横巻き結び4目、縦巻き結び1目、を4段くり返す。

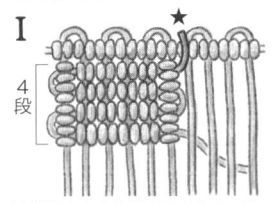

2 結び図の☆の位置から芯ひもをつけ、横巻き結びで5段めを結ぶ。

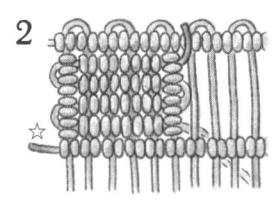

3 ★のひもを5段めの裏側から6段めに下ろし、1の右端の縦ひもから1と同様に4段結ぶ。

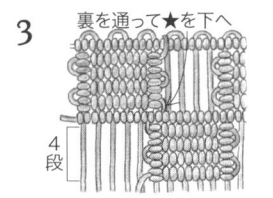

4 ☆のひもを端で渡らせ、10段めの芯ひもにして横巻き結び。ここまでで1模様のできあがり。

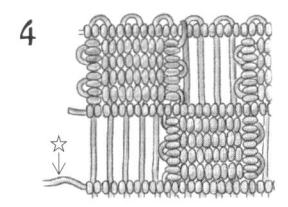

40 巻き結びアレンジ② ねじり縦巻きパターン

1段結ぶたびに縦ひもをクロスさせていきます。マクラメボードのマス目を活用してクロス部分の長さを均一に。

photo page 68

❀ 結び図　　→横ひもをつける

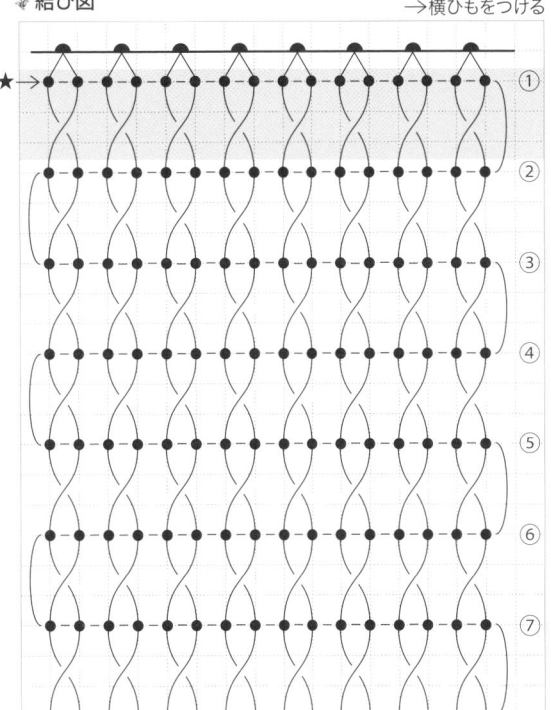

使用する結び方

- 縦巻き結び → page 66

結び方ガイド

1 ★の位置から横ひもをつけ、縦巻き結びで1段結ぶ。

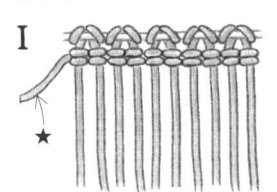

2 2段めは1段めとの間にすきまをあけ、最初に右から2本めの縦ひもで縦巻き結びをする。

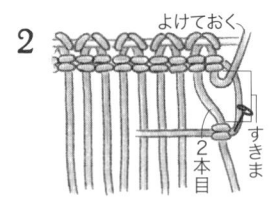

3 右端の縦ひもを手前に出して2本めとクロスさせ、縦巻き結び。

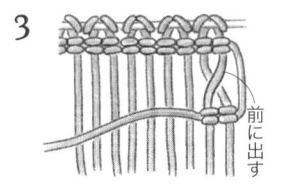

4 2〜3をくり返して2段めを結ぶと、1模様のできあがり。

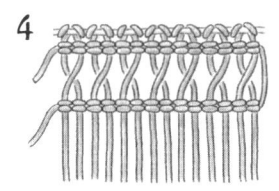

41 巻き結びアレンジ③ いかだパターン

平結び4段ごとに横巻き結びを1段はさみます。芯2本の平結びがベースなのでひもは必ず4の倍数本にします。

photo page 69

結び図
→芯ひもをつける

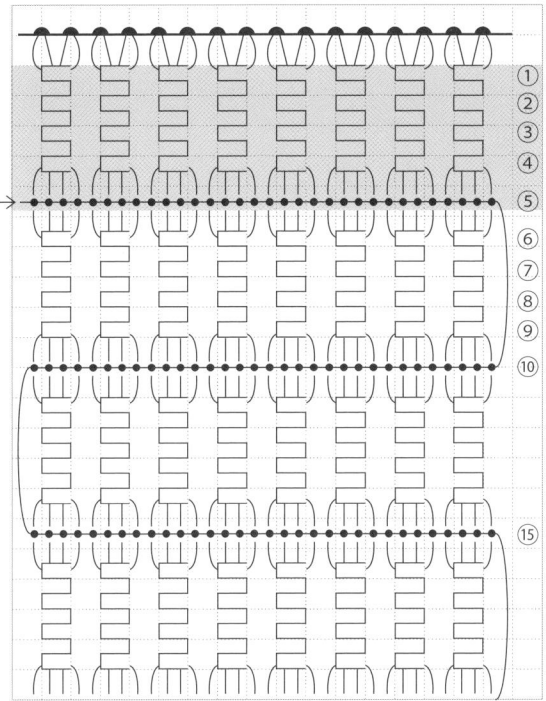

使用する結び方

- 左上平結び → page31
- 横巻き結び → page 66 

One point
ひものとりつけ方

このパターンは、内側2本を芯にする4本1組の平結びがベースになります。そのためひもは、結びひもになる外側2本（B）は内側2本（A）の4倍程度は必要。とりつけのときは、右のように左右の長さを変えてとりつけます。

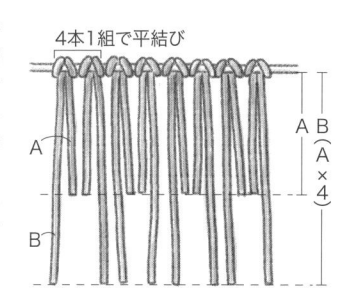

4本1組で平結び
A
B (A×4)

---

42 巻き結びアレンジ④ ななめ巻き七宝

七宝結びにななめ巻き結びを加えることで、しっかりしたネット状に。平結びの結びひもが巻き結びの芯になります。

photo page 69

結び図

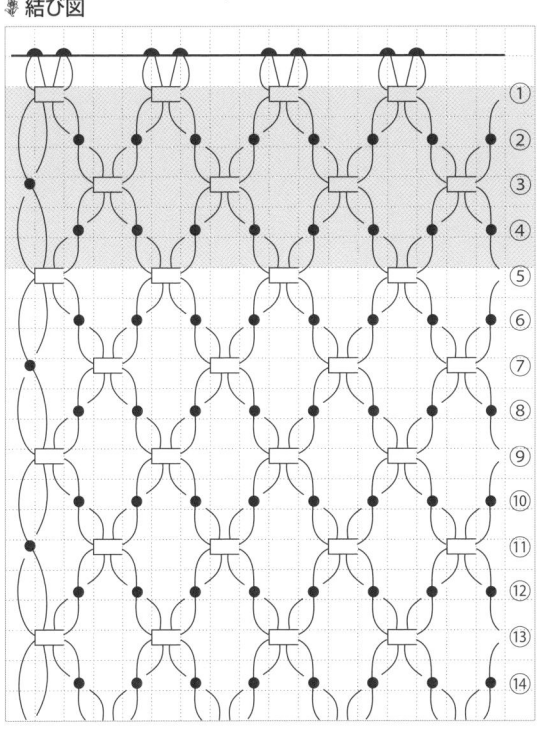

使用する結び方

- 左上平結び → page31
- ななめ巻き結び → page 66 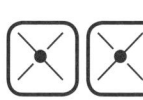

結び方ガイド

1 ひも4本1組（二つ折りなら2本）にして芯2本の平結びを1段結ぶ。

2 2段めは1段めの平結びの芯ひもを左右それぞれの結びひもに巻きつけてななめ巻き結びをする。
芯にする

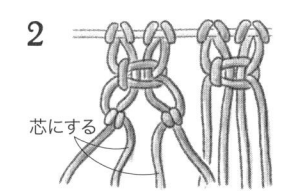

3 3段めはひもを2本ずつずらして芯2本の平結びを1段結ぶ。

4 4段めも2と同様にななめ巻き結び。これで1模様のできあがり。

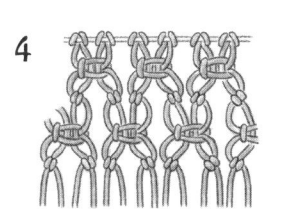

Chapter 02 マクラメパターンカタログ 基本パターン・面

「ななめ巻き結び」をつづけて結ぶと...

43 連続ななめ巻きアレンジ①
バスケットパターン

44 連続ななめ巻きアレンジ②
菱形パターン

43 ななめ巻き結びを交差させて、バスケット風テキスタイルに。バッグやかごづくりに活躍しそうなパターンです。
44 菱形の連続模様。枠の内側に渡すひもをピンとはるかたるませるかでも、ニュアンスが違ってきます。

㊺ 連続ななめ巻きアレンジ③
ウッドパターン

㊻ 連続ななめ巻きアレンジ④
菱形かのこパターン

Chapter 02　マクラメパターンカタログ　基本パターン・面

ななめ巻き結びの結び目でできたラインの組み合わせで、北欧や東欧の刺繍柄のような連続模様ができました。㊺
左ページの菱形パターンの枠の内側で七宝結び。枠の交差部分にちらりとのぞく配色糸がポイントです。㊻

43 連続ななめ巻きアレンジ① バスケットパターン

1本の芯ひもに4回ななめ巻き結びをするごとに結び目の方向を変えていきます。6段で1模様です。

photo page 72

結び図

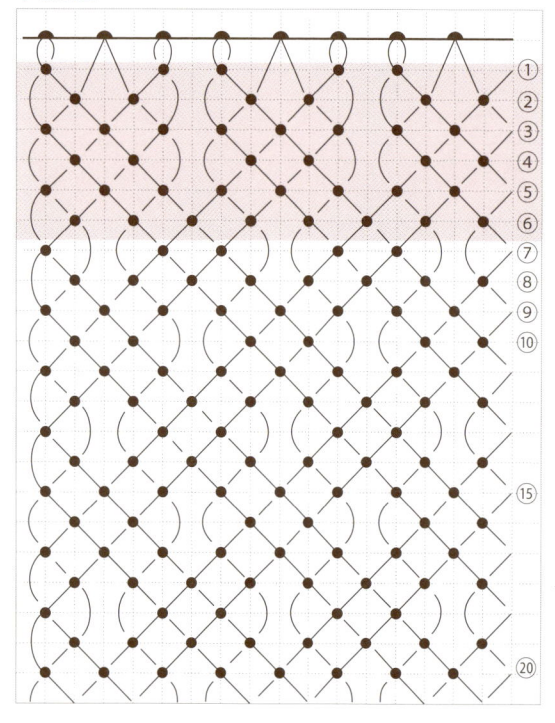

使用する結び方

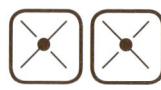

⊠ ⊠ ななめ巻き結び → page 66

One point
ひもの構成と長さの目安

このパターンは、ひも6本(二つ折りなら3本)を6段結んでつくる「×」模様がベースです。そのためとりつけるひもは6の倍数(二つ折りなら3の倍数)にするのが基本。ひもの長さは、6本のうち中央の2本(B)はほかのひも(A)の1.6〜1.7倍程度必要になります。

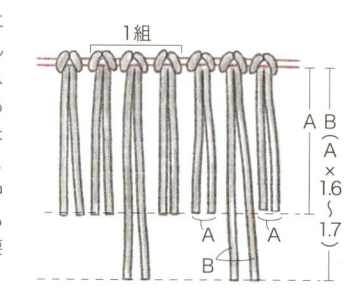

44 連続ななめ巻きアレンジ② 菱形パターン

10段1模様で横長の菱形をつくっていきます。ななめ巻き結びの角度をつねに一定にするのが美しく仕上げるコツ。

photo page 72

結び図

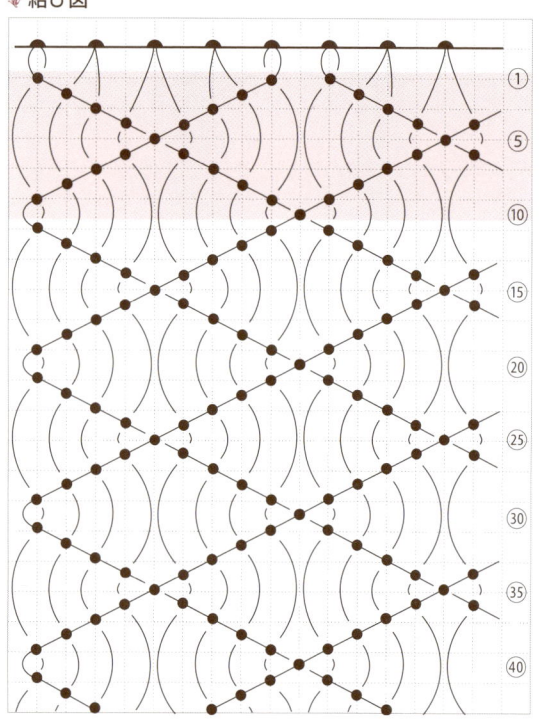

使用する結び方

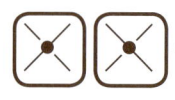

⊠ ⊠ ななめ巻き結び → page 66

One point
菱形の頂点は左ななめ巻き結び

このパターンの菱形ひとつは、ひも10本分(二つ折りなら5本)でできています。菱形の4つの頂点では、つねに左下がりの左ななめ巻き結びで結びます。こうすることで、右上から左下に流れるラインがそろっていきます。

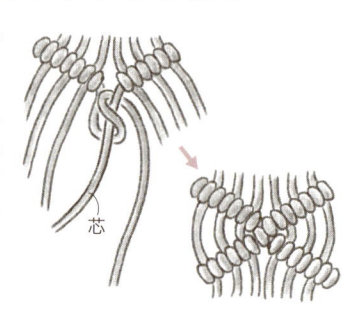

㊺ 連続ななめ巻きアレンジ③ ウッドパターン

模様同士の交点が少ないパターンなので、交点でしっかり引きしめるのがポイント。8段で1模様です。

photo page 73

❀ 結び図

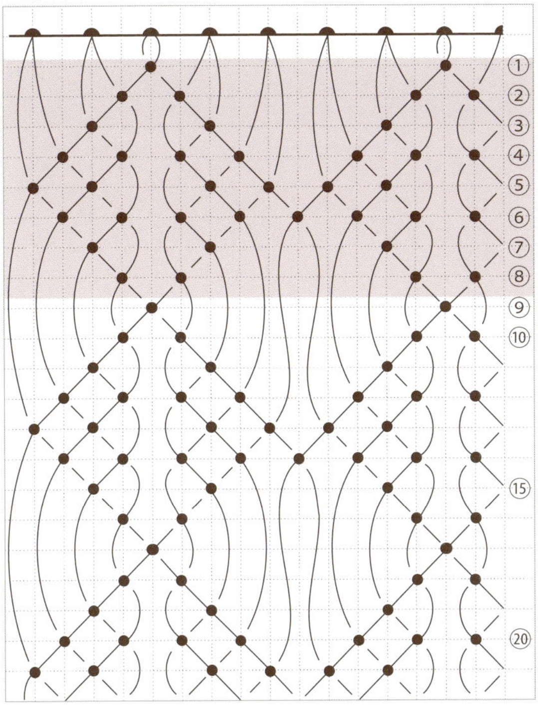

使用する結び方

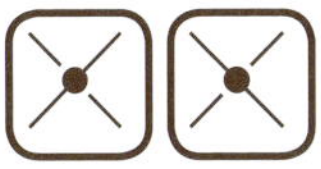

ななめ巻き結び → page 66

One point
ひもは10本で1組

このパターンのベースになる木のようなモチーフは、縦ひも10本(二つ折りなら5本)1組でできています。そのためとりつける縦ひもは10の倍数(二つ折りなら5の倍数)にします。それぞれのひもの長さは仕上がり寸法の約10倍を目安に。

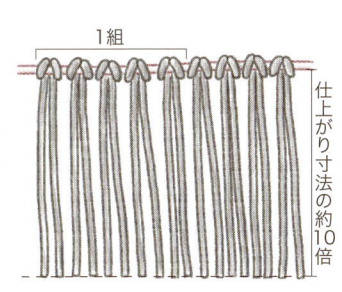

1組 / 仕上がり寸法の約10倍

㊻ 連続ななめ巻きアレンジ④ 菱形かのこパターン

菱形は14段で1模様。内側の七宝結びを先に結び、ななめ巻き結びで枠をつくっていくと形がとりやすくなります。

photo page 73

❀ 結び図

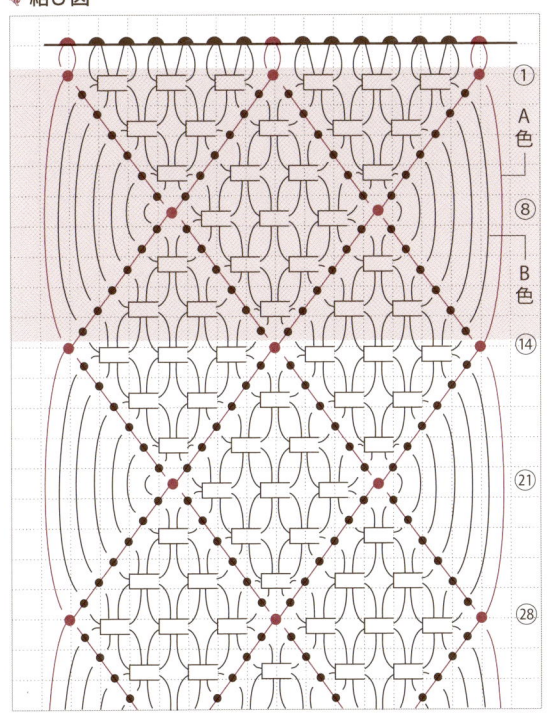

使用する結び方

左上平結び → page31

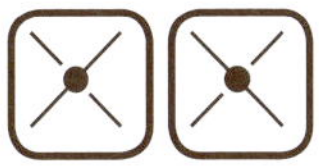

ななめ巻き結び → page 66

One point
ひもの本数の決め方

このパターンのベースになる菱形ひとつは、A色のひも2本(二つ折りなら左右各1本)でB色のひも12本(二つ折りなら6本)をはさんだ構成です。ひもの本数を決めるとき、B色は「12本(二つ折りなら6本)×模様の数」、A色は「2本(二つ折りなら1本)×模様の数+2本(二つ折りなら1本)」と考えます。

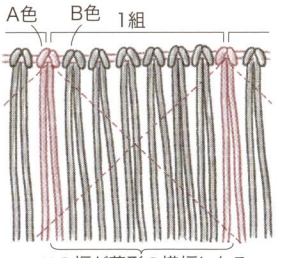

A色 B色 1組

この幅が菱形の横幅になる

Chapter 02 マクラメパターンカタログ 基本パターン・面

㊼ 連続ななめ巻きアレンジ⑤
ヘリンボーンパターン

㊽ 連続ななめ巻きアレンジ⑥
波形パターン

㊼ ウール生地などでおなじみのヘリンボーン柄も、ななめ巻き結びを組み合わせると簡単につくれます。
㊽ うねうねと波形を描くラインがリズミカル。少しだけ重ねることで波同士をつなげています。

⑭ 連続ななめ巻きアレンジ⑦
からみ波形パターン

⑮ 連続ななめ巻きアレンジ⑧
丸花パターン

Chapter 02 マクラメパターンカタログ 基本パターン・面

波形パターンに左右対称なラインを加えてからみ合わせたら、ぐっと複雑な模様になりました。㊾
ななめ巻き結びで円をつくり、小さな花の連続柄に。中心には平結びがひとつ入っています。㊿

47 連続ななめ巻きアレンジ ⑤ ヘリンボーンパターン

サンプルはひも12本1組（二つ折りなら6本）で山ひとつぶんですが、本数を減らせば細い柄、増やせば太い柄に。

photo page 76

結び図

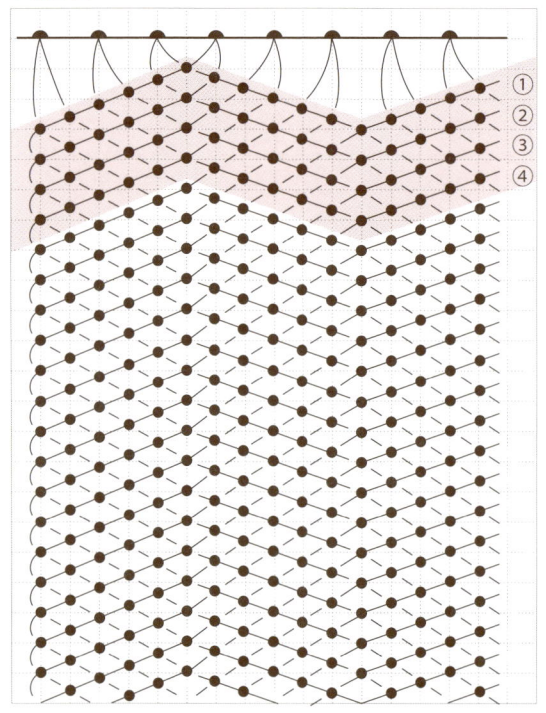

使用する結び方

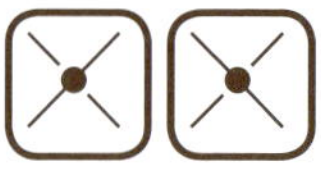

ななめ巻き結び → page 66

One point
上下の辺も直線に仕上げるなら

このパターンは全面ななめ巻き結びの結び目で埋めるため、面の上下がジグザグになります。模様を生かしつつ直線に仕上げるには、右の図のようにヘリンボーンの角度がくずれないようバランスに気をつけながら、結び目を足して端を平らに整えます。

〈上側〉

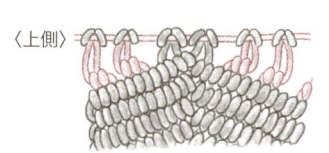

〈下側〉

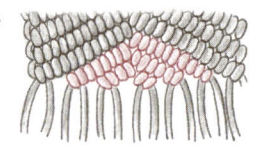

48 連続ななめ巻きアレンジ ⑥ 波形パターン

少しずつ傾斜をつけてななめ巻き結びをし、4目ずつ、2目ずつ、4目ずつ、と分けて結んでいきます。12段1模様です。

photo page 76

結び図

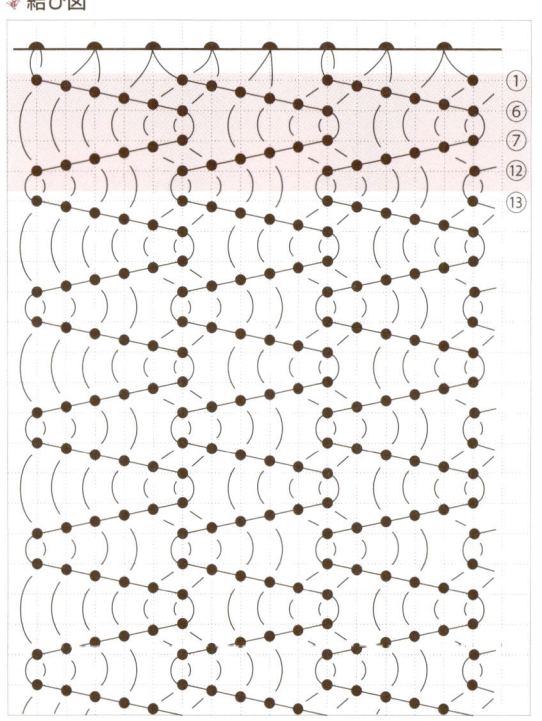

使用する結び方

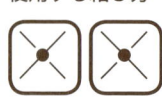

ななめ巻き結び → page 66

結び方ガイド

1 まず波の上側の4目ずつを結ぶ（右端だけは6目全部結ぶ）。

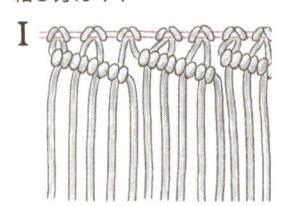

2 隣の波と重なる部分の2目ずつを結ぶ。

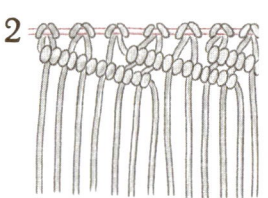

3 波の下側の4目ずつを結ぶ（左端だけは6目全部結ぶ）。

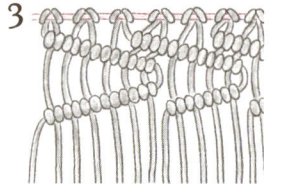

4 隣の波と重なる部分の2目ずつを結ぶと、1模様が完成。

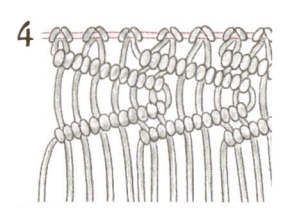

49 連続ななめ巻きアレンジ⑦ からみ波形パターン

小さな木の葉形をひとつくつくったら、交差する箇所をずらして同じ模様をくり返します。10段1模様です。

photo page 77

❀ 結び図

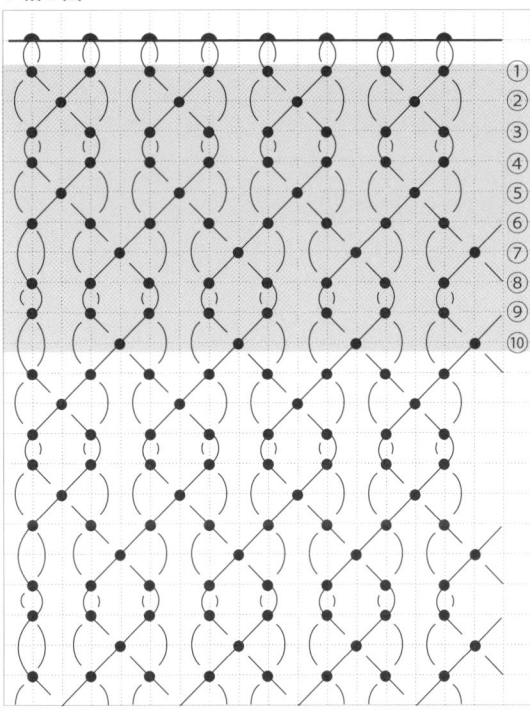

使用する結び方

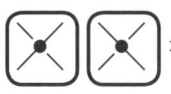

ななめ巻き結び → page 66

One point
ひもは8本で1組

このパターンは、ななめ巻き結びのラインがからみ合いながら流れる美しさが一番の持ち味。それを表現できる最小のひも数は8本です。8本だけで結ぶ場合は、右の結び図の @ のように、左右の端では2本のひもでななめ巻き結びを2段結んで外側の輪郭をつくります。

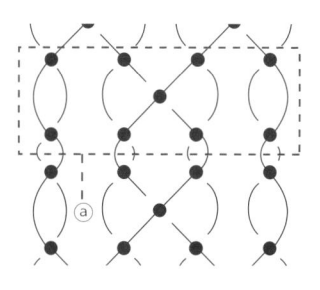

50 連続ななめ巻きアレンジ⑧ 丸花パターン

丸い花ひとつは、ひも6本(二つ折りなら3本)でできています。5段1模様を最後に平結びでつないで面にします。

photo page 77

❀ 結び図

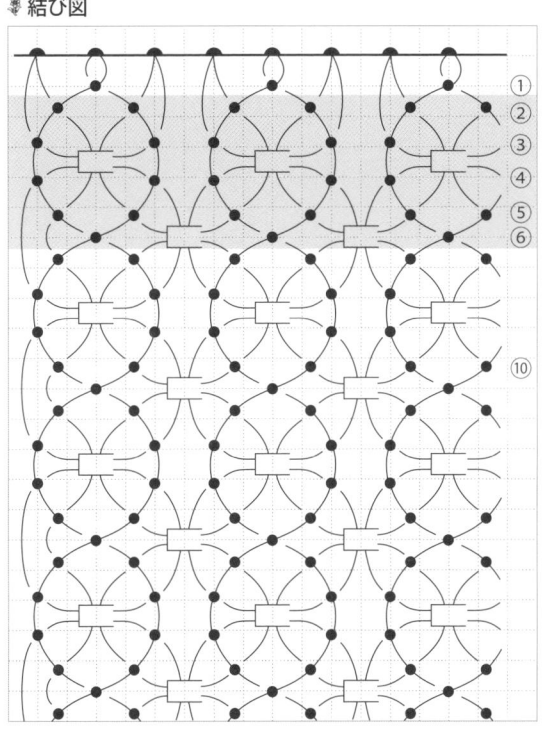

使用する結び方

左上平結び → page31

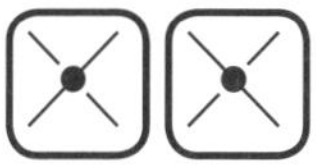

ななめ巻き結び → page 66

結び方ガイド

1 1組
芯ひもに6本1組(二つ折りなら3本)で結びひもをつける。

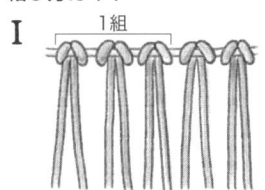

2 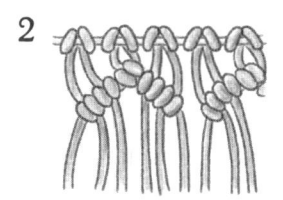
ななめ巻き結びで3段めまで結ぶ。

3 しっかりしめると形が整う
6本1組の内側4本で平結びを結ぶ。ここで輪郭のラインを整える。

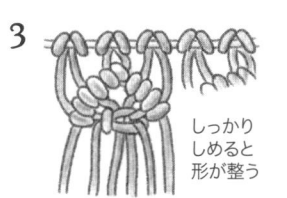

4 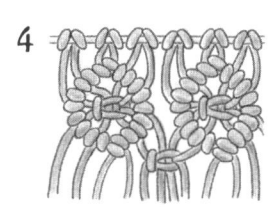
下側の輪郭になるななめ巻き結び3段を結び、最後に模様をつなぐ平結びを結ぶと、1模様が完成。

Chapter 02 マクラメパターンカタログ 基本パターン・面

自然の葉っぱや花をモチーフに...

(51) 若葉パターン

(52) 木の葉パターン

(51) 若葉マークのような矢羽根柄の連続模様。1模様だけでもデザインのアクセントになりそう。
(52) 小さな葉っぱ柄は、使う色により新芽にも落ち葉にも。段染めのひもでもおもしろい柄になりそうです。

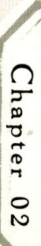

㊹ 大きな花パターン

㊸ 小さな花パターン

Chapter 02 マクラメパターンカタログ 基本パターン・面

若葉パターンに立体的なドットを加えて花柄に。ちょっとしたアレンジでガーリーな雰囲気になりました。㊸
結び目でアウトラインを描いて、大きな花モチーフに。花の横幅はひもの本数を変えて調整できます。㊹

51 若葉パターン

交点が少ないパターンなので、すき間のひもにビーズなどを加えると華やかになり、強度もアップ。20段1模様です。

photo page 80

❀ 結び図

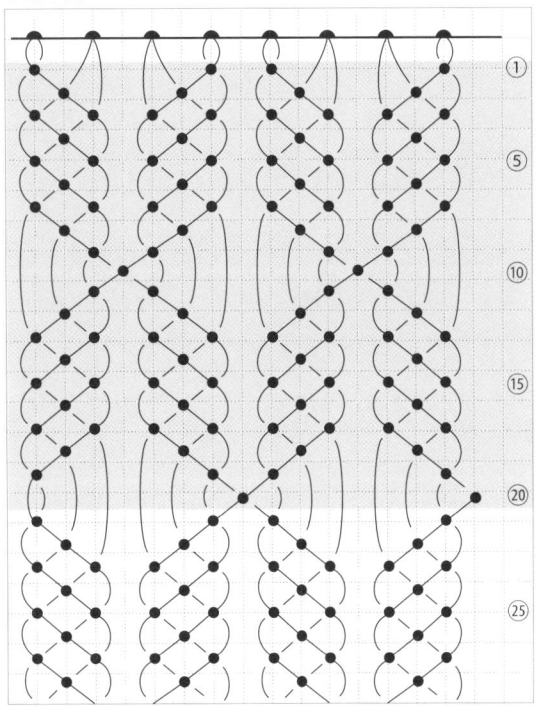

使用する結び方

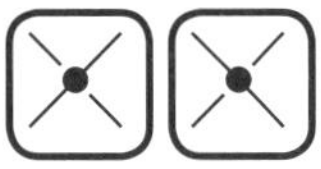

☒ ☒ ななめ巻き結び → page 66

One point
ひもの本数の決め方

このパターンは若葉マークふたつで1模様。これをつくるには、最低16本（二つ折りなら8本）のひもが必要です。ただ、ベースになるパターンはひも4本（二つ折りなら2本）でつくる若葉の半面なので、ひもの本数を決めるときは4本（二つ折りなら2本）の倍数にします。

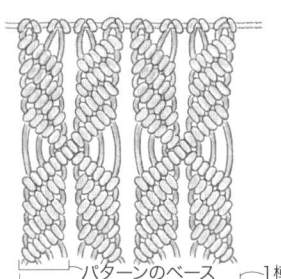

パターンのベース　1模様

52 木の葉パターン

ななめ巻き結びを上に7目、下に7目結んで木の葉形をつくります。互い違いに重なる葉っぱ2枚分で1模様です。

photo page 80

❀ 結び図

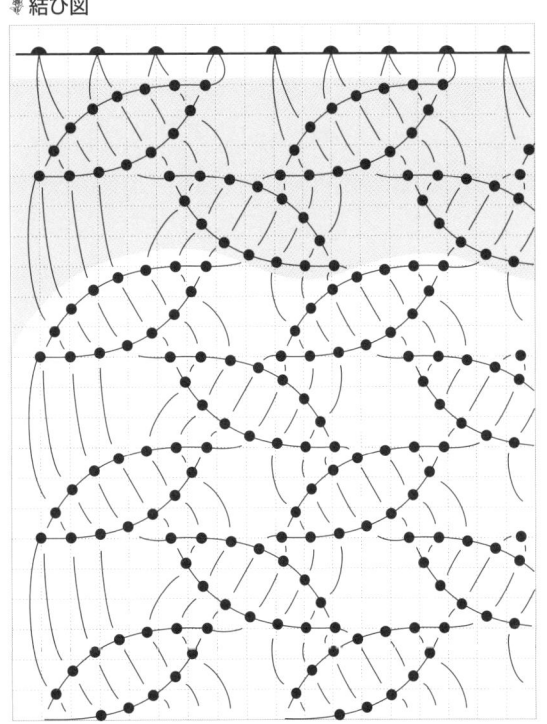

使用する結び方

☒ ☒ ななめ巻き結び → page 66

One point
左右の端は結ばずに渡す

このパターンは、2枚の葉が互い違いに重なり合って連続しています。そのため端で中途半端な柄になる部分は、右の図のように結ばずそのままひもを渡します。葉っぱ1枚はひも8本（二つ折りなら4本）でできているので、使用するひもの本数は8の倍数（二つ折りなら4の倍数）にします。

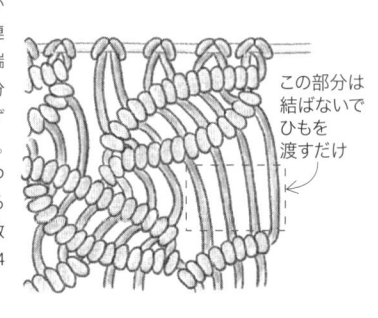

この部分は結ばないでひもを渡すだけ

53 小さな花パターン

若葉マークを2段減らして短めにすると、若葉から花びらに変身。ドットは平結び3回のしゃこ結びでできています。

photo page 81

結び図

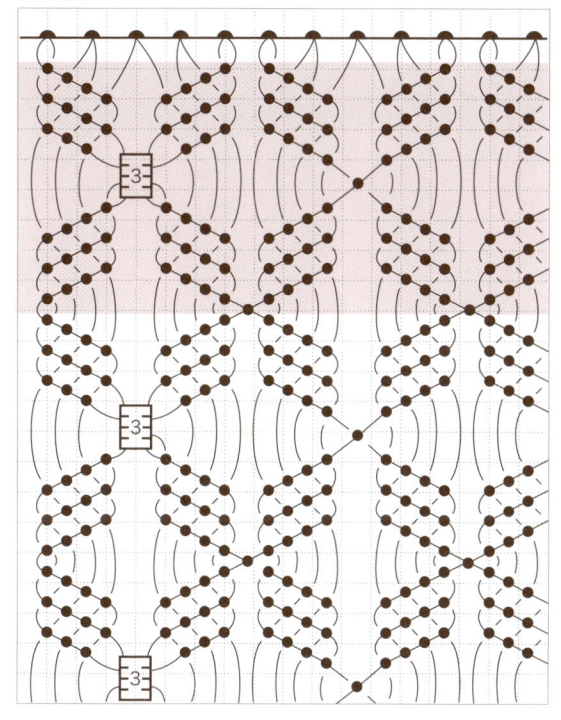

使用する結び方

- しゃこ結び → page42
- ななめ巻き結び → page66 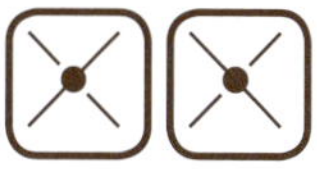

結び方ガイド（花の結び方）

1 ななめ巻き結びを3段結び、中央のひも4本で平結びを3回結ぶ。

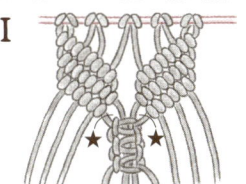

2 平結びの芯ひもを1の★に通し、下から出して平結びを1回してドットをつくる。

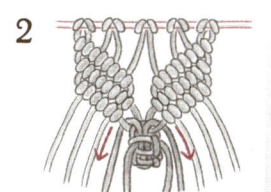

3 平結びの芯をふたたび芯にして、ななめ巻き結びを結ぶ。

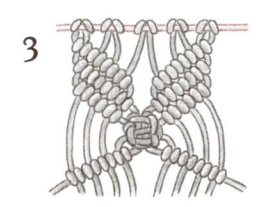

4 続けてななめ巻き結びを3段結ぶと、花モチーフのできあがり。

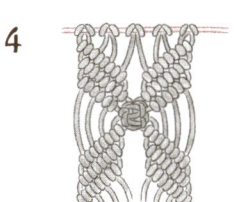

54 大きな花パターン

ゆるやかな角度のななめ結びを連ねて大きな花をつくります。4枚の花びらの形をバランスよく仕上げるのがポイント。

photo page 81

結び図

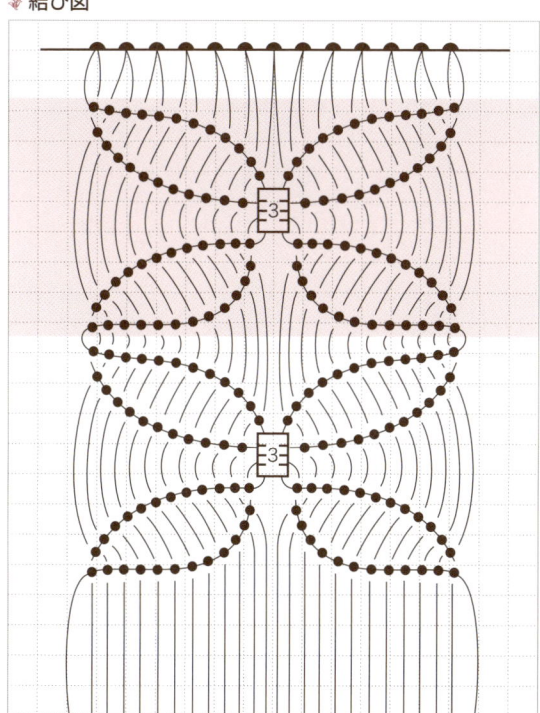

使用する結び方

- しゃこ結び → page42
- ななめ巻き結び → page66 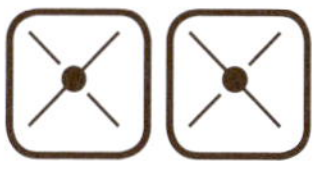

One point
花の大きさはひも数で変わります

このパターンは、ひもの本数で花の横幅が決まります。サンプラーはひも26本（二つ折りなら13本）でつくっていますが、右のようにひもを14本（二つ折りなら7本）に減らすと、ほぼ正方形の花になります。

Chapter 02 マクラメパターンカタログ　基本パターン・面

つぶつぶ、ポコポコ、木の実の柄も...

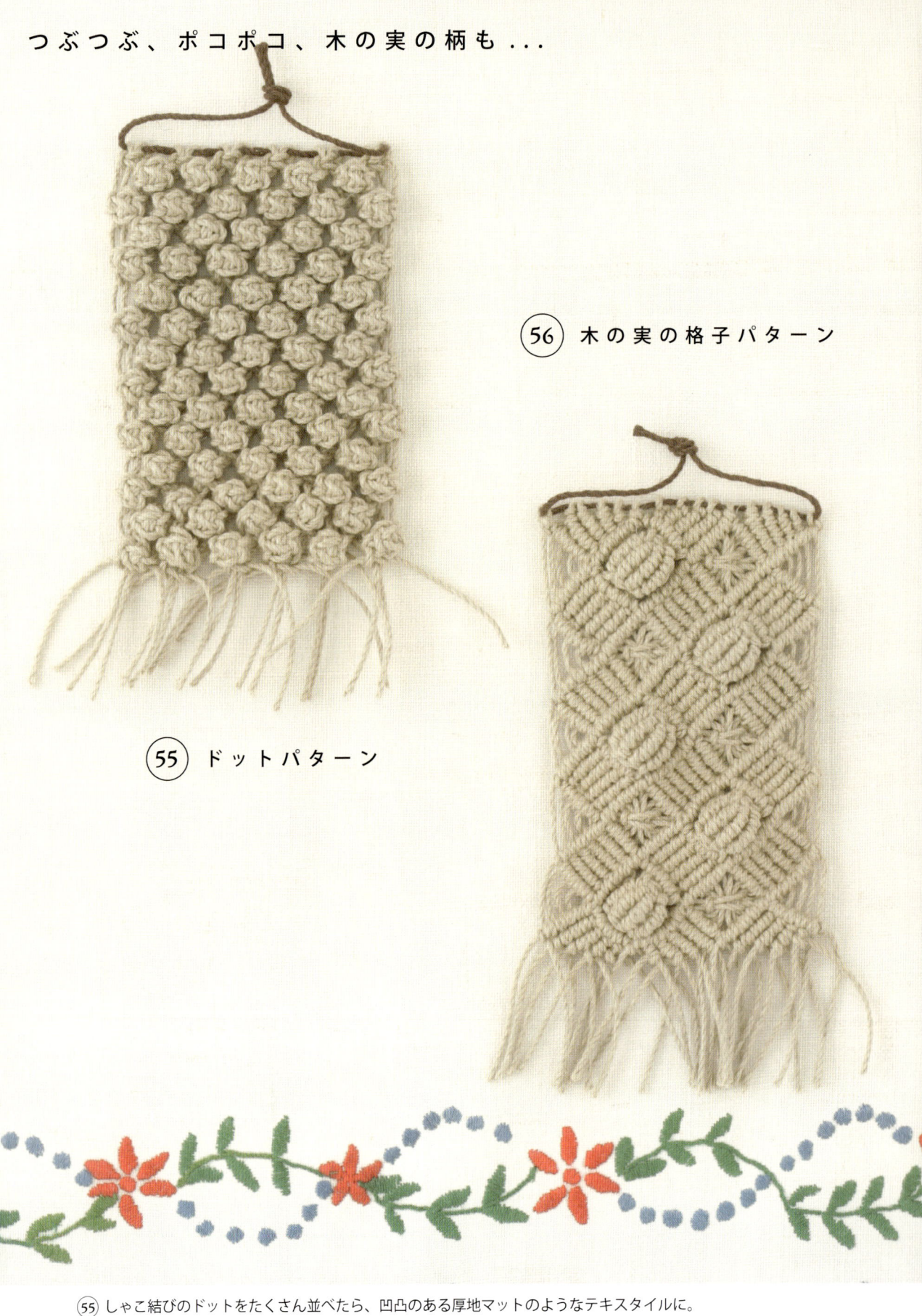

㊶ 木の実の格子パターン

㊹ ドットパターン

㊶ しゃこ結びのドットをたくさん並べたら、凹凸のある厚地マットのようなテキスタイルに。
㊹ 刺繍でいうスタンプワークのような、立体的な半円の玉を格子柄デザインのポイントに。

(57) 木の実の七宝パターン

(58) 木の実と花パターン

七宝パターンに葉っぱと木の実のモチーフを散らして。木の実はワンポイント刺繍のようにひとつだけ加えても。(57)

花モチーフと木の実モチーフをミックス。素朴なかわいさがバッグやポーチに合いそうです。(58)

55 ドットパターン

複雑そうですが、七宝結びの平結びをしゃこ結びに変えるだけ。しゃこ結びの最後に平結びをしてドットをとめます。

photo page 84

❀ 結び図

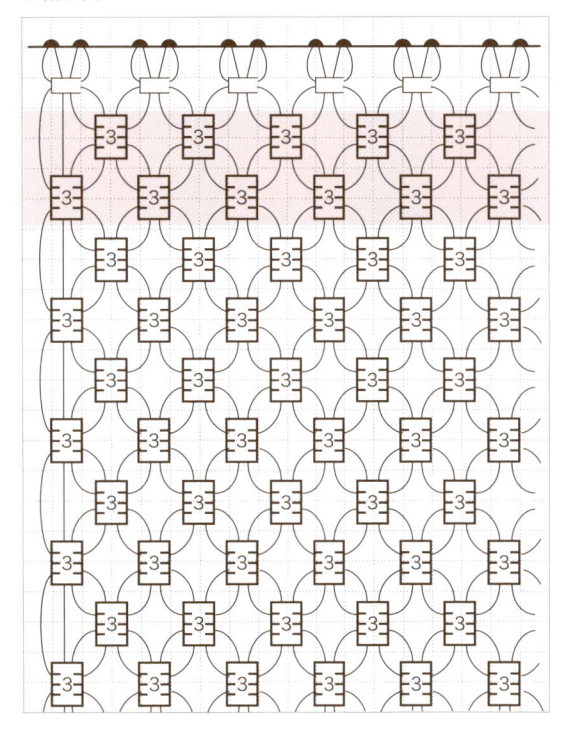

使用する結び方

- しゃこ結び → page42
- 左上平結び → page 31 

結び方ガイド(ドットの結び方)

1 ひも4本で2本を芯にした平結びを3回結ぶ。

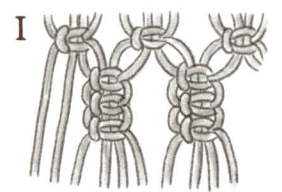

2 芯ひもを★に通して下から出す。

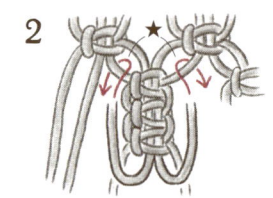

3 もう1回平結びをしてドットを固定する。

4 ドットがひとつできる。次の段ではひもを2本ずらして1～3をくり返す。

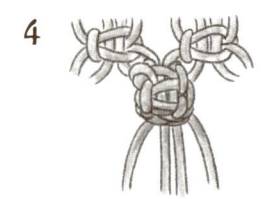

---

56 木の実の格子パターン

巻き結びの格子に木の実モチーフと平結びが交互に入ります。ひも20本(二つ折りなら10本)、10段で1模様です。

photo page 84

❀ 結び図

使用する結び方

- 左上平結び → page 31
- ななめ巻き結び → page 66 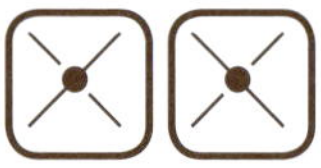

結び方ガイド(木の実の結び方)

1 左上、右上それぞれにひも4本で左上平結びを1回結ぶ。なるべくきつく、しっかりと結ぶ。

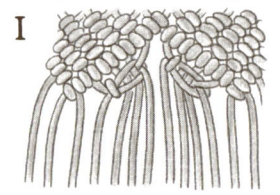

2 右の平結びのひもを芯にして、左の平結びのひもでななめ巻き結びを4段結ぶ。

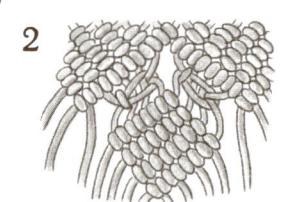

3 左下、右下それぞれにひも4本で左上平結びを1回結ぶ。しっかり結ぶと木の実部分が盛り上がる。

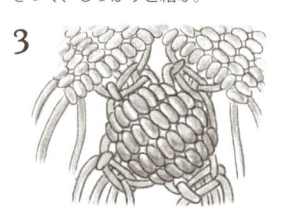

4 輪郭のななめ巻き結びを結ぶと、木の実がひとつできあがり。

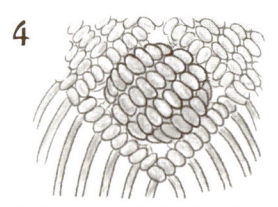

57 木の実の七宝パターン

平結び1回の七宝結びに葉と木の実をちりばめます。あらかじめ結び図を書いて、モチーフの場所を決めましょう。

photo page **85**

❀ 結び図

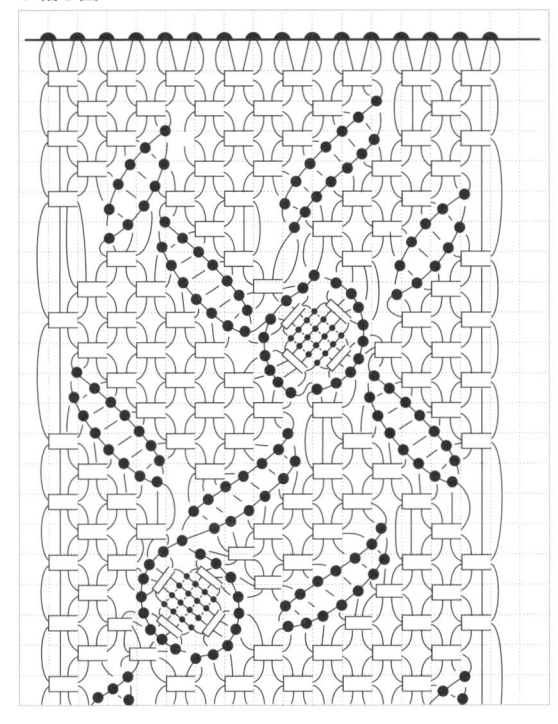

使用する結び方

- 左上平結び → page 31
- ななめ巻き結び → page 66 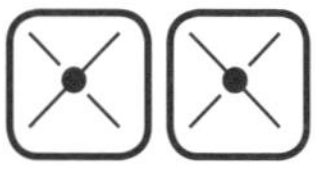

結び方ガイド（木の実部分の結び方）

1 ななめ巻き結びを左側5回、右側4回結んで輪郭の上半分をつくる。

2 左上、右上の芯をのぞく各4本で木の実を結ぶ（結び方は左ページの木の実の結び方参照）。

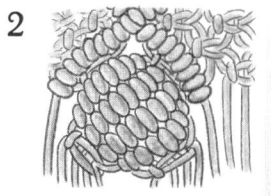

3 残しておいた芯に平結びをしたひも4本でななめ巻き結びを結ぶ。

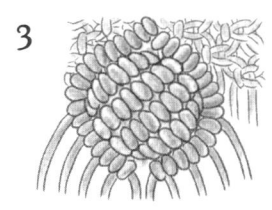

4 最後に右側の芯に左側の芯でななめ巻き結びをすればできあがり。

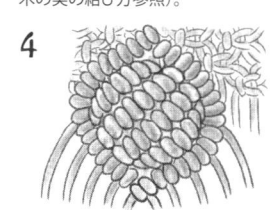

---

58 木の実と花パターン

ドットつきの花モチーフを木の実モチーフでつなぎます。ひとつめの花の下半分は、次の花の上半分にもなります。

photo page **85**

❀ 結び図

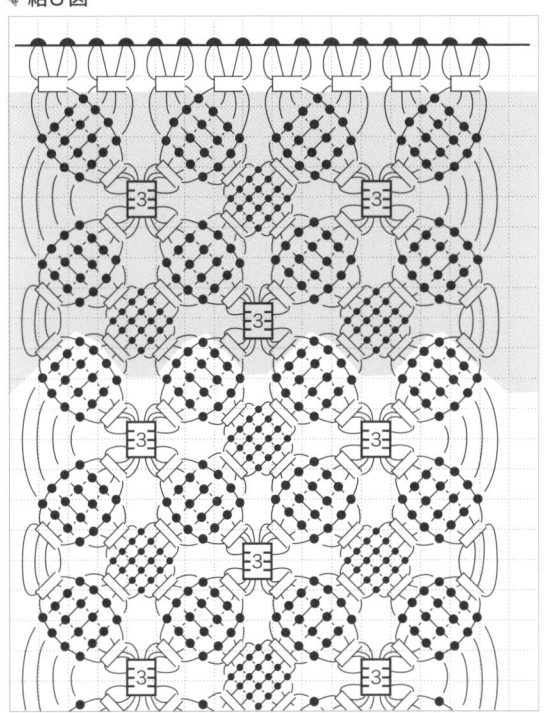

使用する結び方

- しゃこ結び → page 42
- ななめ巻き結び → page 66

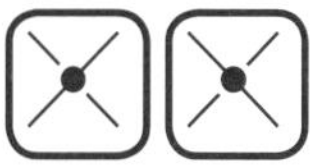

結び方ガイド（花と木の実部分の結び方）

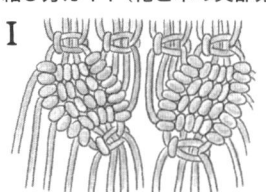

1 ななめ巻き結び4段、左上平結び1回で花びらの上側を結ぶ。

2 両端の2本を結びひもにし、残りの6本を芯にしてしゃこ結びをしてドットをつくる。

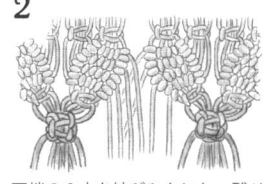

3 しゃこ結びの間にあるひも8本で木の実を結ぶ（結び方は左ページの木の実の結び方参照）。

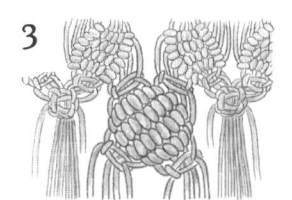

4 花部分に戻って左上平結び1回、ななめ巻き結び4段、左上平結び1回。花びらの下側を結ぶ。

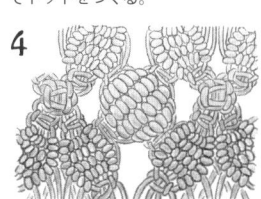

Chapter 02 マクラメパターンカタログ 基本パターン・面

存在感あるモチーフいろいろ...

59 バタフライモチーフ

絵を描くようにアウトラインを結んだちょうちょモチーフ。
羽の内側をビーズやパワーストーンで飾っても。

60 菱形ボーンモチーフ

ワンポイント入るだけで、ワイルドな
ネイティブアメリカン風になるボーンモチーフ。

61 菱形織りモチーフ

菱形の内側は、ひもを交差して平織り風に。
配色をアレンジすればチェック柄にも。

62 菱形巻き結びモチーフ

菱形の内側は、よく見るとななめ巻き結びの格子になっています。
じゅうたんのようなふっくらした質感が持ち味。

63 菱形あわじモチーフ

菱形の中央にあわじ結びをひとつ。
ひも8本で結ぶ大柄は存在感たっぷりです。

64 菱形七宝モチーフ

こちらは中心に七宝結びをおさめたパターン。
全部埋めずにまわりに余白を残すのがポイントです。

Chapter 02 マクラメパターンカタログ 基本パターン・面

59 バタフライモチーフ

4枚の羽の角度や大きさのバランス調整を慎重に。モチーフひとつはひも18本（二つ折りなら9本）でできています。

photo page 88

❀ 結び図

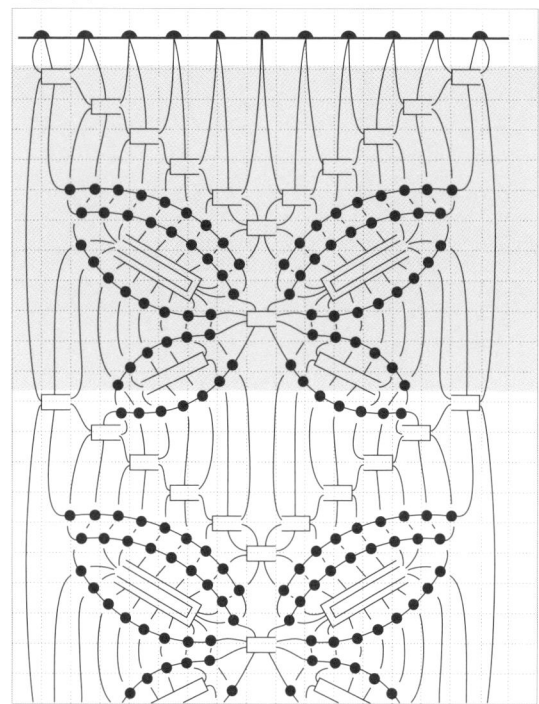

使用する結び方

平結び → page 31

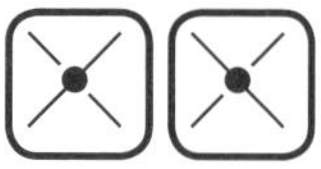

ななめ巻き結び → page 66

結び方ガイド（バタフライの結び方）

1 ななめ巻き結び2段で大きな羽の上側を結ぶ。

2 羽の中央4本を芯に2本どりで平結び1回ずつ（左は右上、右は左上）。

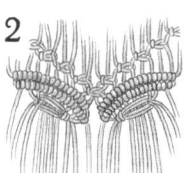

3 ななめ巻き結びで大きな羽の下側を結ぶ。

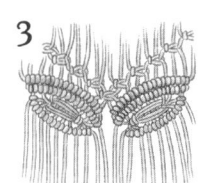

4 上下左右の羽の芯ひも4本を使い、中央で左上平結び1回。

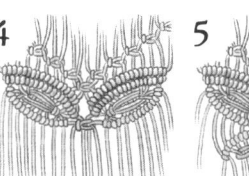

5 ななめ巻き結びで小さな羽の上側を結び、羽の中央4本で平結び各1回。

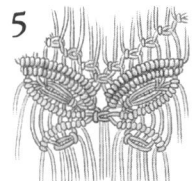

6 ななめ巻き結びで小さな羽の下側を結べば、バタフライのできあがり。

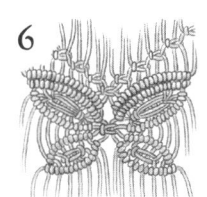

60 菱形ボーンモチーフ

菱形の上半分を結び、一番上の2本を芯にして左右のひも1本ずつで順に平結び。最後に菱形の下半分を結びます。

photo page 88

❀ 結び図

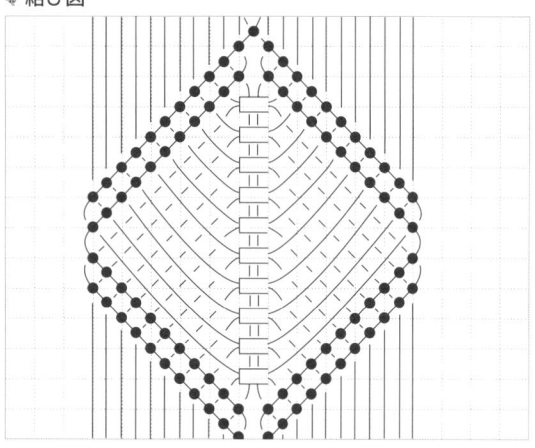

使用する結び方

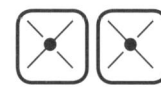

ななめ巻き結び → page 66

左上平結び → page 31

61 菱形織りモチーフ

最初に菱形の上半分を結び、左右のひもを2本組にして平織りし、最後に菱形の下半分を結びます。

photo page 88

❀ 結び図

使用する結び方

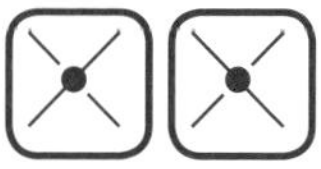

ななめ巻き結び → page 66

63 菱形あわじモチーフ

菱形の頂点は四つだたみ結び。菱形の上半分を結んだら左右の4本であわじ結びをし、菱形の下半分を結びます。

photo page 89

結び図

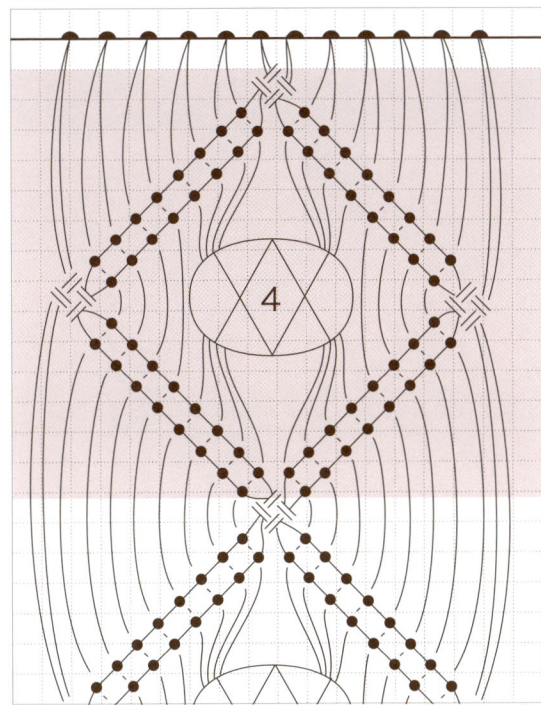

使用する結び方

- 四つだたみ結び → 下記参照
- ／ page 66 
- ／ page 47 

結び方ガイド（「四つだたみ結び」の結び方）

1 2本のひもで四つだたみの結び目をつくる場合、最初にaを上へ二つ折りし、bを図のように重ねる。

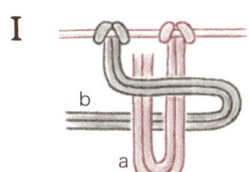

2 aのひも端側をbの上に重ねる。

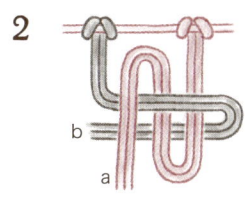

3 bのひも端側を折り返し、aの輪に図のように通す。

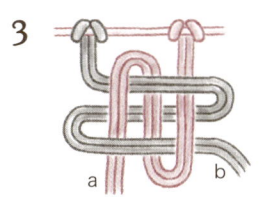

4 たるみをひも端側へ送って引きしめると結び目ができあがる。

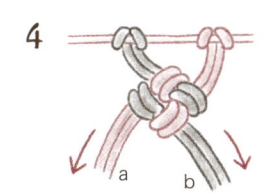

---

62 菱形巻き結びモチーフ

菱形の内側は、2本1組にしたひもを2目、2段ごとに芯にしたり結びひもにしたりして結びます。

photo page 89

結び図

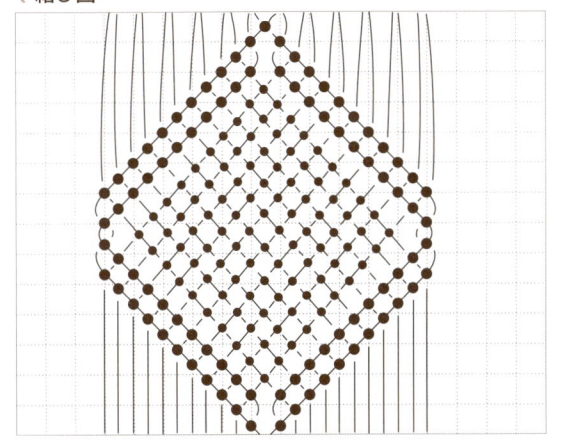

使用する結び方

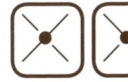

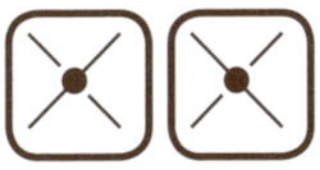

- ななめ巻き結び → page 66

---

64 菱形七宝モチーフ

ななめ巻き結びで菱形の上半分を結び、中央のひも12本で七宝結びを5段。最後に菱形の下半分を結びます。

photo page 89

結び図

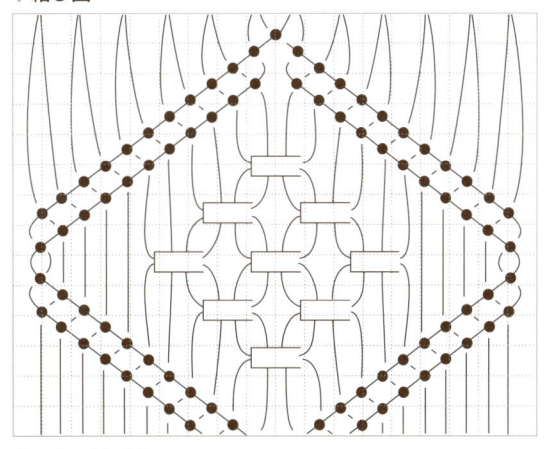

使用する結び方

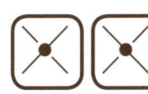

- ななめ巻き結び → page 66
- 左上平結び → page 31 

Chapter 02　マクラメパターンカタログ　基本パターン・面

マットに、ベルトに、そのままでも…

㉕ スクエア入れ子モチーフ

㉕ 四角のなかに、四角がひとつ、またひとつ……。ひものしなりが花びらのようにも見えるちょっと不思議な柄。
㉖ 巻き結びはこんな使い方もできますよ、という一例。巻き結びをひたすらぐるぐる、ぐるぐると結びます。

⑯ 円形花モチーフ

⑰ タッチング結びパターン

⑱ 平結びの編みパターン

Chapter 02 マクラメパターンカタログ 基本パターン・面

レースをイメージし、縁にはピコットでアクセントを。ピコットにビーズを通してさらにドレスアップしても。⑰
4本の平結びでつくるベルトのような面パターン。シンプルだから、持ち手にベルトに……活用範囲も広そうです。⑱

65 スクエア入れ子モチーフ

中央の四つだたみ結びからスタートし、芯ひもや結びひもを足しながら内側から外側へと結んでいきます。

photo page 92

結び図

使用する結び方

- 横巻き結び → page 66
- 四つだたみ結び → page 91

結び方ガイド

※ヘンプトゥワイン(中)を使用した場合

	用途	長さ	本数
A	結びはじめ	70cm	4本
B	1段めの芯	70cm	8本
C	1段めの増しひも	70cm	8本
D	2段めの芯	55cm	8本
E	2段めの増しひも	50cm	8本
F	3段めの芯	35cm	8本
G	3段めの増しひも	35cm	12本

1 仕上がり寸法の一辺約10cmとして、A〜Gのひもを合計56本用意する(仕上がり寸法は使用するひもにより変わります)。

2 Aの4本を中央で十字に重ねて2本どりの四つだたみ結びを1回結び、マクラメボードに固定する。Aのひもと直交するようにひもBの2本を並べ、横巻き結びで固定する。

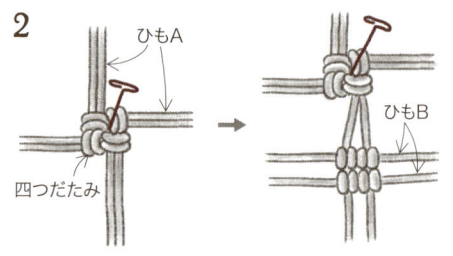

3 ほかの3辺も同様にして固定する。

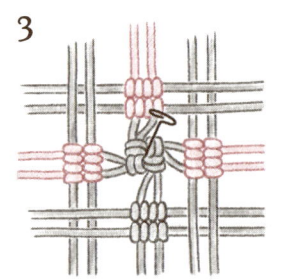

4 Cの増しひも8本をとりつける。

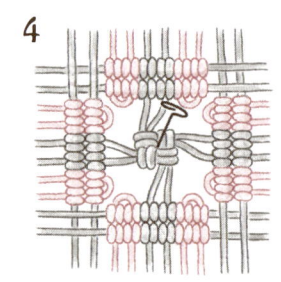

5 四角形のコーナー部分を横巻き結びで結ぶ。

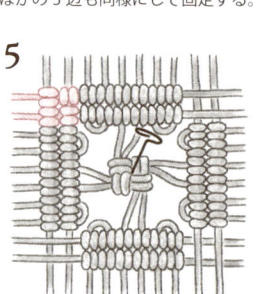

6 ほかの3カ所も同様に結び、結び目を詰めて四角の形を整える。

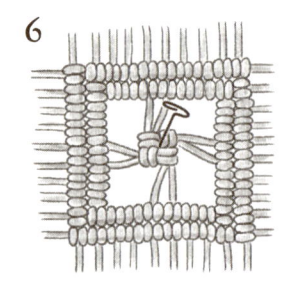

7 2周め、3周めも2〜6と同様に、中央、増しひも、四隅の順に横巻き結びをして結んでいく。

67 タッチング結びパターン

最初に内側のライン2本を並行して結び、そのラインの交点でピコットにつなぎながら外側のラインを結びます。

photo page 93

結び図

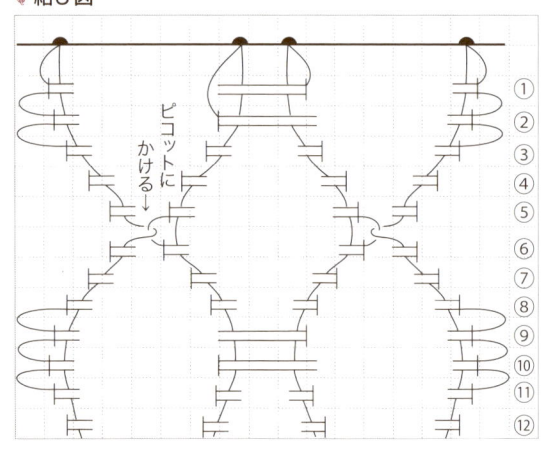

ピコットにかける →

① ② ③ ④ ⑤ ⑥ ⑦ ⑧ ⑨ ⑩ ⑪ ⑫

使用する結び方

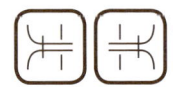

- タッチング結び → page 35

66 円形花モチーフ

ひもでつくった中心の輪に1段めの芯ひもをタッチング結びでつけ、横巻き結びで花びらを形づくります。

photo page 93

結び図

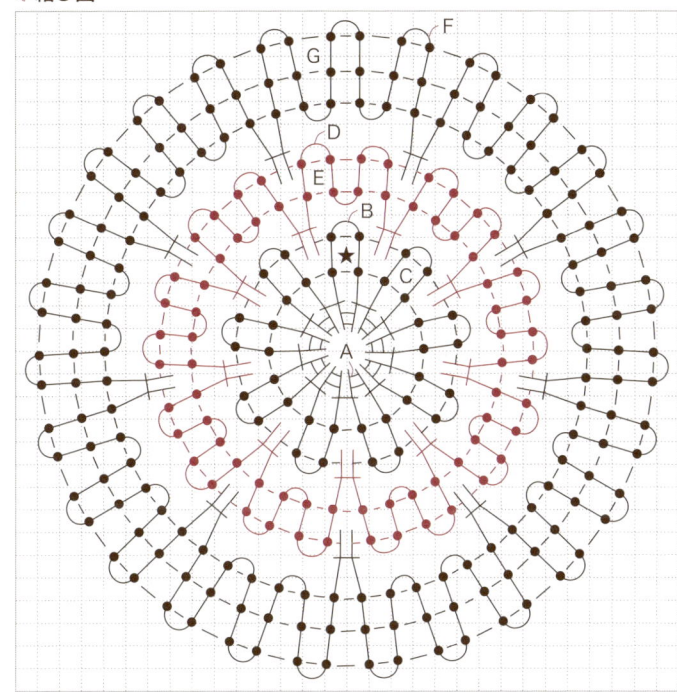

使用する結び方

- タッチング結び → page 35
- 横巻き結び → page 66 

結び方ガイド
※ヘンプトゥワイン(中)を使用した場合

	用途	長さ	本数
A	中心の芯	25cm	1本
B	1段めの芯	60cm	1本
C	1段めの結びひも	60cm	2本
D	2段めの芯	70cm	1本
E	2段めの結びひも	110cm	2本
F	3段めの芯	110cm	1本
G	3段めの結びひも	150cm	3本

1 仕上がり寸法を直径約8cmとして、A〜Gのひもを合計11本用意する(仕上がり寸法は使用するひもにより変わります)。

2 ひもBを芯にして、ひもCの2本で横巻き結びを結ぶ。3本とも、ひも端は5cm程度残しておく。

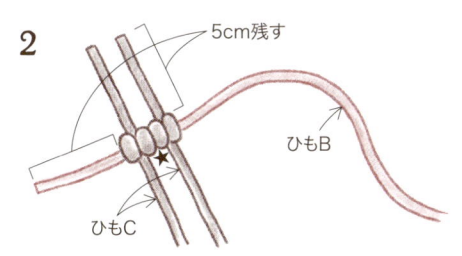

3 芯ひもを折り返し、ひもCの2本で横巻き結びを結ぶ。

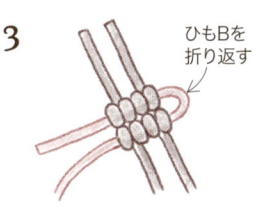

4 ひもAでつくった二重の輪にひもBをタッチング結びできっちりつけると、花びらが1枚できる。

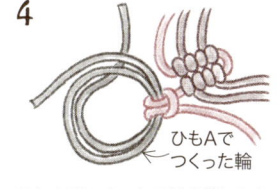

5 2〜4を8回くり返す。最後は輪を三重にしてタッチング結びをし、Aのひも端を引いて輪をしめる。

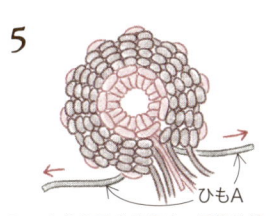

6 裏に返してひもCの端は最初と最後の結び目に互い違いに通して始末する。ひもA、Bも裏に出し、結び目に隠して始末する。

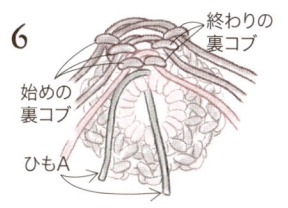

7 2段めはひもDを芯、ひもEの2本を結びひもにして2〜6と同様に結ぶ。途中、花びらを2枚結ぶごとに1段めの外側の渡りひもにタッチング結びでとめていく。

8 3段めはひもFを芯、ひもGの3本を結びひもにして2〜6と同様に結ぶ。途中、花びらを3枚結ぶごとに2段めの外側の渡りひもにタッチング結びでとめていく。

68 平結びの編みパターン

平結びのベルト状パターン2本をからめながら進みます。結んでいないほうを上下によけながら結ぶのがコツ。

photo page 93

結び図

※AとBを別々に結び、上の図のように組んでいく

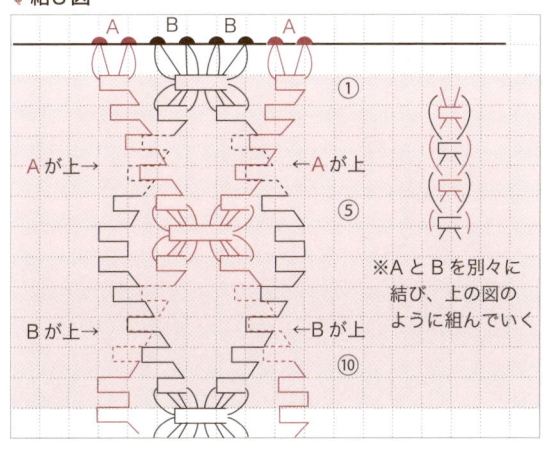

使用する結び方

- 左上平結び → page 31

㉙ ネイティブアメリカン柄の
バーティカルヒッチワーク

㊀ 雪の結晶柄の
カバンドリーワーク

㉙ 縦巻き結びでネイティブアメリカンテイストの幾何学柄を描きました。ビビッドな配色がおすすめ。
㊀ こちらは縦巻き結び、横巻き結びを併用して雪の結晶柄を描いたパターン。冬の小物に似合いそう。

69 ネイティブアメリカン柄の バーティカルヒッチワーク

ベースのひも（A色）のほかに2色のひもを足しながら、縦巻き結びで面を埋めて柄を描きだします。

photo page 96

❀ 結び図　A色（縦ひも）　→ □ 横ひもをつける　□→ /←□ 横ひもを切る

A色 →
B色 →
C色 →

← あまった1本は裏で始末

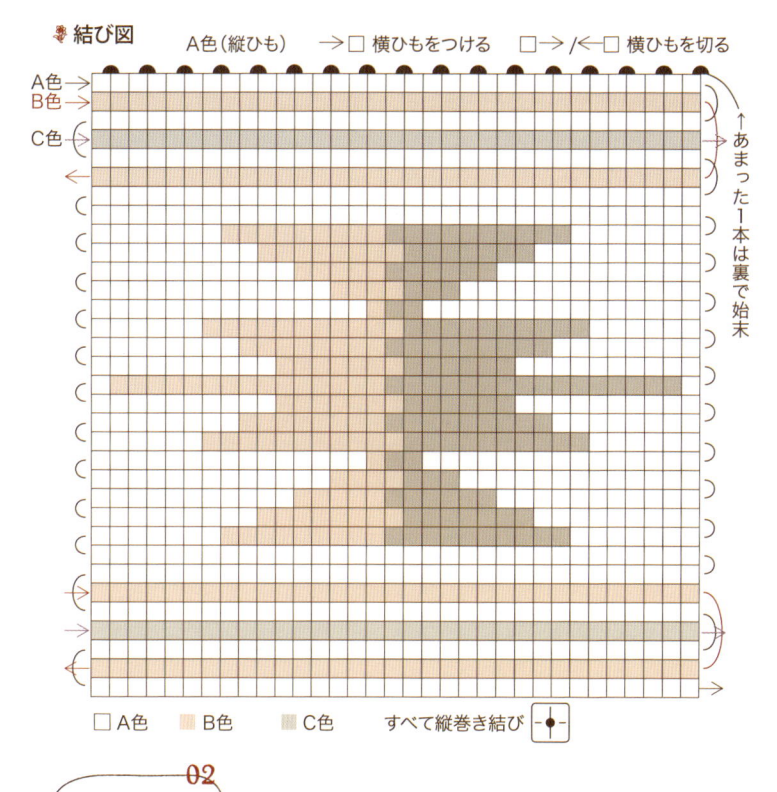

□ A色　■ B色　■ C色　すべて縦巻き結び

使用する結び方

縦巻き結び → page 66

One point 01
足しひものつけ方

配色用のひもを足す場合、下の図のように足しひもで結ぶ最初の縦巻き結びを半分結んだところで元の結びひもを芯ひもと足しひもの間にはさみ、縦巻き結びのつづきを結びます。これをくり返して元の結びひもを縦巻き結びの中に結び込んで隠しておき、配色ひもで結ぶ部分が終わったら、ふたたび元の結びひもでつづきを結びます。足しひものひも端は5cm程度残して裏に出しておき、最後に裏側で始末します。

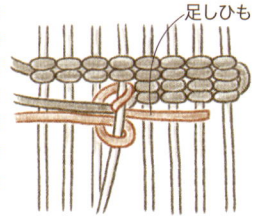

足しひも

One point 02
足しひもで結ぶ目数の増やし方・減らし方

足しひもで2段以上結ぶ際、前段と目数が同じなら足しひもを休ませておき色を変える目にきたら「足しひものつけ方」と同様に結びますが、目数が変わる場合は下のように調整します。

目数が減る場合

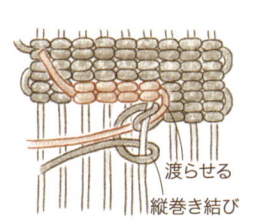

渡らせる 縦巻き結び

①前段の足しひもの下にきたら、休ませておいた足しひもを渡らせて結び目に結び込みながら減らす目数分だけ結ぶ。

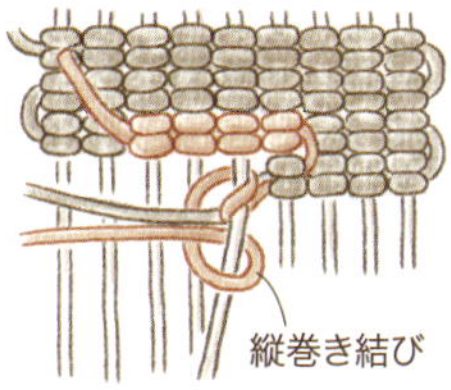

縦巻き結び

②足しひもで結ぶ目までできたら、こんどはベースのひもを結び目に結び込みながら足しひもで結ぶ。

目数が増える場合

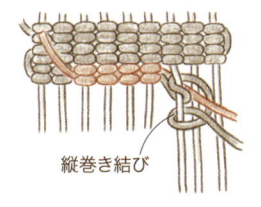

縦巻き結び

①最初の段で足しひも部分を結んだら、足しひもを芯ひもに加え、ベースのひもで次段で増やす目数分巻き結びを結ぶ。

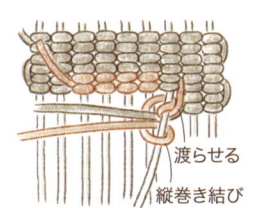

渡らせる 縦巻き結び

②次段で足しひもで結ぶ目にきたら、休ませておいた足しひもを渡らせて足しひもで結ぶ。

One point 03
横巻き結びにもできます

足しひもは、下のようにすれば横巻き結びでつけることもできます。こんなふうに色ごとに結び目の種類を変えていくと、次ページでご紹介する「カバンドリーワーク」風の仕上がりに。

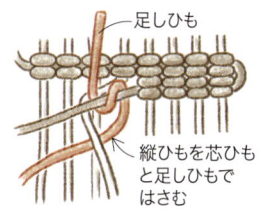

足しひも

縦ひもを芯ひもと足しひもではさむ

足しひもで横巻き結びを半分結び、縦ひもを芯ひもと足しひもの間に置く。

↓

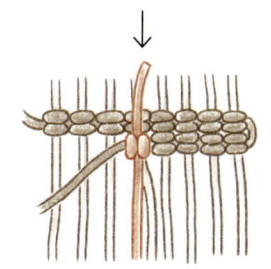

横巻き結びを最後まで結ぶ。これであまった縦ひもが結び目に結び込まれて隠れる。

Chapter 02　マクラメパターンカタログ　基本パターン・面

(70) 雪の結晶柄の カバンドリーワーク

地の部分は縦巻き結び、模様部分は横巻き結びで結びます。最初に柄用のひもをつけておき、必要なときだけ使います。

photo page 96

♣結び図

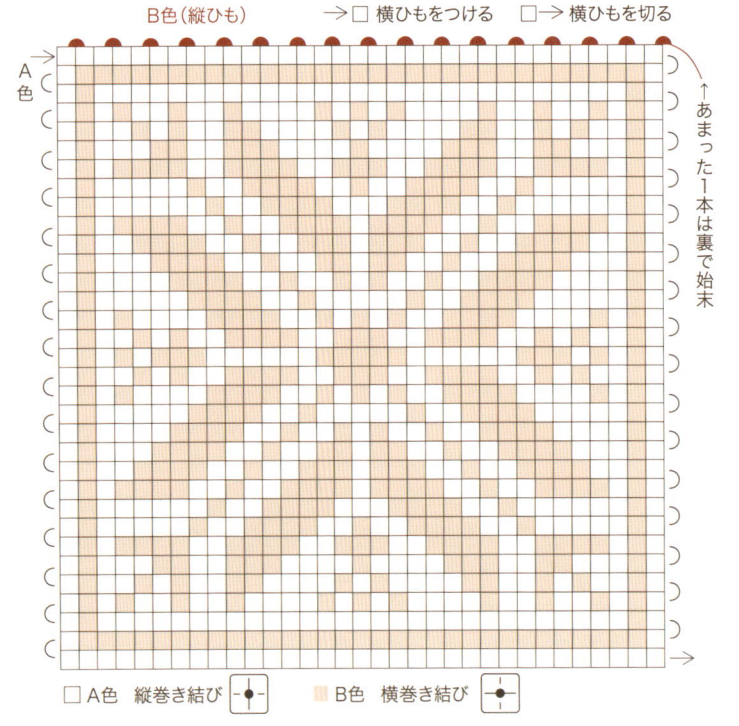

B色(縦ひも)　→□ 横ひもをつける　→□ 横ひもを切る

A色

↑あまった1本は裏で始末

□ A色 縦巻き結び　■ B色 横巻き結び

使用する結び方

縦巻き結び → page 66
横巻き結び → page 66

One point

カバンドリーワークの基本

カバンドリーワークとは、縦ひもで横巻き結び、横ひもで縦巻き結びと結び分けながら模様をつくる技法。縦ひもと横ひもを結びひもにしたり、芯ひもにしたりしながら結んでいきます。結び図は1マスが1目分。ひもの長さやとりつけ方は、結び図のひもつけ位置に記されます。

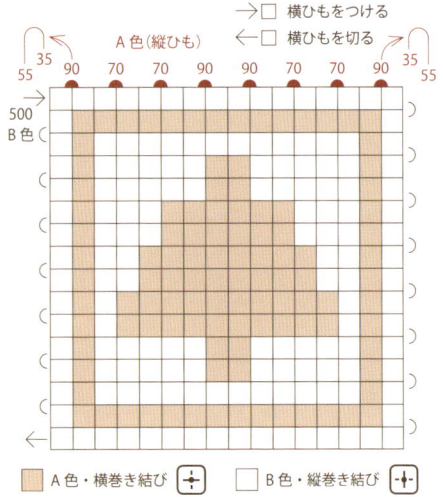

→□ 横ひもをつける　←□ 横ひもを切る
A色(縦ひも)
55 35 90 70 70 90 90 90 70 70 90 35 55
500
B色

■ A色・横巻き結び　□ B色・縦巻き結び

小さな図案を結んでみましょう

結び図の見方や結び方をマスターするには結んでみるのが一番。まずは右上の小さな図案を結んでみましょう(ヘンプロープを使用)。

1 芯ひもにA色の縦ひもをとりつけ、B色の横ひもで縦巻き結びを1段結ぶ。

2 横ひもを折り返し、2段めの縦巻き結びを1目結ぶ。

3 2〜15目は縦ひもで横巻き結び。16目めはふたたび横ひもで1目縦巻き結びをする。

4 以下同様にして、図案どおりに結ぶ。

5 図案を結び終えたところ。

6 結び終わったら、ひも端を裏側の結び目にとじ針などを使って通し、始末する。

Macrame
Pattern
Book

Chapter 03

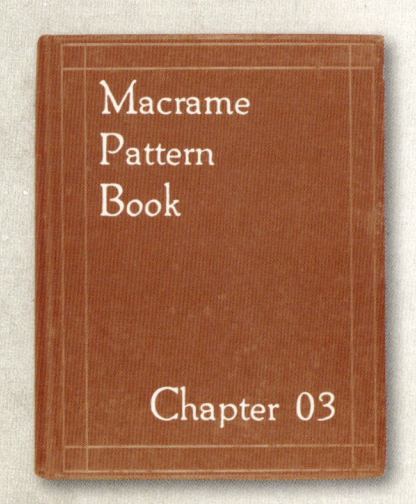

パターンづかいのアイディア集

Chapter 03 では、Chapter 02 に登場したパターンを実際にどんなふうに活用するのかの例としていろいろな作品をご紹介します。たとえばアイテム名が、

01. ㉒ → button

となっている場合、㉒ が使用しているパターンの番号。もしも結び方がわからなくなったら、Chapter 02 の該当ページを開いてチェックしてみてください。

with the accessories parts
アクセサリーパーツと合わせて

ちょこっと結べば完成するかわいいモチーフは、コンチョやブローチピンをつければボタンやブローチのできあがり。色違いでたくさんつくってストックするのもおすすめ。

D
E
B
C
A

01. ㉒ → button

01. [button] レザーで結んだあわじ結びの裏側にコンチョをつければ、ボタン完成。how to make ... page 125
02. [flower broach] 繊細な質感がかわいい花のブローチは、タッチング結びだけでつくれます。how to make ... page 125

03. [leaf broach] 小さな葉っぱのブローチは、帽子やバッグのワンポイントにもおすすめ。 how to make ... page 126
04. [corsage] 花と葉っぱを組み合わせればコサージュが完成。よそゆきすぎないかわいさです。how to make ... page 126

use favorite patterns
お気に入りのパターンで

気になるパターンや結び方を見つけたら、
いきなり大きな面に挑戦するより
まずは数本のひもでできる小物で試すのがおすすめ。
毎日使えるもの、身につけるものなら、
できあがったあとのうれしさもひとしおです。

05. charm

05. -09 . [charm]
なくしやすいものや、つまみがもう少し大きいと便利だな、というものに小さなチャームをつけました。材料もほんの少しあれ

07. ⑫ → charm

08. ㉑ → charm

09. ⑥ → charm

06. ⑰ → charm

Chapter 03 パターンづかいのアイディア集

ばいいので、あまりひもの活用法としてもおすすめです。自分のマークをこだわりの配色で。 how to make ... page 132-133   103

10. [necklace] 簡単なひもパターンばかりでできるシンプルネックレスは大人っぽい色で。 how to make ... page 127
11. [necklace] 花柄パターンをネックレストップに。さらさら揺れるパワーストーンもポイント。 how to make ... page 128

12. ㊹ → choker

13. ⑫ → choker

12. [choker] 菱形の面パターンを細いひもで結ぶと、繊細な印象のチョーカーになりました。　how to make ... page 129
13. [choker] 赤白2色ダブルねじり結びは、伝統柄の刻まれたシルバーと合わせてかわいらしく。how to make ... page 130

14. ⑥1 ⑥3 →belt

15. ⓪4 →belt

14. [belt] 菱形パターンをふたつ組み合わせたベルト。太い革を使えば太めもつくれます。　how to make … page 131
15. [belt] スウェードの平革ひもを六つ編みに。手づくりなら素材も色も自由なのがうれしい。　how to make … page 131

17. ①㊲ → bracelet

16. ⑲㊼ → bracelet

16. [bracelet] カラフルなヘンプのミサンガはネイティブアメリカンをイメージした模様＆配色。　how to make ... page 134
17. [bracelet] こちらは同じミサンガでもチロリアンテープ風の小花柄。細めに結んで可憐に。　how to make ... page 135

easy remake with macrame
マクラメで簡単リメイク

バッグの持ち手や時計のベルト、カメラのストラップ……
手持ちのアイテムをマクラメでドレスアップ。
素材や配色はもちろん長さや幅にもこだわれるから、
お気に入りのアイテムにますます愛着がわいてきます。

18. ⑳ → handle

19. ⑤ ㉒ → handle

18. [handle] ハトメつきのバッグなら始末も簡単。シンプルな本革で大人っぽい仕上がりに。 how to make … page 136
19. [handle] あわじ結びの飾りがポイント。しっかり結んであるから細身でも丈夫です。 how to make … page 136

20. ④⑧ → strap

Chapter 03 パターンづかいのアイディア集

20. [bag strap]
のばせばななめがけ、二つ折りにすれば肩かけと気分で2通りに使えるストラップ。how to make ... page 137

21. ⑲ ㊻ ㊿ → watch belt

A

B

21. [watch belt]
110　なにげない時計のベルトも、細いコードで立体的なパターンを結ぶと存在感たっぷり。　how to make ... page 138

22. (05)(45) → camera strap

22. [camera strap]
フォレストカラーのヘンプロープで結んだストラップ。ほどよくやわらかく、強度も十分です。　how to make ... page 139

Chapter 03　パターンづかいのアイディア集

23. ㊍ → lacy braid

23. [lacy braid]
手持ちのリネンストールをタティングレース風に結んだコードとパールでドレスアップ。how to make ... page 140

24. [edge decoration]
9ページでご紹介した東欧のファブリックをイメージして、赤いヘンプで端飾りをつけました。　how to make ... page 141

pattern arrangement
パターンをそのまま使う、広げて使う

結び方のコツや図案の読み方がつかめてきたら、
ぜひ挑戦してほしいのがパターンのアレンジ。
配色、素材、大きさ……いろんな要素を
自分好みにアレンジして、バッグなどの
大物にもレパートリーを広げてみませんか。

A

26. ㉝ → pot mat

B

25. ⑺⓪ → coaster

25. [coaster] 雪の結晶柄のカバンドリーワークをヘンプで結んでそのままコースターに。　how to make … page 142
26. [pot mat] 厚地に仕上がるねじり七宝の特徴を生かした、しましまポットホルダー。　how to make … page 143

27. ⑥⑥ → chair mat

Chapter 03 パターンづかいのアイディア集

27. [chair mat]
円形花モチーフをぐるぐる、ぐるぐる。いつものスツールにほっこりした配色の大輪の花を。　how to make … page 144

28. (05)(25) → net bag

28. [net bag]
ゆったり結ぶネットバッグはさくっと仕上がるのがうれしい。まとめ結びの持ち手も簡単仕様。　how to make ... page 146

29. ⑤ ㉔ → mini bag

Chapter 03　パターンづかいのアイディア集

29. [mini bag]
お財布や文庫本がちょうどよくおさまる小ぶりなバッグはバッグづくり入門編にもぴったり。how to make ... page 148

30. [tote bag] ㉓ ㊻ → tote bag

30. [tote bag]
菱形の隅にちらりと小花が咲いたような赤をのぞかせて。乙女な気分で持ちたいバッグ。　how to make ... page 150

31. ㉓ ㉖ → slim bag

31. [slim bag]
シンプルな配色でしっかり結んだ縦長バッグ。ワインバッグとして使ってもよさそうです。　how to make ... page 152

32. ⑤ ㉓ ㉟ ㊿ → bascket

32. [bascket]
アバカの繊維でできたロープで結んだオーバル型のバスケット。部屋のなかでファブリックや小物を入れておいてもいいし、ピ

クニックのときにランチやおやつを入れて出かけても。　how to make ... page 154

Chapter 03
パターンづかいのアイデア集

33. (58) → granny's bag

33. [granny's bag]
森の木々の葉っぱと木の実をそのままバッグにしたような、フォレストカラーのグラニーバッグ。こぶりなサイズなので、散歩

のおともにぴったりです。　how to make ... page 156

Chapter 03　パターンづかいのアイディア集

how to make
作品のつくり方

01. button　photo … page100　　　　　　　　　　pattern : ㉒

materials
バフレザー 2mm　80cm×1本
　（A キャラメル[503]、B ブルー[512]、C ダークレッド[505]、
　　D サンド[502]、E イエローグリーン[511]）
ブラスビーズ・ボタン[AC1142]　各1個

size
2.5×2.5cm

one point
あわじ結びはボタンの表面の形状に沿うよう、ドーム型に整形します。あわじ玉をつくる要領で裏に指をあててひもを引きしめ、少しだけ丸く整えるのがコツ。

[結び図]

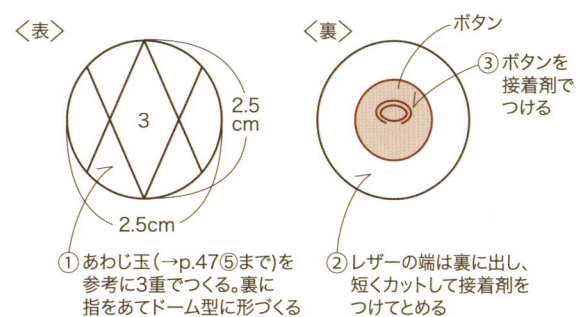

〈表〉　3　2.5cm　2.5cm
①あわじ玉（→p.47⑤まで）を参考に3重でつくる。裏に指をあててドーム型に形づくる

〈裏〉　ボタン
③ボタンを接着剤でつける
②レザーの端は裏に出し、短くカットして接着剤をつけてとめる

スタートの仕方
A 10cm　70cm　B
A10cm、B70cmの二つ折りにする。
Aで最初の輪をつくり、Bで結んでいく

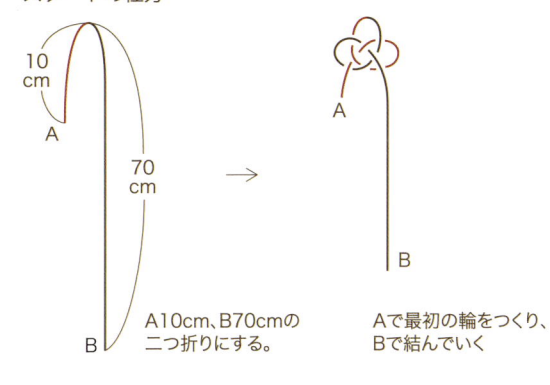

③ボタンのつけ方
（裏）
ボタンの表面に接着剤をつけて裏面に貼りつける
クリップ
大きめのクリップではさんでしばらくおく

---

02. flower broach　photo … page100　　　　　　pattern : ⑨

materials
ロマンスコード・極細　130cm×1本
　（A オフホワイト[859]、B オレンジ[865]）
パワーストーン　丸玉 6mm　1個
　（A ピーチアベンチュリン[AC381]、
　　B ローズクオーツ[AC284]）
ブローチピン　各1個

size
約 2.5×2.5cm

one point
花びらの頂点にはループのピコットをつくってアクセントに。ボリュームを出すならピコットの数を増やしても。

[結び方]
①左右の長さを変えて二つ折りする
30cm　芯　100cm　結びひも

②右タッチング結び（→p.35）1回でとめる

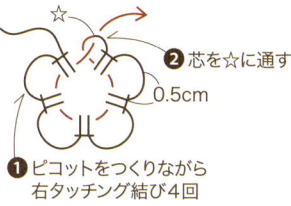

③内側を結ぶ
❷芯を☆に通す
0.5cm
❶ピコットをつくりながら右タッチング結び4回

④1枚めの花びらを結ぶ
0.5cm　3回　3回
芯をピコットにかける

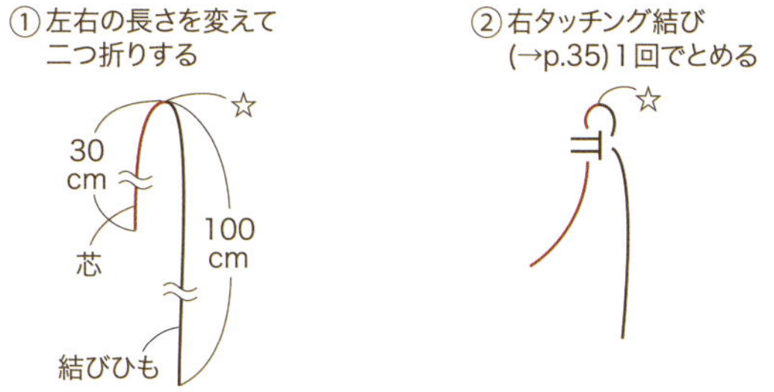

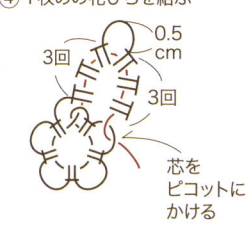

⑤残りの花びらを結ぶ
最後は1枚めの花びらの根元の輪に通す

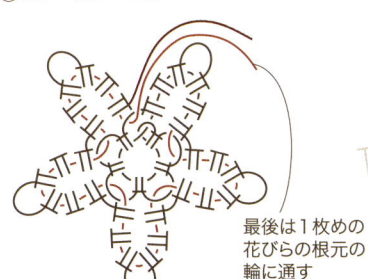

⑥中心にビーズをつける
図のようにひも端をビーズに左右から通して裏側に出し、裏側中央で本結び（→p.21）をしてカット

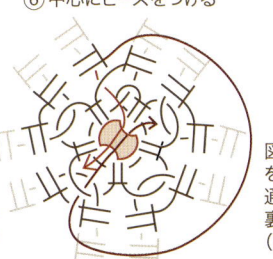

⑦ブローチピンをつける
2.5cm　2cm　（裏）
ブローチピン
接着剤をつけて貼りつける

Chapter 03　パターンづかいのアイディア集

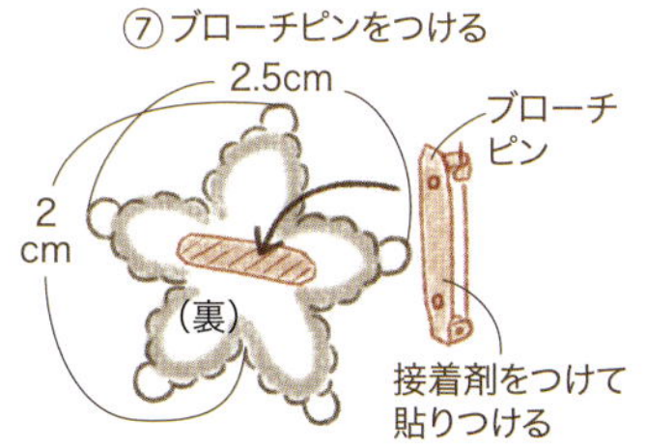

03. leaf broach　photo … page101　pattern : 51

materials
＜流線形＞
ロマンスコード・極細　モスグリーン[868]
　60cm×1本、30cm×5本
＜三つ葉形＞
ロマンスコード・極細
　50cm×3本、45cm×1本、30cm×1本
　（A モスグリーン[868]、B ブラウン段染[852]）
ブローチピン　各1個

size
＜流線形＞縦3×横1.5cm
＜三つ葉形＞3.7×3.7cm

one point
結び終わりは「共糸まとめ結び」で、本物の葉っぱの軸のようにひも端をまとめます。

葉の先端の結び方

ひもの中央でひと結びをしてひもを引きしめる
足したコード
結んだひもを芯にして横巻き結び（→p.66）でひもを足す

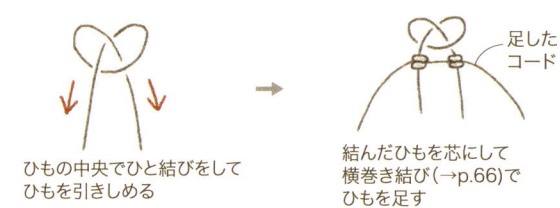

共糸まとめ結びの結び方

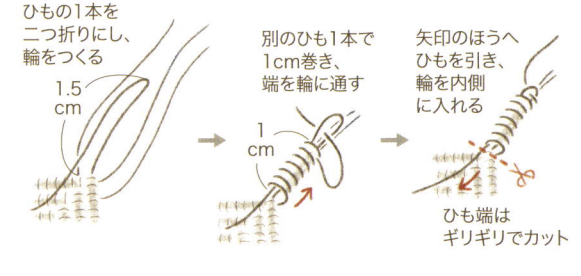

ひもの1本を二つ折りにし、輪をつくる　1.5cm
別のひも1本で1cm巻き、端を輪に通す
矢印のほうへひもを引き、輪を内側に入れる
ひも端はギリギリでカット

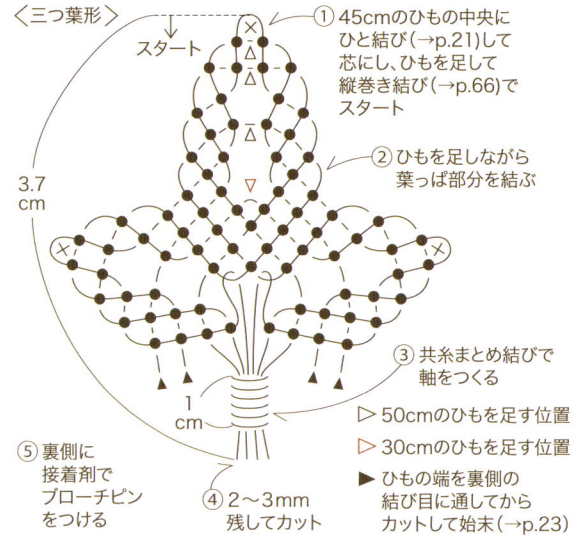

[結び図]

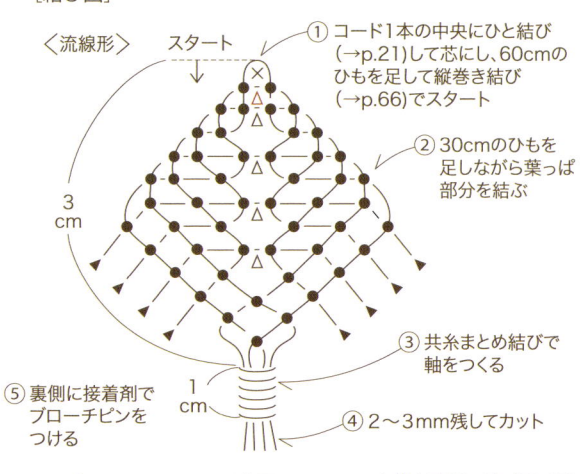

＜流線形＞　スタート
① コード1本の中央にひと結び（→p.21）して芯にし、60cmのひもを足して縦巻き結び（→p.66）でスタート
② 30cmのひもを足しながら葉っぱ部分を結ぶ
③ 共糸まとめ結びで軸をつくる
④ 2～3mm残してカット
⑤ 裏側に接着剤でブローチピンをつける
▷ 30cmのひも足す位置
▷ 60cmのひも足す位置
▶ ひも端を裏側の結び目に通してからカットして始末（→p.23）
3cm　1cm

＜三つ葉形＞　スタート
① 45cmのひもの中央にひと結び（→p.21）して芯にし、ひもを足して縦巻き結び（→p.66）でスタート
② ひもを足しながら葉っぱ部分を結ぶ
③ 共糸まとめ結びで軸をつくる
④ 2～3mm残してカット
⑤ 裏側に接着剤でブローチピンをつける
▷ 50cmのひも足す位置
▷ 30cmのひも足す位置
▶ ひもの端を裏側の結び目に通してからカットして始末（→p.23）
3.7cm　1cm

04. corsage　photo … page101　pattern : 09　51

materials
02のAタイプひとつ分→p.125参照
03の＜流線形＞の軸をつくる前のもの（手順③④をしていない状態）2枚分→上欄参照
ブローチピン　1個

size
約4×4cm

one point
花と葉っぱのひも端を、長く残ったひもで共糸まとめ結びをしてまとめ、コサージュに仕立てています。

コサージュのつくり方

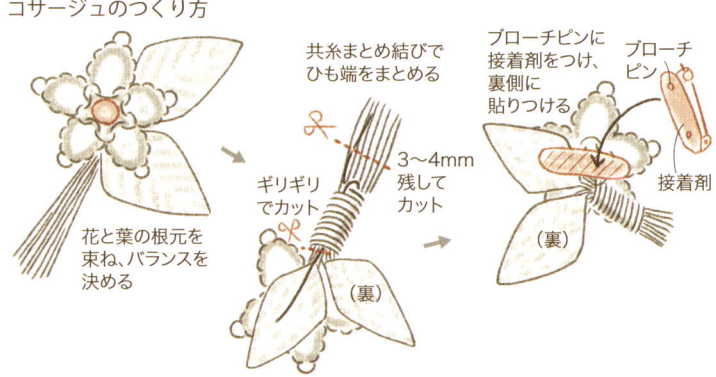

花と葉の根元を束ね、バランスを決める
共糸まとめ結びでひも端をまとめる
ギリギリでカット
3～4mm残してカット
ブローチピンに接着剤をつけ、裏側に貼りつける
ブローチピン
接着剤
（裏）

10. necklace　　photo … page104

pattern : 09

materials
ロマンスコード・極細
　オフホワイト[859]30cm×1本(芯)、150cm×1本
パワーストーン・丸玉 6mm
　アベンチュリン[AC287] 1個
カレンシルバー・ビーズ[AC775] 3個

size
フリーサイズ

one point
左右のひも端を反対側のひもにとめ結びで結びつけることで、長さ調節ができるようになっています。この方法を使うと、留めパーツなしでネックレスを仕上げることができます。

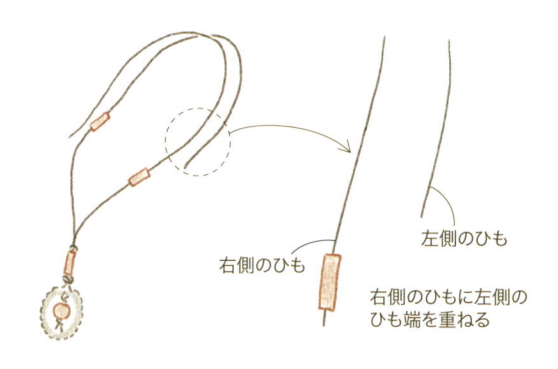

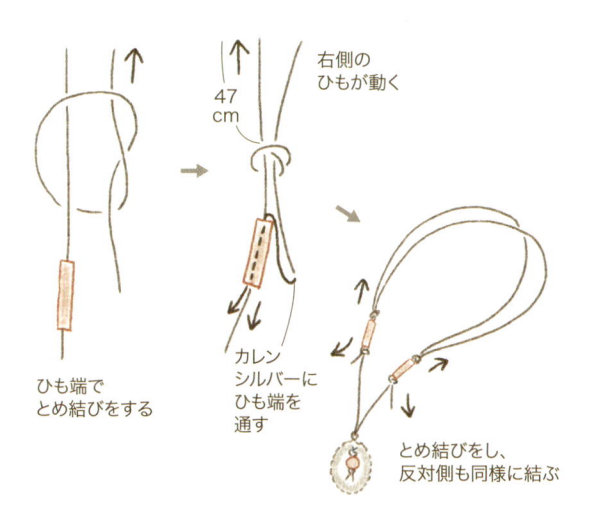

[結び図]

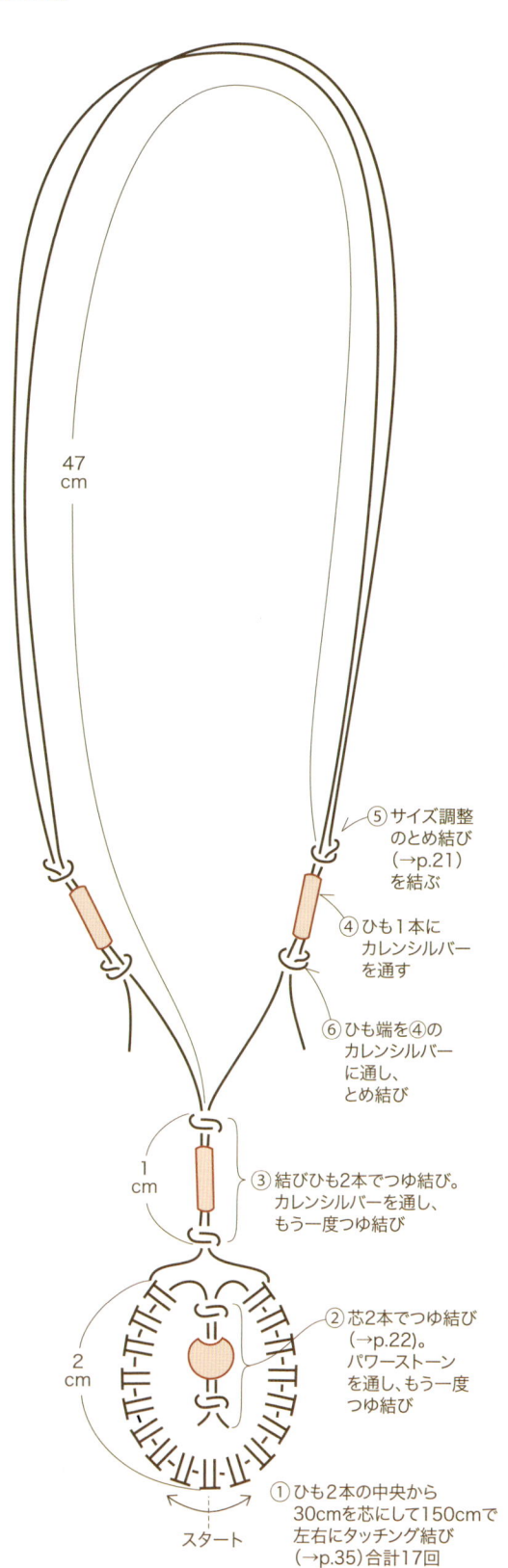

47cm

⑤サイズ調整のとめ結び（→p.21）を結ぶ

④ひも1本にカレンシルバーを通す

⑥ひも端を④のカレンシルバーに通し、とめ結び

1cm

③結びひも2本でつゆ結び。カレンシルバーを通し、もう一度つゆ結び

2cm

②芯2本でつゆ結び（→p.22）。パワーストーンを通し、もう一度つゆ結び

①ひも2本の中央から30cmを芯にして150cmで左右にタッチング結び（→p.35）合計17回

スタート

⑤サイズ調整のとめ結び

右側のひも

左側のひも

右側のひもに左側のひも端を重ねる

↑　↑　右側のひもが動く

47cm

ひも端でとめ結びをする

カレンシルバーにひも端を通す

とめ結びをし、反対側も同様に結ぶ

Chapter 03　パターンづかいのアイディア集

11. necklace　　photo ... page104　　　　　pattern : ㉝

materials
ヘンプトゥワイン・細
　ナチュラル[321] 40cm×2本(芯)、100cm×4本
　茜[343] 80cm×2本
パワーストーン・丸玉6mm
　ローズクォーツ[AC284] 6個
カレンシルバー・ビーズ[AC773] 1個

size
フリーサイズ

one point
花モチーフの上段花びらの両端からスタートします。このとき芯ひもの端は3cm残して仮結びし、マクラメピンでしっかり固定。この状態で花の形がきれいに出るよう整えながら結ぶのがコツです。

[結び図]

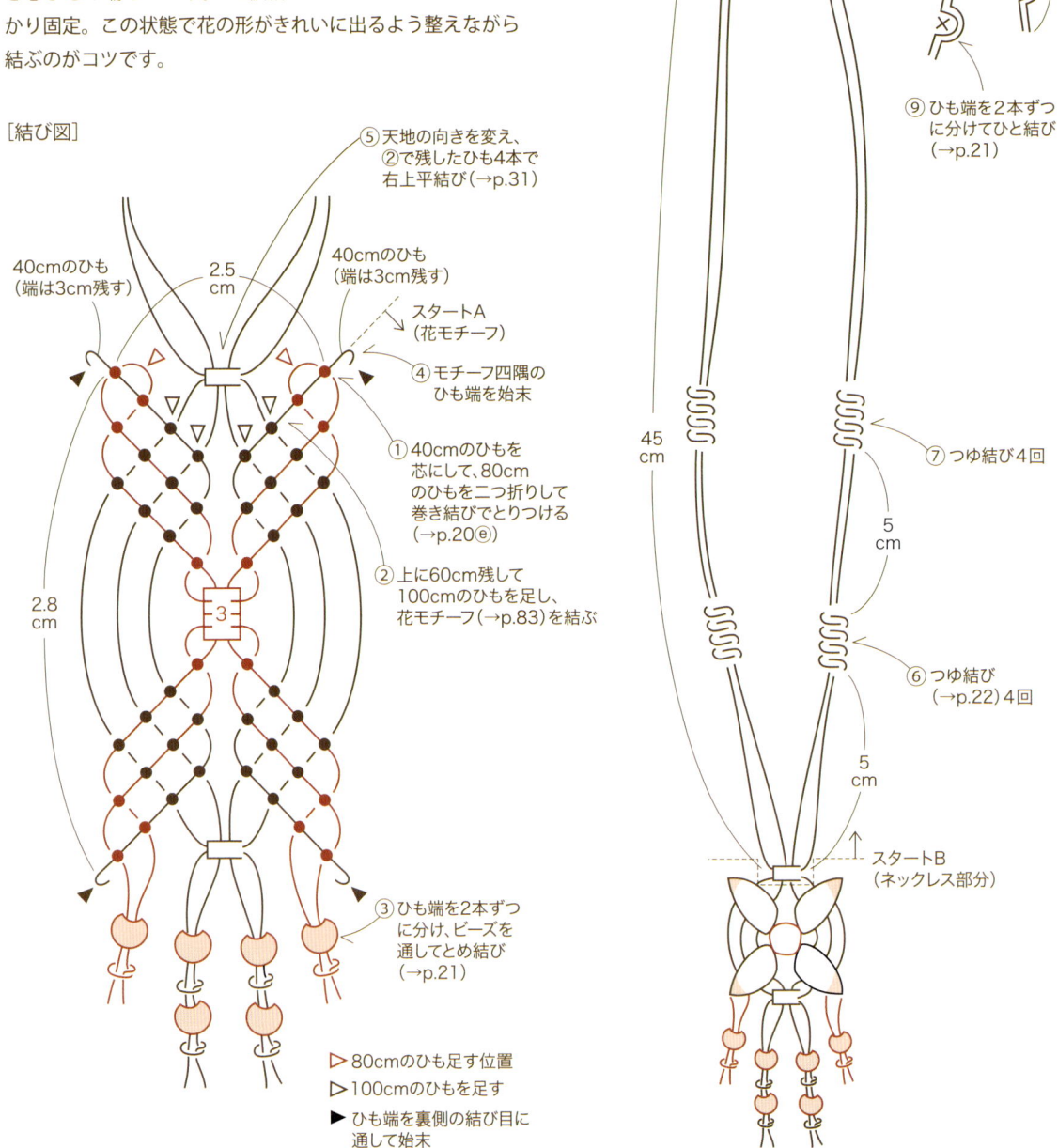

- 40cmのひも（端は3cm残す）
- 2.5cm
- 40cmのひも（端は3cm残す）
- ⑤ 天地の向きを変え、②で残したひも4本で右上平結び（→p.31）
- スタートA（花モチーフ）
- ④ モチーフ四隅のひも端を始末
- ① 40cmのひもを芯にして、80cmのひもを二つ折りして巻き結びでとりつける（→p.20ⓔ）
- ② 上に60cm残して100cmのひもを足し、花モチーフ（→p.83）を結ぶ
- 2.8cm
- ③ ひも端を2本ずつに分け、ビーズを通してとめ結び（→p.21）

▷ 80cmのひも足す位置
▽ 100cmのひもを足す
▶ ひも端を裏側の結び目に通して始末

- ⑧ ひも4本にカレンシルバーを通す
- ⑨ ひも端を2本ずつに分けてひと結び（→p.21）
- 45cm
- ⑦ つゆ結び4回
- 5cm
- ⑥ つゆ結び（→p.22）4回
- 5cm
- スタートB（ネックレス部分）

128

12. choker　photo … page105　　　　pattern : 44

materials
ロマンスコード・極細　ベージュ[853] 300cm × 4本
カレンシルバー・ビーズ[AC773] 4個
カレンシルバー・花[AC787] 1個
カレンシルバー・鈴[AC791] 1個

size
幅1.5 ×長さ40cm

one point
長さは結びながら試しづけをして、
ちょうどいいサイズに調整しましょう。

[結び図]

スタート

① ひも2本の中央から左右にタッチング結び（→p.35）15回

▷ 300cmのひもを足す

② ひもを足し、菱形パターン（→p.74）を31模様結ぶ

1模様

③ 菱形の10模様めと13模様めで中央のひも2本にカレンシルバービーズを通す

④ 16模様めは渡りひもの上側2本にカレンシルバー花を通す

⑤ 菱形の19模様め、22模様めでも中央のひも2本にカレンシルバービーズを通す

⑥ 中央のひも6本にカレンシルバー鈴を通し、両端の2本で裏側に本結び（→p.21）。ひも端を始末する

2cm
37cm
中央
1cm

⑥ひも端始末の方法

鈴
(裏)
中央のひも4本に鈴を通し、ひもを二つ折りにする

(裏)
両端のひもをクロスさせ、互い違いに巻きつける

❶ 本結びでとめる
❷ 1cmほど残してカット
❸ ひも端をボンドでとめる

Chapter 03　パターンづかいのアイディア集

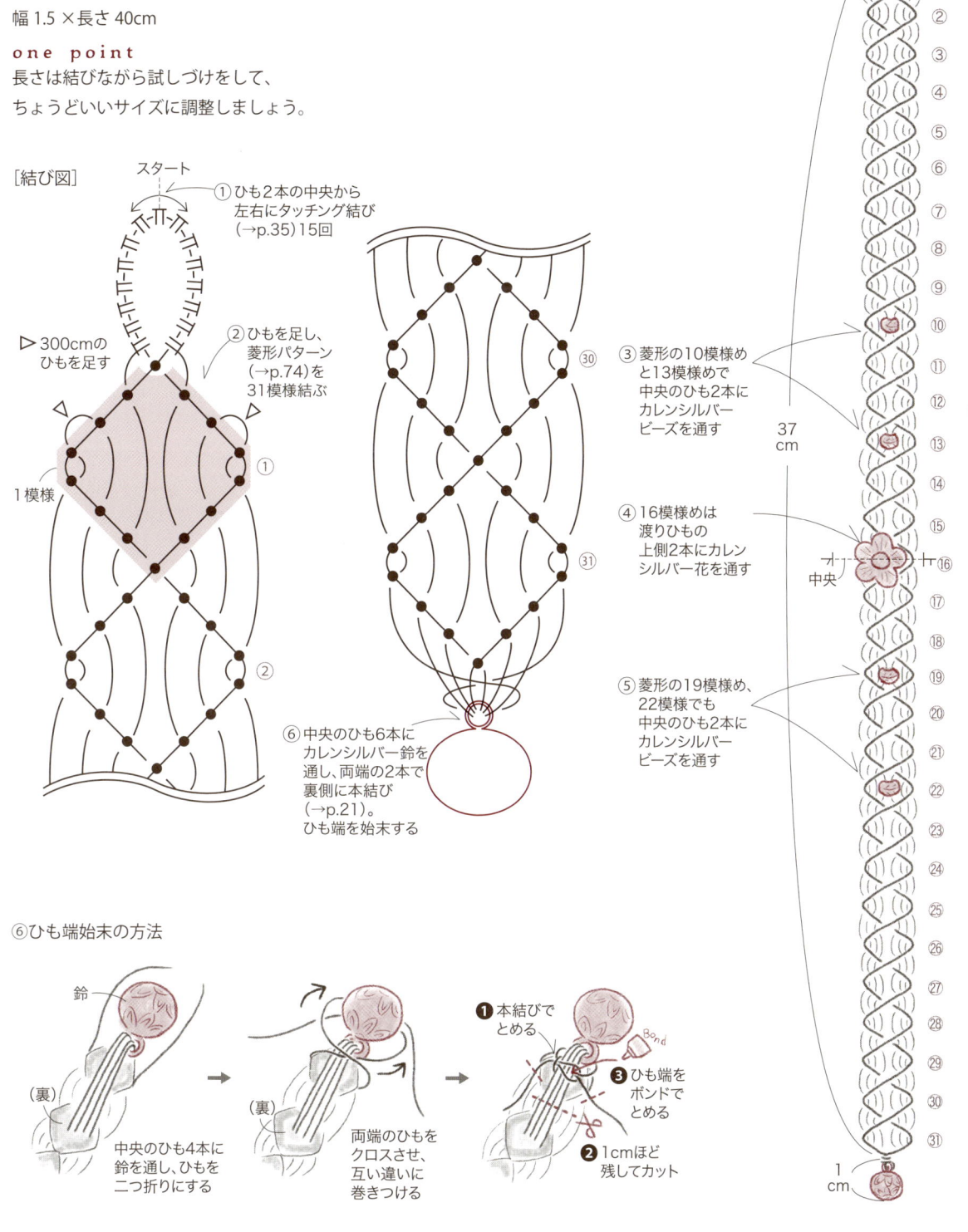

13. choker photo ... page105

pattern : 12

materials
ヘンプトゥワイン・中
　ナチュラル[321] 50cm×2本(芯)、
　180cm×2本(結びひも a)
　レッド[329] 190cm×2本(結びひも b)
カレンシルバー・鈴[AC793] 1個
カレンシルバー・ビーズ[AC773] 4個
カレンシルバー・フック[AC790] 1個

size
長さ 40cm

one point
スタートの方法は p.19 ⓓ「中央にパーツをつけるスタート」
です。ひも端は共糸まとめ結び(p.126)をしてからフックに
ボンドで固定します。

[結び図]

⑥フックのつけ方

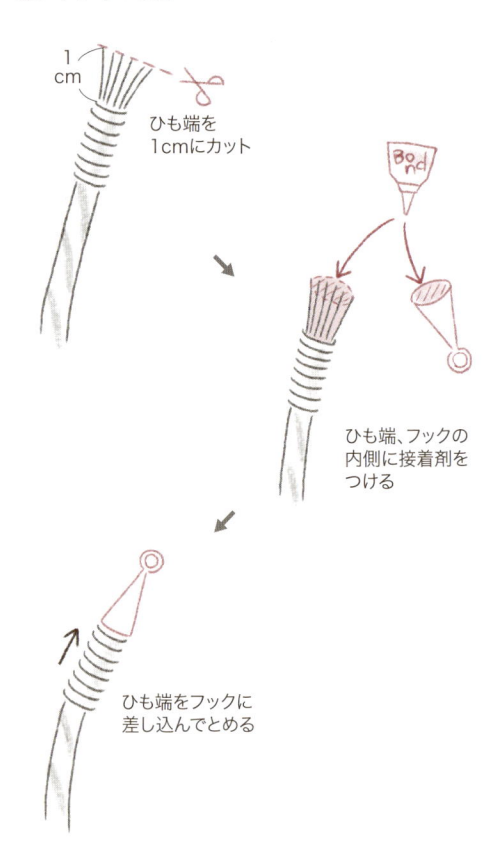

1cm
ひも端を
1cmにカット

ひも端、フックの
内側に接着剤を
つける

ひも端をフックに
差し込んでとめる

⑥ カレンシルバー
フックをつける

0.7cm

④ 結びひもbで
共糸まとめ結び
(→p.126)。
ひも端は1cm
残してカット

6cm

⑤ ②〜④と
同様につくる

③ 6cmおきに
カレンシルバービーズを
通しながら結ぶ

6cm

カレンシルバー
ビーズ

6cm

結びひもa　結びひもb

スタート

② 左上ダブルねじり結び
(→p.39)を参照して
結びひもa、bをとりつけて結ぶ

① 芯2本の中央に
カレンシルバー鈴を通す

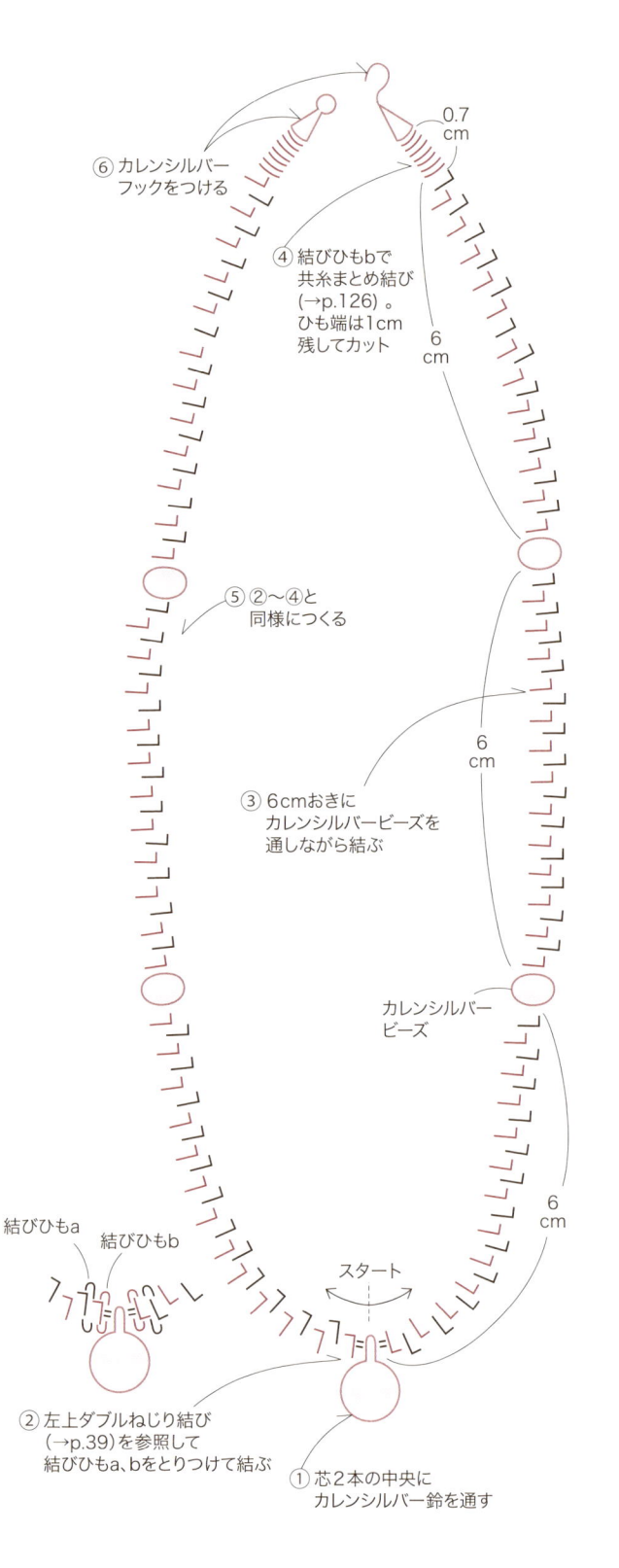

14. belt pattern : 61 63

photo ... page106

materials
バフレザーコード 2mm　ダークグリーン [506]
　800cm × 3本、540cm × 1本、30cm × 2本
ナチュラルウッドリング　レッド [MA2231] 1個

size
幅 3 × 長さ 82cm（フリンジ 50cm をのぞく）

one point
菱形パターン 2 種を交互に配置しました。基本パターンよりひもの数を減らしているぶん、結ぶのも簡単です。フリンジは好きな長さにカットして。

[結び図]

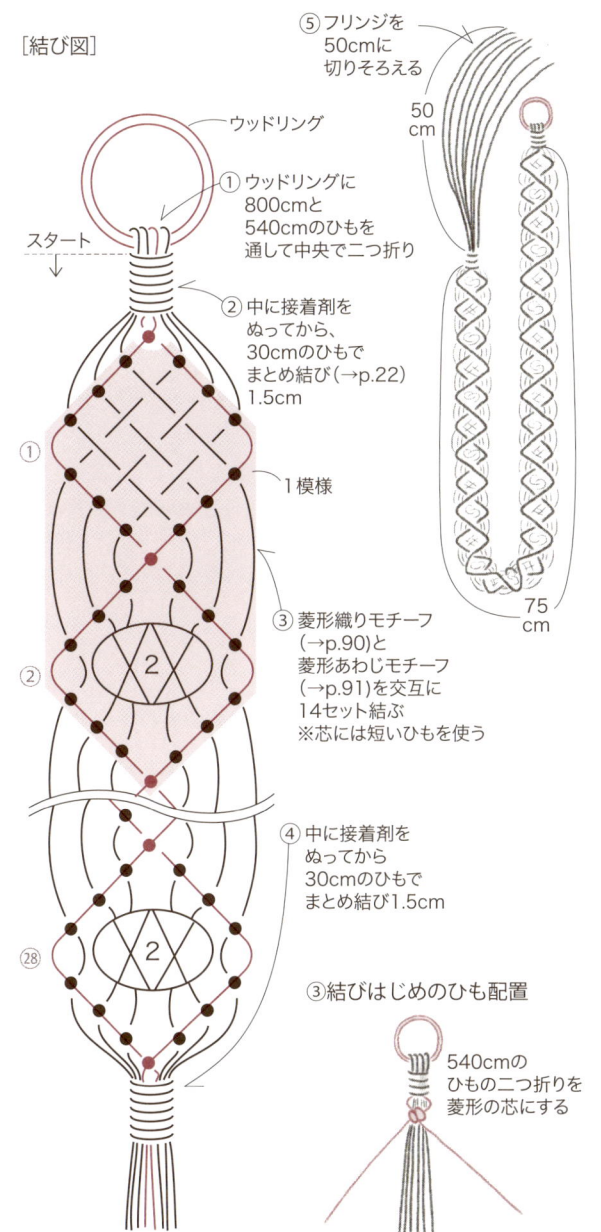

- スタート
- ウッドリング
- ① ウッドリングに 800cm と 540cm のひもを通して中央で二つ折り
- ② 中に接着剤をぬってから、30cm のひもでまとめ結び (→p.22) 1.5cm
- 1模様
- ③ 菱形織りモチーフ (→p.90) と菱形あわじモチーフ (→p.91) を交互に 14 セット結ぶ
  ※芯には短いひもを使う
- ④ 中に接着剤をぬってから 30cm のひもでまとめ結び 1.5cm
- ⑤ フリンジを 50cm に切りそろえる
- 50cm
- 75cm
- ③ 結びはじめのひも配置
- 540cm のひもの二つ折りを菱形の芯にする

15. belt pattern : 04

photo ... page106

materials
ティンレザーコード 3mm　ブラウン [504]　360cm × 3本
キャストピューター [AC493] 1個

size
幅 1.5 × 長さ 89cm（フリンジ 50cm をのぞく）

one point
このベルトのように端をフリンジにする場合、共糸まとめ結びをしたあとのひも端は切らなくても OK。そのまま残してフリンジに加えてしまいます。

[結び図]

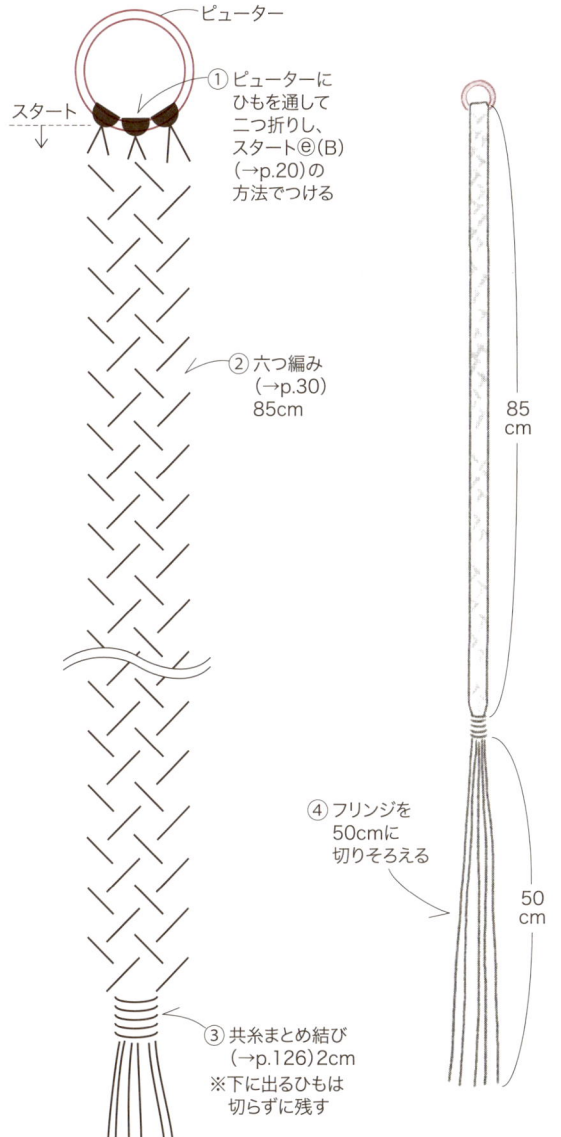

- スタート
- ピューター
- ① ピューターにひもを通して二つ折りし、スタート ⓔ(B) (→p.20) の方法でつける
- ② 六つ編み (→p.30) 85cm
- ③ 共糸まとめ結び (→p.126) 2cm
  ※下に出るひもは切らずに残す
- ④ フリンジを 50cm に切りそろえる
- 85cm
- 50cm

Chapter 03　パターンづかいのアイディア集

05. charm　photo ... page102

materials
ジュートラミー
　イエローオーカー［536］ 40cm×1本
　ブラウン［554］ 15cm×5本

size
長さ5cm

one point
房部分のひもはふたつ折りにしているだけなので、変えるのも簡単。つけるものに合わせてバランスのいい長さに。

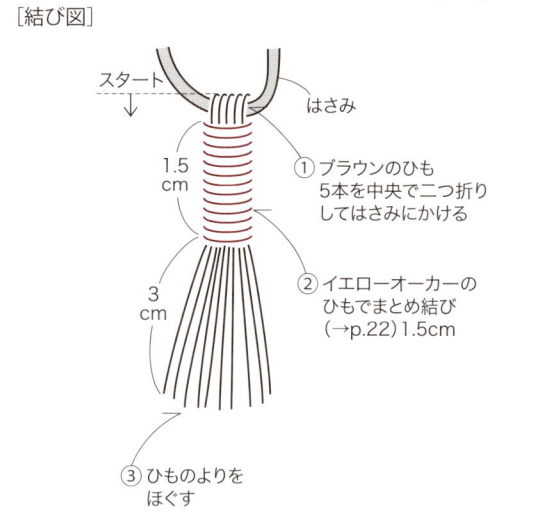

[結び図]　まとめ結び　→page22

- スタート
- はさみ
- 1.5cm
- 3cm
- ① ブラウンのひも5本を中央で二つ折りしてはさみにかける
- ② イエローオーカーのひもでまとめ結び（→p.22）1.5cm
- ③ ひものよりをほぐす

---

07. charm　photo ... page103

materials
ジュートラミー
　ホワイト［552］ 50cm×1本、20cm×2本(芯)
　レッド［553］ 50cm×1本、20cm×1本(芯)
二重リング　1個

size
長さ8cm

one point
中央で三つ編みした芯3本を二重リングに通しておき、そのまわりにダブルねじり結びを結びます。

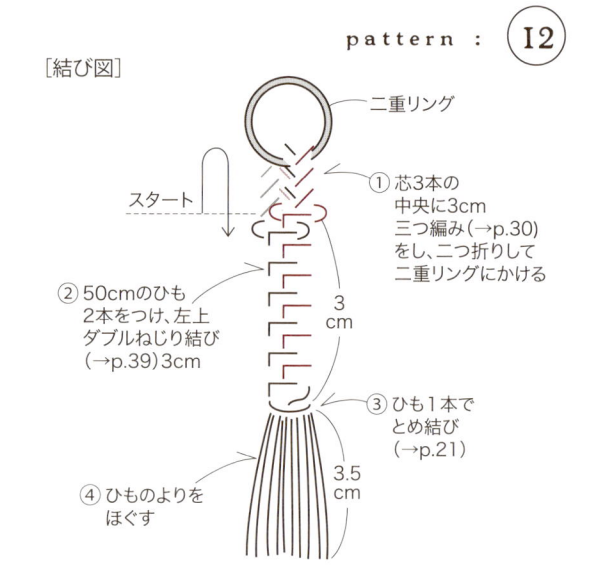

[結び図]　pattern : 12

- 二重リング
- スタート
- 3cm
- 3.5cm
- ① 芯3本の中央に3cm三つ編み（→p.30）をし、二つ折りして二重リングにかける
- ② 50cmのひも2本をつけ、左上ダブルねじり結び（→p.39）3cm
- ③ ひも1本でとめ結び（→p.21）
- ④ ひものよりをほぐす

---

09. charm　photo ... page103

materials
ジュートラミー
　レッド［553］ 60cm×1本
　インディゴ［544］ 60cm×1本
　ホワイト［552］ 40cm×1本(芯)
二重リング　1個

size
長さ9cm

one point
並列平結びの左右で色を分けるには、最初のひもの配列がポイント。右の図を参照し、間違えないよう注意して。

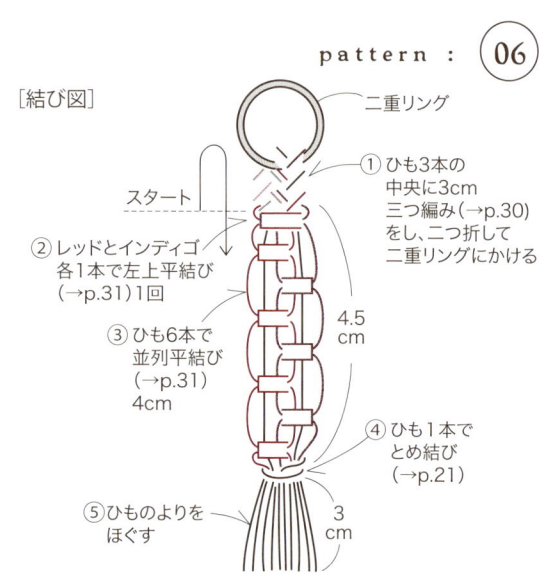

③ひもの並べ方
レッド／ホワイト／インディゴ／レッド／ホワイト／インディゴ

[結び図]　pattern : 06

- 二重リング
- スタート
- 4.5cm
- 3cm
- ① ひも3本の中央に3cm三つ編み（→p.30）をし、二つ折りして二重リングにかける
- ② レッドとインディゴ各1本で左上平結び（→p.31）1回
- ③ ひも6本で並列平結び（→p.31）4cm
- ④ ひも1本でとめ結び（→p.21）
- ⑤ ひものよりをほぐす

06. charm　photo … page103

pattern: 17

materials
ジュートラミー
　オリーブグリーン[534] 50cm×1本、20cm×1本(芯)
　フォレストグリーン[531] 50cm×1本

size
長さ 8cm

one point
中心の芯のまわりに四つだたみを結ぶ手法を「芯入り四つだたみ」といいます。芯がある分、少し太めの四つだたみになります。

③芯入り丸四つだたみの結び方

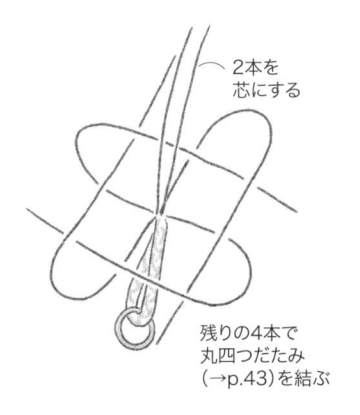

- 2本を芯にする
- 残りの4本で丸四つだたみ(→p.43)を結ぶ

[結び図]
- メジャー
- スタート
- 2.5cm
- 4cm

① ひも3本の中央に三つ編み(→p.30)をし、メジャーに通して二つ折り
② ひも1本でとめ結び(→p.21)
③ 短いひも2本を芯にして、残りの4本で芯入り丸四つだたみ 2.5cm
④ ひも1本でとめ結び
⑤ ひものよりをほぐす

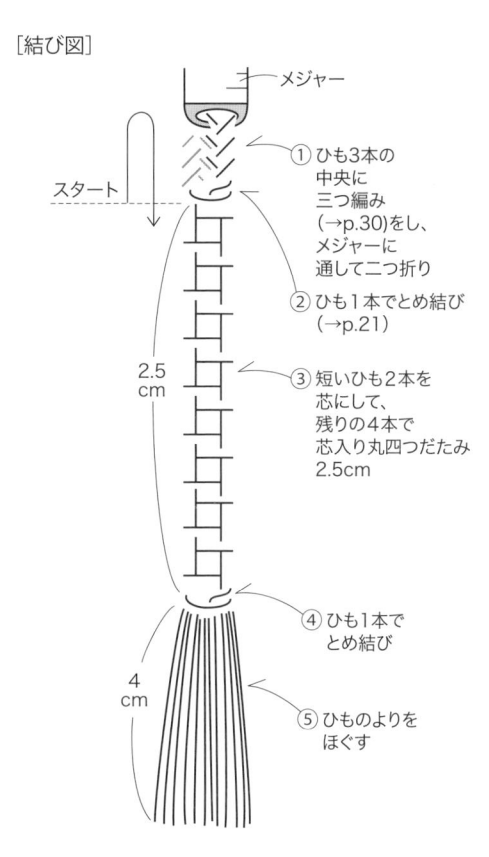

08. charm　photo … page103

pattern: 21

materials
ジュートラミー
　ホワイト[552] 50cm×1本
　ブリックブラウン[539] 50cm×1本
　マリーゴールド[537] 50cm×1本
　ブラウン[554] 50cm×1本
二重リング 1個

size
長さ 9cm

one point
4本のひもで中央で四つ編みし、それを二重リングに通して角杉8本組みを結んでいきます。結んでいくときに使うひもの順番は、色の並び順を目印に。

[結び図]
- 二重リング
- スタート
- 4.5cm
- 2.5cm

① ひも4本の中央に3cmの四つ編み(→p.30)をし、二つ折りして二重リングにかける
② ひも1本でとめ結び(→p.21)
③ ひも8本で角杉(→p.47、ひも並べ方は「One point」参照) 4.5cm
④ ひも1本でとめ結び
⑤ ひものよりをほぐす

Chapter 03　パターンづかいのアイディア集

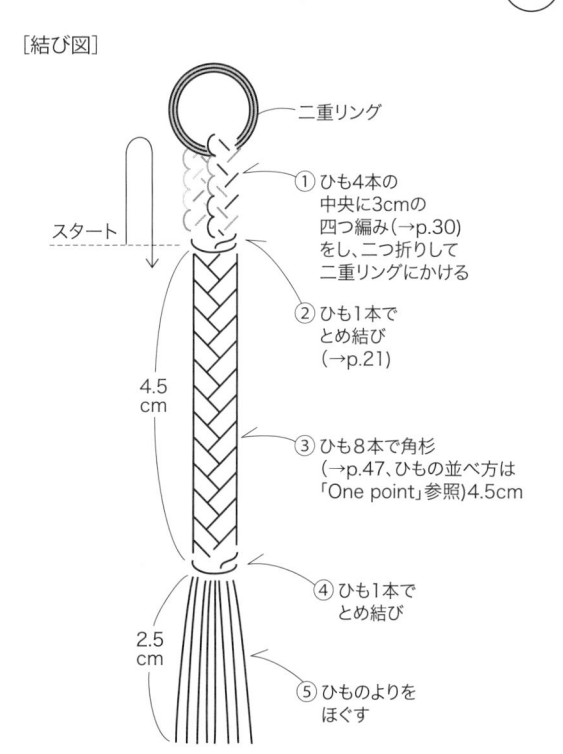

16. bracelet　photo ... page107　　pattern : ⑲ ㊼

materials
<A>
ヘンプトゥワイン・細
　グリーン[331]　120cm × 2本(a)
　モスグリーン[323]　120cm × 2本(b)
　レッド[329]　120cm × 2本(c)
　ピュア[361]　120cm × 2本(d)
カレンシルバー・ビーズ[AC772]　1個

<B>
ヘンプトゥワイン・細
　藍・中[347]　120cm × 2本(a)
　エンジュ[342]　120cm × 2本(b)
　ピュア[361]　120cm × 4本(c,d)
カレンシルバー・ビーズ[AC772]　1個

<C>
ヘンプトゥワイン・細
　モスグリーン[323]　120cm × 2本(a)
　イエロー[327]　120cm × 2本(b)
　ダークブラウン[324]　120cm × 2本(c)
　ピュア[361]　120cm × 2本(d)
カレンシルバー・ビーズ[AC772]　1個

size
幅1.5 × 長さ32cm

one point
最初に8本のひものうち内側の4本を束ねて中央にビーズを通し、そこから結びはじめます。逆V字の柄がきれいに出ているかをつねに気をつけていくと、まちがいにくくなります。

[結び図]

中央　　　　スタート

① 中央のひも4本にカレンシルバービーズを通す

4段1模様

② ななめ巻き結び（→p.66）8cm

⑤ ②〜④と同様に結ぶ

中央

8cm

③ 2本どりで四つ組み（→p.44）7cm

7cm

④ とめ結び（→p.21）

1cm

① スタートのひも配置

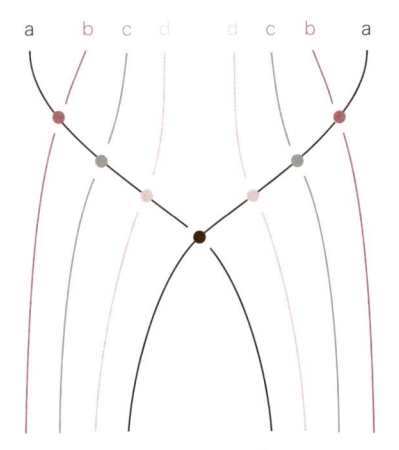

a　b　c　d　d　c　b　a

このV字1列を1段と数える

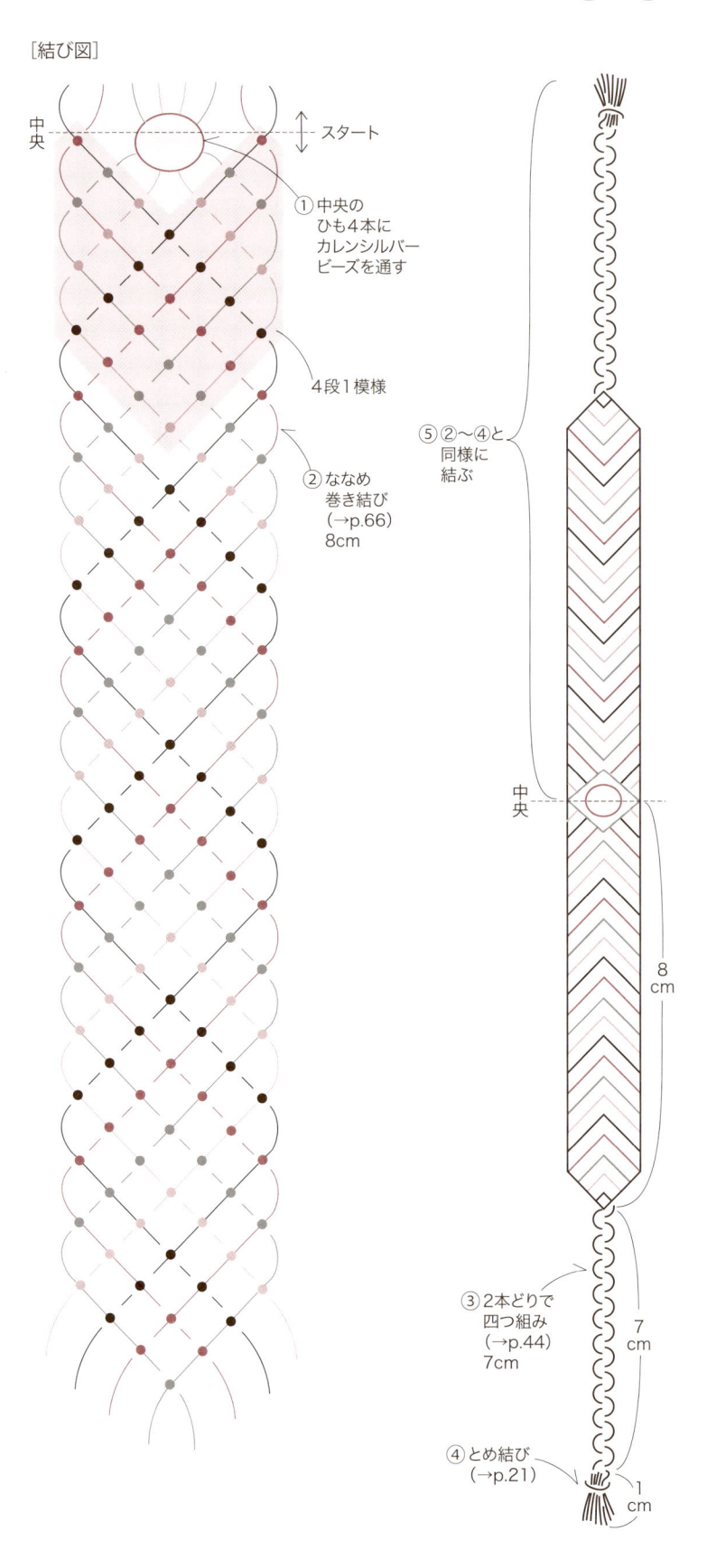

17. bracelet   photo ... page107   pattern : 01　37

materials
＜A＞
ヘンプトゥワイン・細
　レッド[329] 100cm×2本(a)、
　110cm×2本(c)、
　ナチュラル[321] 110cm×2本(b)

＜B＞
ヘンプトゥワイン・細
　モスグリーン[323] 100cm×2本(a)
　レッド[329] 110cm×2本(b)
　ブラック[326] 110cm×2本(c)

＜C＞
ヘンプトゥワイン・細
　コガネバナ[341] 100cm×2本(a)
　藍・淡[346] 110cm×2本(b)
　ナチュラル[321] 110cm×2本(c)

size
幅1×長さ34cm

one point
BとCは花芯、花びら、縁をそれぞれ別色にしていますが、Aは花びらと縁をレッド1色にしています。100cmのひも2本が縁になります。配色は好みでアレンジしましょう。

[結び図]

中央　　スタート　　1模様

① 中央からスタートし、タッチング結び(→p.35)とななめ裏巻き結びで6模様結ぶ

※「ななめ裏巻き結び」は「横裏巻き結び」(→p.66)をななめに結ぶ技法です

④ ①～③と同様に結ぶ

中央

8.5cm

② 2本どりで三つ編み(→p.30) 7cm

③ とめ結び(→p.21)　1cm

①スタートのひも配置

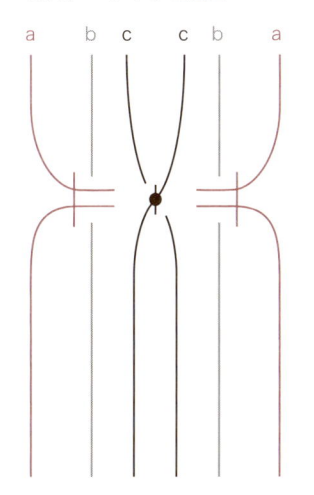

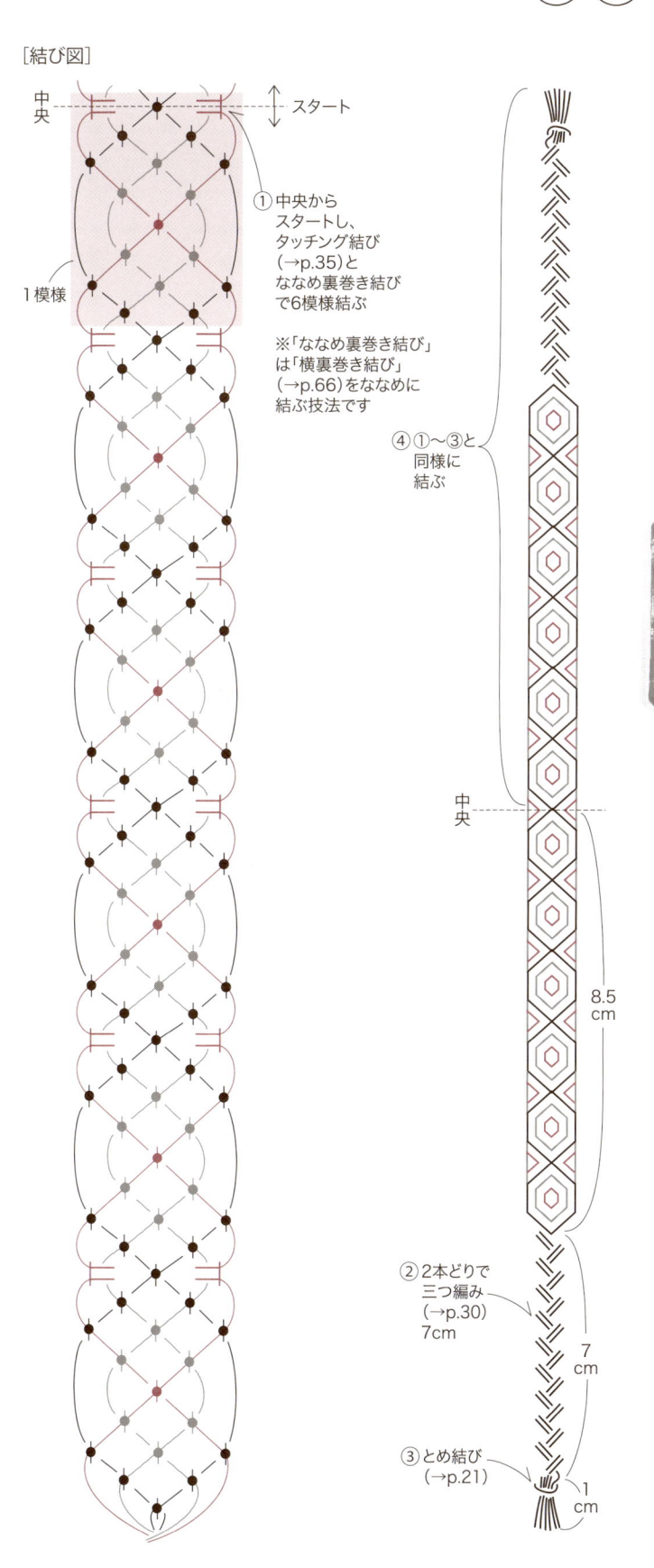

a　b　c　c　b　a

Chapter 03　パターンづかいのアイディア集

18. handle photo ... page108   pattern : ⑳

materials （1組分）
ボタニカルレザーコード 5mm
　ナチュラル [811] 100cm × 6本
ヘンプトゥワイン・中
　ナチュラル [321] 100cm × 4本

size
30cm（バッグにかかる部分も含む）

one point
必要なレザーの長さは、ハトメ穴からバッグの縁までの距離により多少変動します。この持ち手はハトメ穴からバッグの縁までが 1.5cm 程度です。

④ひものかけ方

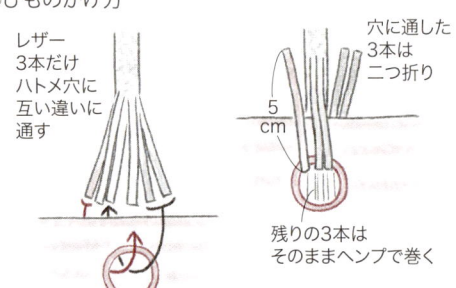

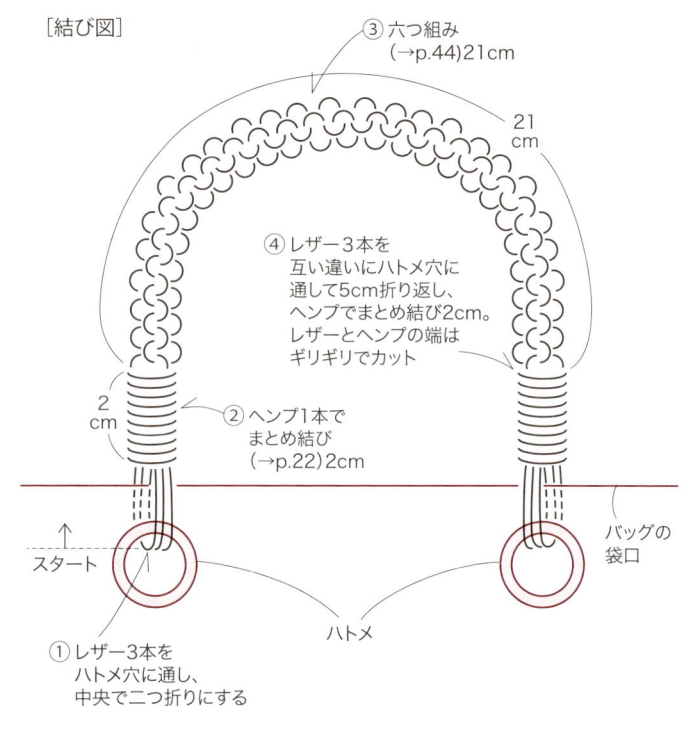

レザー3本だけハトメ穴に互い違いに通す

穴に通した3本は二つ折り

5cm

残りの3本はそのままヘンプで巻く

[結び図]

③ 六つ組み（→p.44）21cm
21cm
④ レザー3本を互い違いにハトメ穴に通して5cm折り返し、ヘンプでまとめ結び2cm。レザーとヘンプの端はギリギリでカット
2cm
② ヘンプ1本でまとめ結び（→p.22）2cm
スタート
① レザー3本をハトメ穴に通し、中央で二つ折りにする
ハトメ
バッグの袋口

19. handle photo ... page108   pattern : ⑤ ㉒

materials （1組分）
ヘンプトゥワイン・中
　ライトブラウン [322] 400cm × 4本、100cm × 4本
　モスグリーン [323] 100cm × 4本
　手縫い糸　淡茶　適宜

size
全長 70cm（フリンジ 5cm 含む）

one point
ふたつのあわじ結びの間の平結びを 25〜30cm 程度にすると、手提げ使用にちょうどいい長さにアレンジできます。

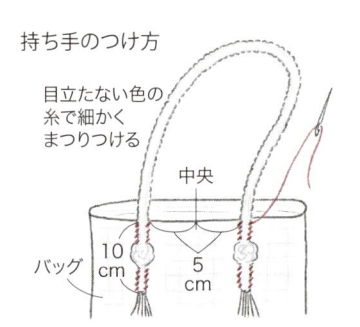

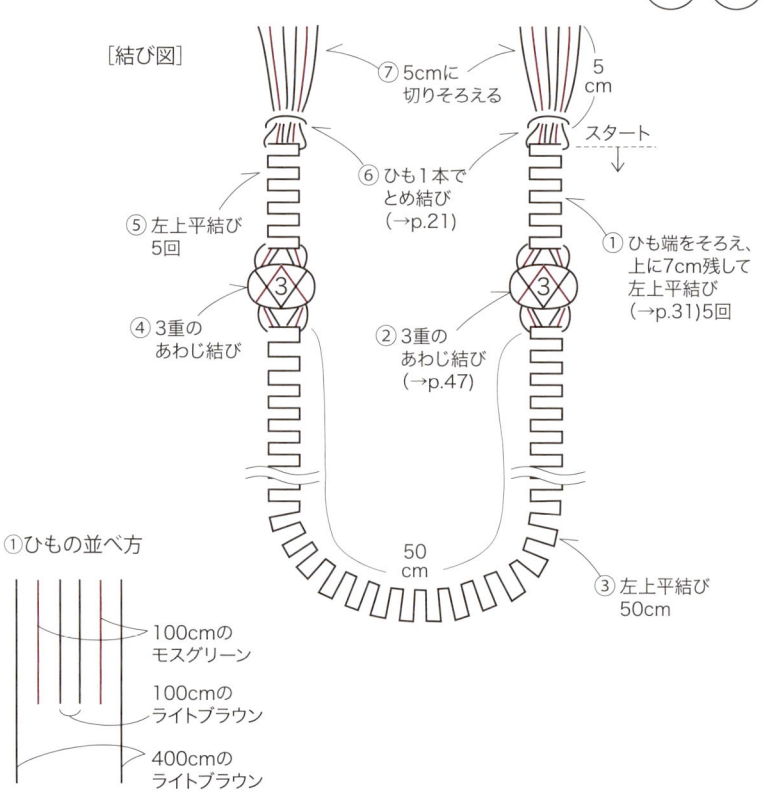

持ち手のつけ方

目立たない色の糸で細かくまつりつける
中央
バッグ
10cm
5cm

①ひもの並べ方
100cmのモスグリーン
100cmのライトブラウン
400cmのライトブラウン

[結び図]
⑦ 5cmに切りそろえる
5cm
スタート
⑥ ひも1本でとめ結び（→p.21）
① ひも端をそろえ、上に7cm残して左上平結び（→p.31）5回
⑤ 左上平結び 5回
④ 3重のあわじ結び
② 3重のあわじ結び（→p.47）
③ 左上平結び 50cm
50cm

136

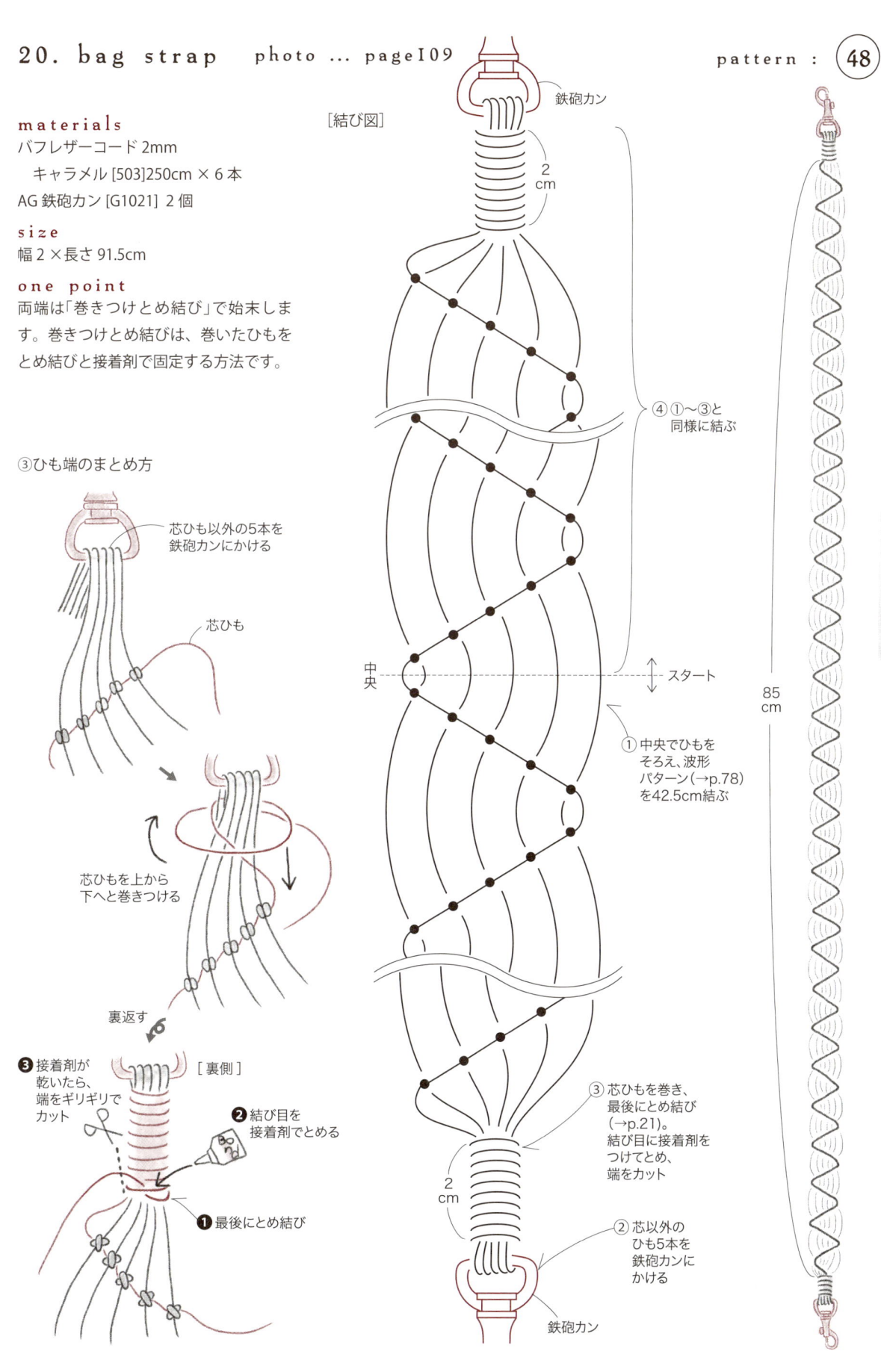

20. bag strap　photo … page109

pattern : ㊽

materials
バフレザーコード 2mm
　キャラメル [503] 250cm × 6本
AG 鉄砲カン [G1021] 2個

size
幅 2 × 長さ 91.5cm

one point
両端は「巻きつけとめ結び」で始末します。巻きつけとめ結びは、巻いたひもをとめ結びと接着剤で固定する方法です。

[結び図]

鉄砲カン

2cm

④ ①〜③と同様に結ぶ

中央　スタート

85cm

① 中央でひもをそろえ、波形パターン (→p.78) を42.5cm結ぶ

③ 芯ひもを巻き、最後にとめ結び (→p.21)。結び目に接着剤をつけてとめ、端をカット

2cm

② 芯以外のひも5本を鉄砲カンにかける

鉄砲カン

③ひも端のまとめ方

芯ひも以外の5本を鉄砲カンにかける

芯ひも

芯ひもを上から下へと巻きつける

裏返す

[裏側]

❸ 接着剤が乾いたら、端をギリギリでカット

❷ 結び目を接着剤でとめる

❶ 最後にとめ結び

Chapter 03　パターンづかいのアイディア集

21. watch belt　photo ... page110

A　pattern : ⑲ ㊿

materials
アミレザー
　ナチュラル [1291] 100cm × 8本
　ウォッチヘッド [AC275] 1個
　ターコイズコンチョ [AC311] 1個

size
幅1.5 ×長さ 19cm（フリンジ除く）

one point
ベルトの長さはウォッチヘッドの大きさ、つける人の手首サイズに合わせて調整してください。

B　pattern : ⑲ ㊾

materials
ロマンスコード・極細
　オフホワイト [859] 80cm × 8本
　ウォッチヘッド　1個
　ブラスビーズ・ボタン [AC1142] 1個

size
幅1 ×長さ 19cm（フリンジ除く）

one point
ボタンを通すループの長さは、ボタンが通るかどうかを確認しながら結び、足りないようなら少し長めにしましょう。

[結び図]

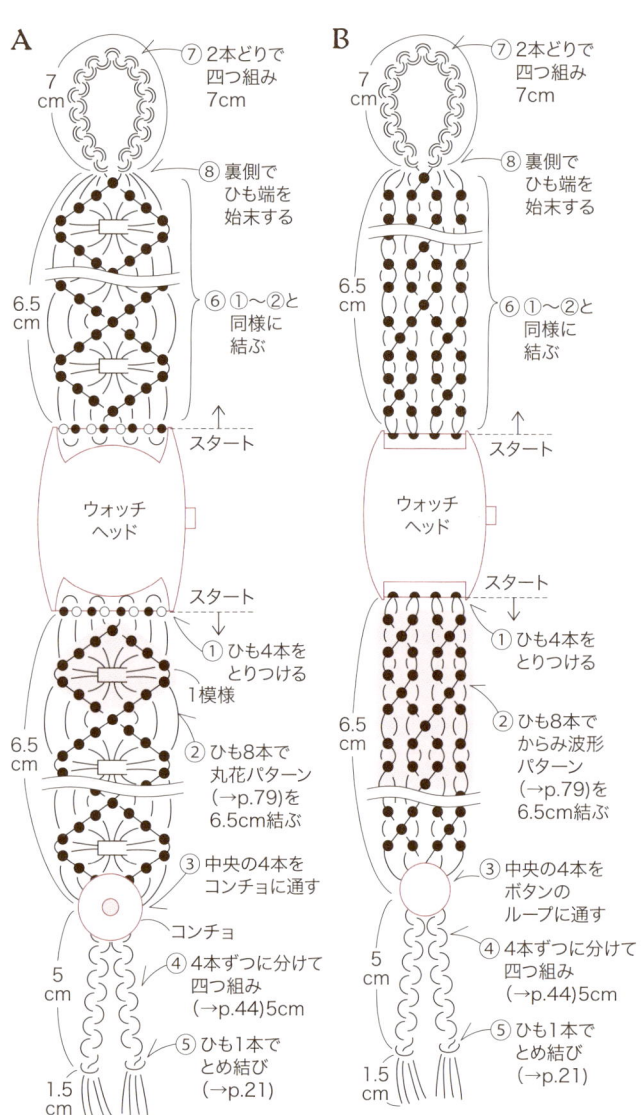

A

⑦ 2本どりで四つ組み 7cm
⑧ 裏側でひも端を始末する
⑥ ①〜②と同様に結ぶ
7cm
6.5cm
スタート
ウォッチヘッド
スタート
① ひも4本をとりつける
1模様
② ひも8本で丸花パターン（→p.79）を6.5cm結ぶ
6.5cm
③ 中央の4本をコンチョに通す
コンチョ
④ 4本ずつに分けて四つ組み（→p.44）5cm
⑤ ひも1本でとめ結び（→p.21）
5cm
1.5cm

B

⑦ 2本どりで四つ組み 7cm
⑧ 裏側でひも端を始末する
⑥ ①〜②と同様に結ぶ
7cm
6.5cm
スタート
ウォッチヘッド
スタート
① ひも4本をとりつける
② ひも8本でからみ波形パターン（→p.79）を6.5cm結ぶ
6.5cm
③ 中央の4本をボタンのループに通す
④ 4本ずつに分けて四つ組み（→p.44）5cm
⑤ ひも1本でとめ結び（→p.21）
5cm
1.5cm

Aのひものとりつけ方

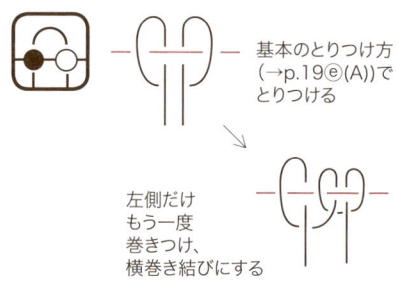

基本のとりつけ方（→p.19ⓔ(A)）でとりつける

左側だけもう一度巻きつけ、横巻き結びにする

⑧ループ側のひも端始末の方法（A・B共通）

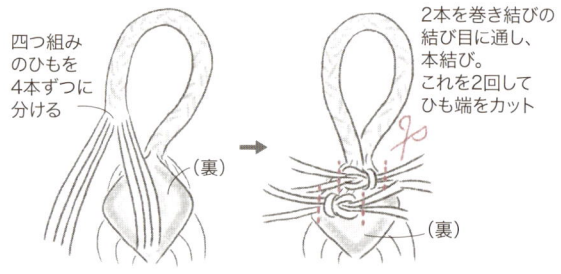

四つ組みのひもを4本ずつに分ける（裏）

2本を巻き結びの結び目に通し、本結び。これを2回してひも端をカット（裏）

③コンチョ（ボタン）のつけ方（A・B共通）

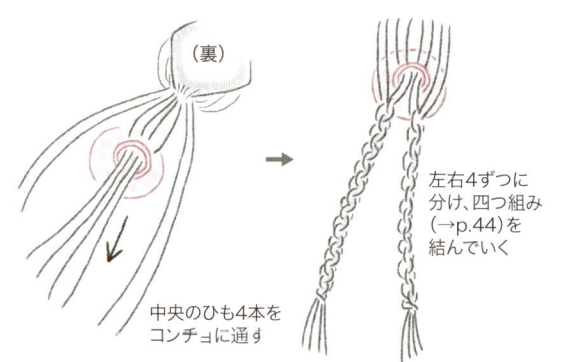

（裏）
中央のひも4本をコンチョに通す

左右4本ずつに分け、四つ組み（→p.44）を結んでいく

22. camera strap　photo … page111　　pattern : ⑤ ㊺

materials
ヘンプロープ・細
　ピュア [561] 350cm × 4本 (a色)
　オリーブ [564] 380cm × 4本 (b色)
二重リング 2個

size
幅2.5 ×長さ83cm

one point
ウッドパターンから模様をひとつ取り出して、縦に長く連ねています。ひも端始末をする前に、長さをチェックしてちょうどいい長さに調整しましょう。

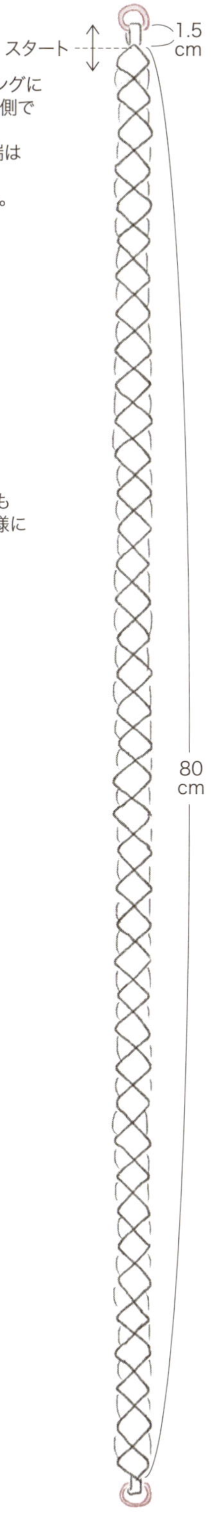

ひも端始末の方法

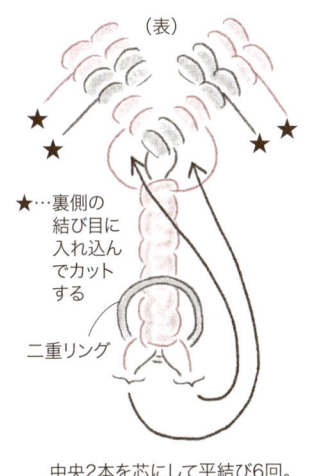

中央2本を芯にして平結び6回。二重リングを通し、二つ折りにして輪をつくる

裏返してひも2本どりで本結び(→p.21)。接着剤を結び目につけ、ひも端は結び目に入れ込んでカットする

★…裏側の結び目に入れ込んでカットする

二重リング

2本どりで本結び

[結び図]

スタート

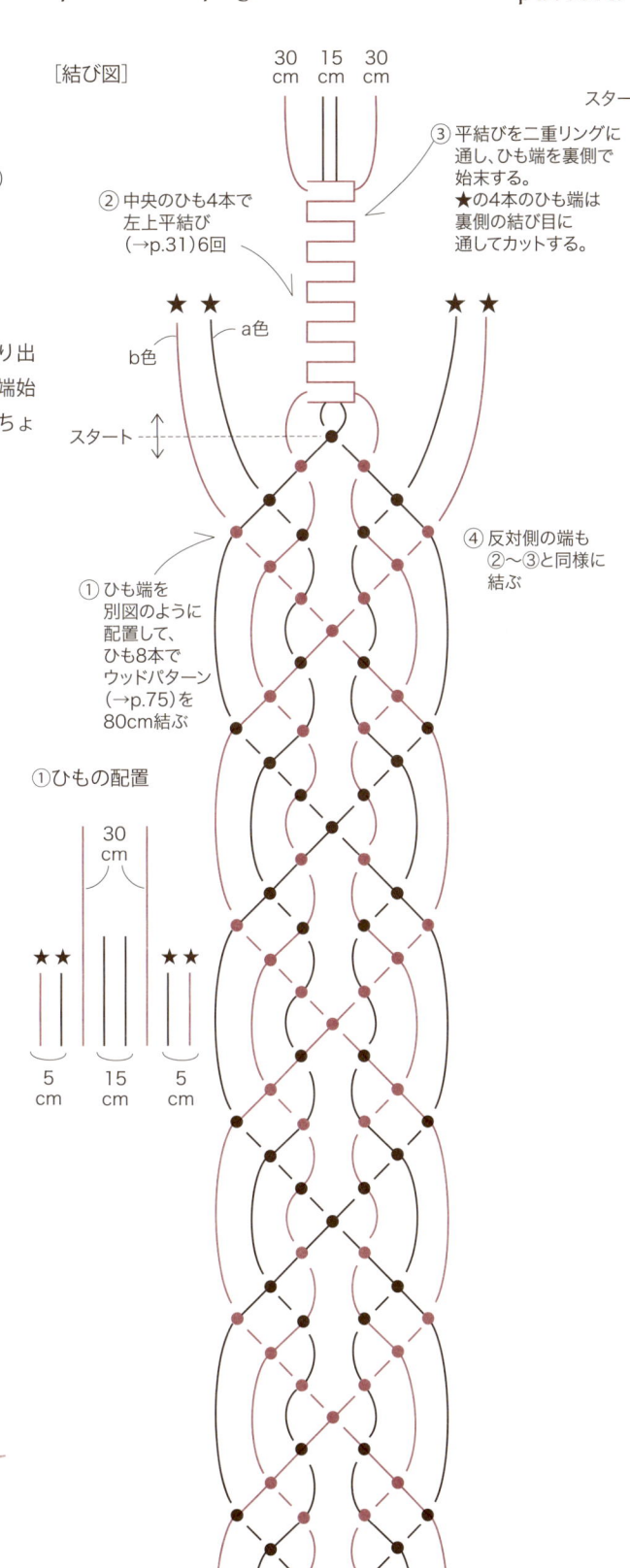

30cm　15cm　30cm

② 中央のひも4本で左上平結び(→p.31)6回

b色　a色

①ひも端を別図のように配置して、ひも8本でウッドパターン(→p.75)を80cm結ぶ

①ひもの配置
5cm　15cm　5cm
30cm

③ 平結びを二重リングに通し、ひも端を裏側で始末する。
★の4本のひも端は裏側の結び目に通してカットする。

④ 反対側の端も②～③と同様に結ぶ

スタート　1.5cm

80cm

Chapter 03　パターンづかいのアイディア集

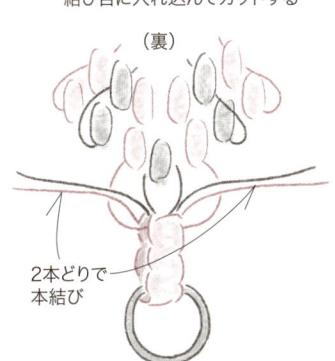

23. lacy braid　photo ... page112

pattern : 67

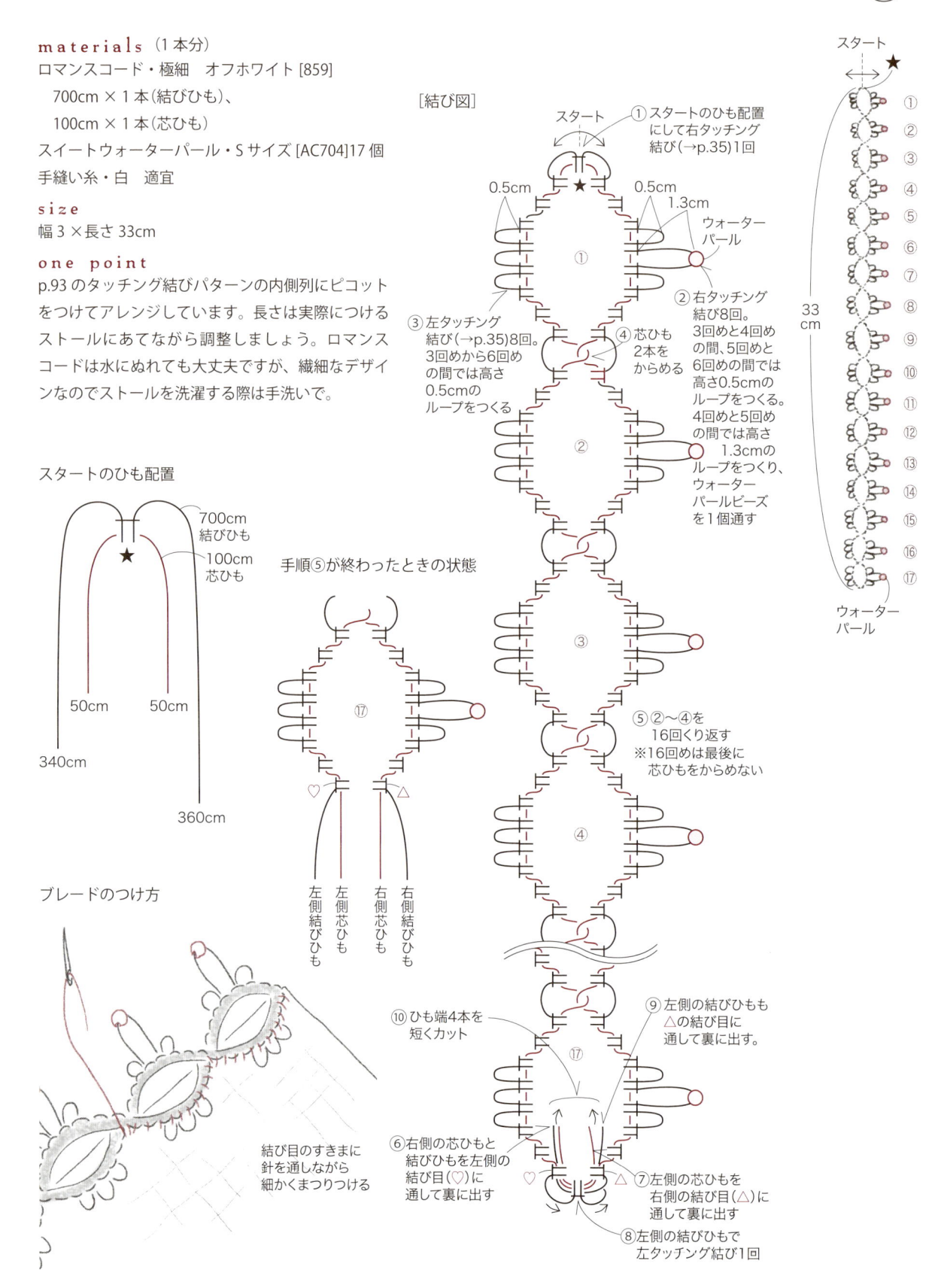

materials（1本分）
ロマンスコード・極細　オフホワイト [859]
　700cm×1本（結びひも）、
　100cm×1本（芯ひも）
スイートウォーターパール・Sサイズ [AC704] 17個
手縫い糸・白　適宜

size
幅3×長さ33cm

one point
p.93のタッチング結びパターンの内側列にピコットをつけてアレンジしています。長さは実際につけるストールにあてながら調整しましょう。ロマンスコードは水にぬれても大丈夫ですが、繊細なデザインなのでストールを洗濯する際は手洗いで。

スタートのひも配置

700cm 結びひも
100cm 芯ひも
50cm　50cm
340cm
360cm

ブレードのつけ方

結び目のすきまに針を通しながら細かくまつりつける

[結び図]

スタート

① スタートのひも配置にして右タッチング結び（→p.35）1回

0.5cm　0.5cm
1.3cm
ウォーターパール

② 右タッチング結び8回。3回めと4回めの間、5回めと6回めの間では高さ0.5cmのループをつくる。4回めと5回めの間では高さ1.3cmのループをつくり、ウォーターパールビーズを1個通す

③ 左タッチング結び（→p.35）8回。3回めから6回めの間では高さ0.5cmのループをつくる

④ 芯ひも2本をからめる

⑤ ②〜④を16回くり返す
※16回めは最後に芯ひもをからめない

手順⑤が終わったときの状態

左側結びひも　左側芯ひも　右側芯ひも　右側結びひも

⑥ 右側の芯ひもと結びひもを左側の結び目（♡）に通して裏に出す

⑦ 左側の芯ひもを右側の結び目（△）に通して裏に出す

⑧ 左側の結びひもで左タッチング結び1回

⑨ 左側の結びひもも△の結び目に通して裏に出す。

⑩ ひも端4本を短くカット

スタート
★
①
②
③
④
⑤
⑥
⑦
⑧ 33cm
⑨
⑩
⑪
⑫
⑬
⑭
⑮
⑯
⑰
ウォーターパール

140

24. edge decoration　photo … page113　pattern : ㊶ ㊵ ㊷

materials（1枚分）
ヘンプトゥワイン・細　レッド [329]
　100cm × 72本（とりつけひも）、
　60cm × 3本（芯ひも）
手縫い糸　赤　適宜

size
幅34 ×長さ 19cm（フリンジ 8cm 含む）

one point
手持ちのテーブルランナーに合わせて横幅を調整する際、数センチ単位であればひもの本数は変えず、最初に縦ひもを芯ひもに取りつけるときにひも同士の間隔を調整して寸法を合わせましょう。模様の数を増減して調整する場合、1模様（縦ひも 12 本分）で 5.5cm 程度寸法が変わります。

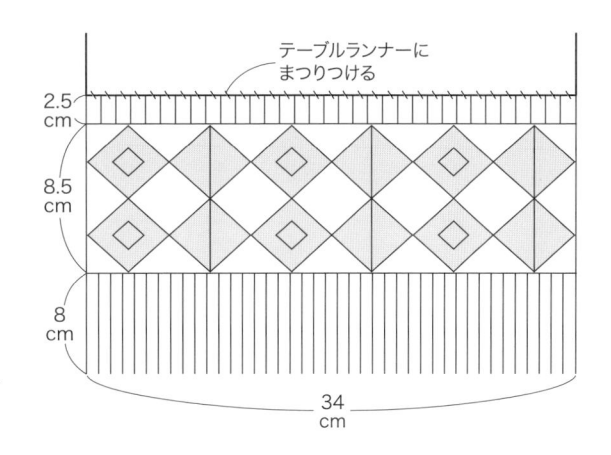

テーブルランナーにまつりつける
2.5cm
8.5cm
8cm
34cm

[結び図]

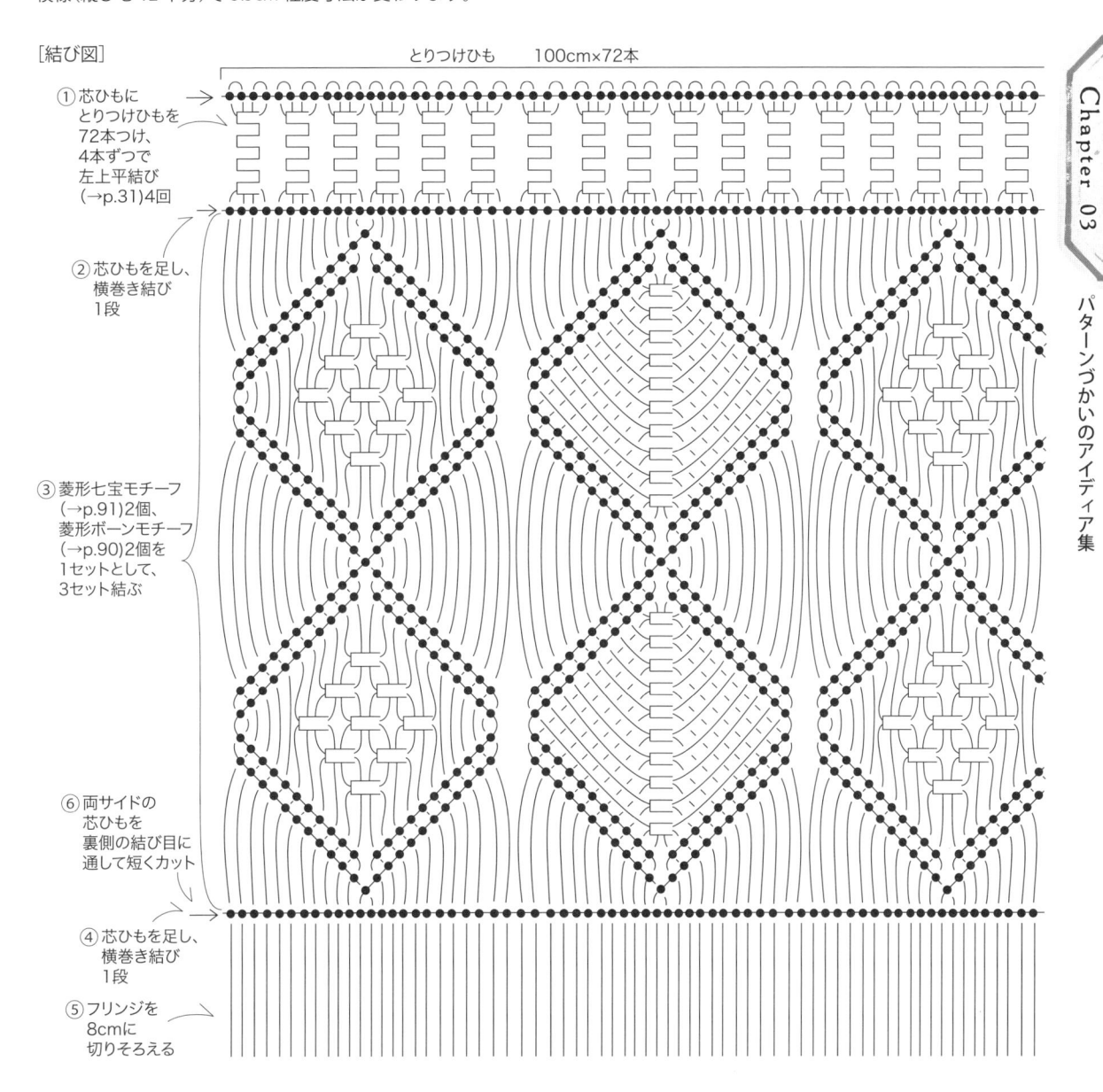

とりつけひも　100cm×72本

①芯ひもにとりつけひもを72本つけ、4本ずつで左上平結び（→p.31)4回

②芯ひもを足し、横巻き結び1段

③菱形七宝モチーフ（→p.91)2個、菱形ボーンモチーフ（→p.90)2個を1セットとして、3セット結ぶ

⑥両サイドの芯ひもを裏側の結び目に通して短くカット

④芯ひもを足し、横巻き結び1段

⑤フリンジを8cmに切りそろえる

Chapter 03　パターンづかいのアイディア集

25. coaster   photo ... page114   pattern : (70)

materials
<A>
ヘンプトゥワイン・中
　ナチュラル [321] 16m30cm（a色）
　ブラック [326] 切り寸法は結び図参照（b色）
<B>
ヘンプトゥワイン・中
　ブラック [326] 16m30cm（a色）
　ナチュラル [321] 切り寸法は結び図参照（b色）

size
縦11.5×横12.5cm

one point
このコースターはp.98の雪の結晶柄のカバンドリーワークをそのまま使用していますが、上下の目をそろえるため、縦ひもは二つ折りせず、すべて1本で取りつけています。ひも端は上側を5cm程度残し、最後に裏側の結び目に通して始末します。

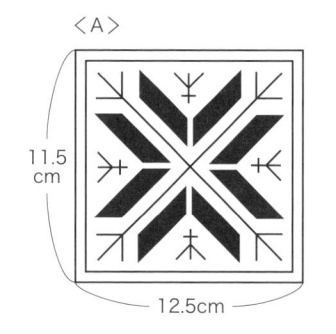

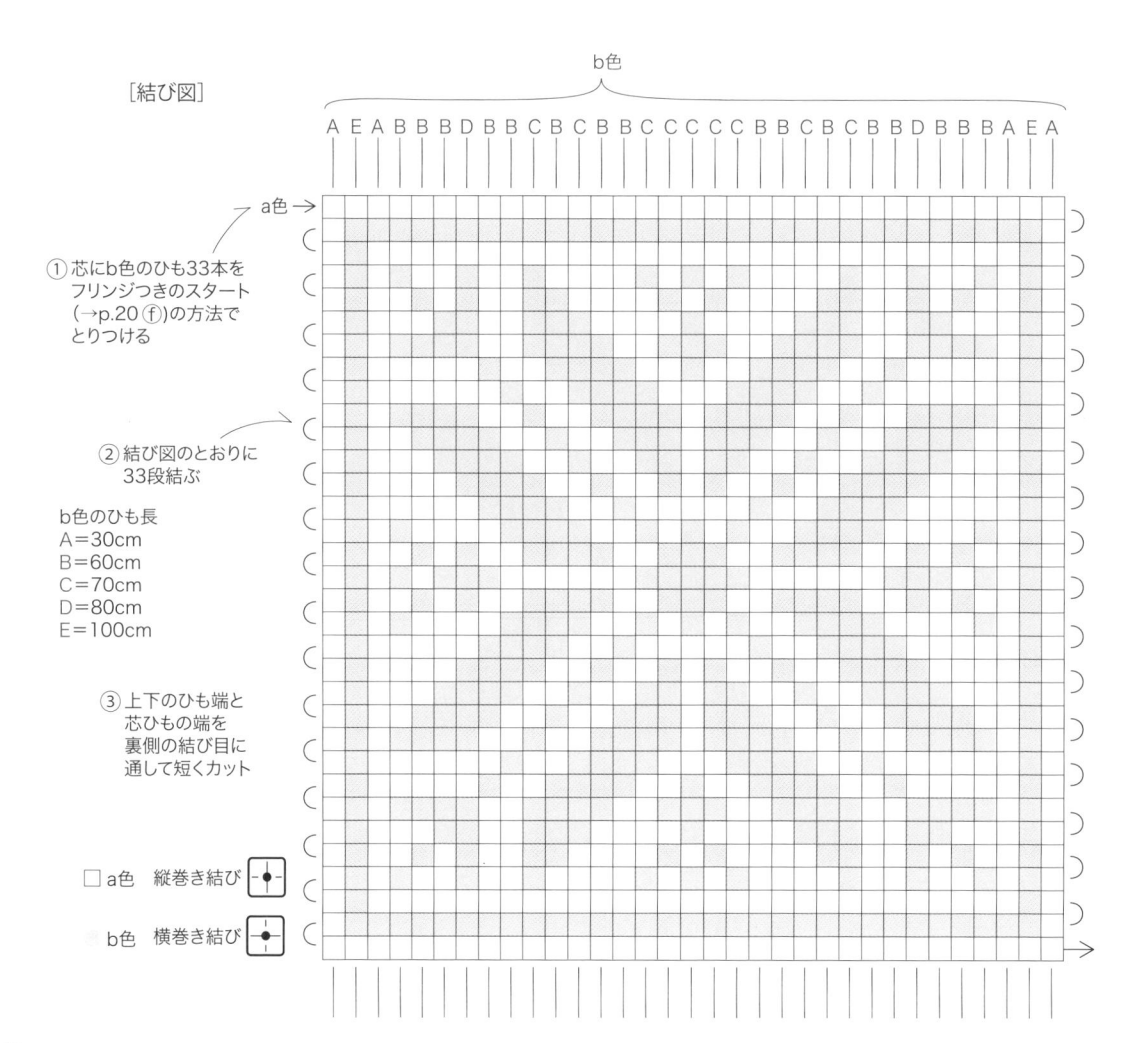

<A> 11.5cm × 12.5cm   <B>

[結び図]

① 芯にb色のひも33本をフリンジつきのスタート（→p.20 ⓕ）の方法でとりつける

② 結び図のとおりに33段結ぶ

b色のひも長
A=30cm
B=60cm
C=70cm
D=80cm
E=100cm

③ 上下のひも端と芯ひもの端を裏側の結び目に通して短くカット

□ a色　縦巻き結び
■ b色　横巻き結び

b色
A E A B B D B B C B C B C C C C B B C B C B B D B B A E A

26. pot mat　　photo … page114　　　　　pattern : ㉝

materials
ヘンプロープ・細
　ピュア [561]130cm × 13本
　バーミリオンレッド [568]130cm × 12本、150cm × 1本(芯ひも)

size
縦13 ×横13.5cm

one point
p.62のねじり七宝結び(4回)の結びひもを、2本おき(二つ折りの1本おき)にピュア、バーミリオンレッドと変えて取りつけてボーダー柄にしています。

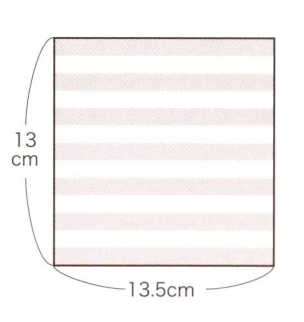

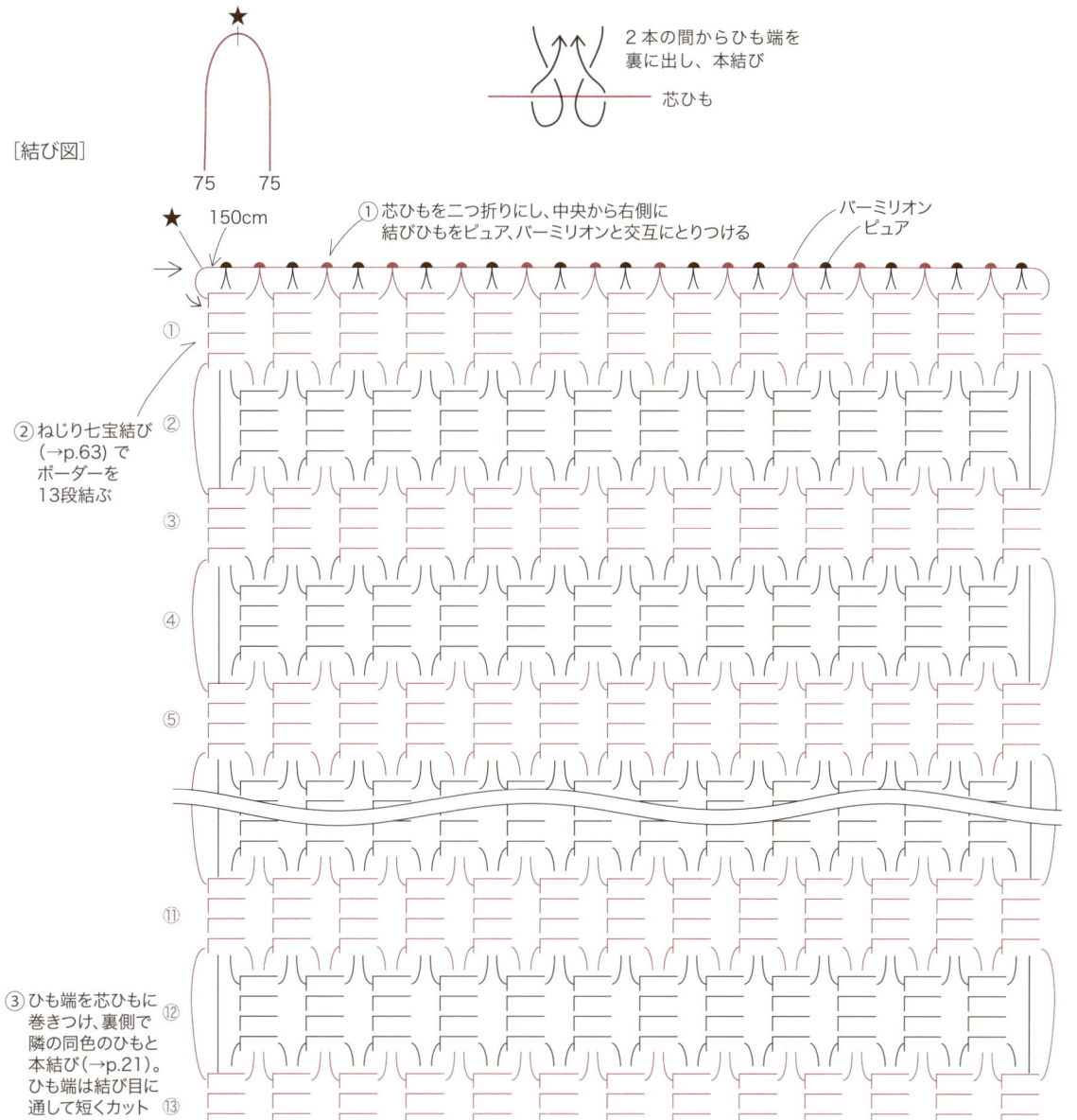

[結び図]

③ひもの巻きつけ方
2本の間からひも端を裏に出し、本結び
芯ひも

75　75

★ 150cm

①芯ひもを二つ折りにし、中央から右側に結びひもをピュア、バーミリオンと交互にとりつける

バーミリオン
ピュア

①
② ねじり七宝結び(→p.63)でボーダーを13段結ぶ
③
④
⑤
⑪
⑫
③ひも端を芯ひもに巻きつけ、裏側で隣の同色のひもと本結び(→p.21)。ひも端は結び目に通して短くカット
⑬

Chapter 03　パターンづかいのアイディア集

27. chair mat   photo ... page115   pattern : 66

materials
ジュートラミー
- イエローオーカー [536] 9m20cm
- ブリックブラウン [539] 11m50cm
- レッド [553] 21m10cm
- ホワイト [552] 67m70cm

※各色の切り寸法は配色表参照

size
直径約 30cm

one point
p.95 の円形花モチーフをそのまま大きくする要領で、ぐるぐると結んでいきます。

[配色表]

	使用色	芯ひも	巻きひも
中心	536 イエローオーカー	30cm×1本	―
①段め	536 イエローオーカー	50cm×1本	60cm×2本
②段め	536 イエローオーカー	80cm×1本	110cm×2本
③段め	536 イエローオーカー	100cm×1本	160cm×2本
④段め	539 ブリックブラウン	120cm×1本	200cm×2本
⑤段め	539 ブリックブラウン	130cm×1本	250cm×2本
⑥段め	553 レッド	160cm×1本	280cm×2本
⑦段め	552 ホワイト	180cm×1本	330cm×2本
⑧段め	552 ホワイト	200cm×1本	380cm×2本
⑨段め	552 ホワイト	210cm×1本	420cm×2本
⑩段め	552 ホワイト	230cm×1本	480cm×2本
⑪段め	552 ホワイト	250cm×1本	500cm×2本
⑫段め	553 レッド	270cm×1本	560cm×2本
⑬段め	552 ホワイト	280cm×1本	600cm×2本

①段めの結び方

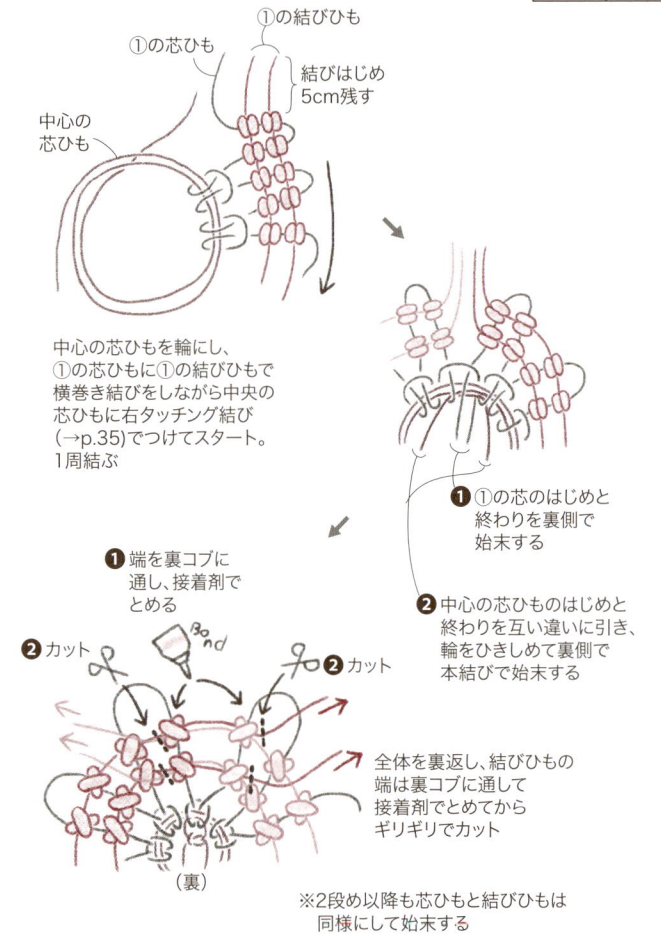

①の芯ひも
①の結びひも
結びはじめ 5cm残す
中心の芯ひも

中心の芯ひもを輪にし、①の芯ひもに①の結びひもで横巻き結びをしながら中央の芯ひもに右タッチング結び (→p.35)でつけてスタート。1周結ぶ

❶ ①の芯のはじめと終わりを裏側で始末する

❷ 中心の芯ひものはじめと終わりを互い違いに引き、輪をひきしめて裏側で本結びで始末する

❶ 端を裏コブに通し、接着剤でとめる

❷ カット   ❷ カット

全体を裏返し、結びひもの端は裏コブに通して接着剤でとめてからギリギリでカット

(裏)

※2段め以降も芯ひもと結びひもは同様にして始末する

結び方のポイント

外側へいくほど円周が大きくなるため、結び図の☆と★の箇所で前段の横巻き結び2目の裏コブに芯ひもを通して、すきまがあきすぎないようにしています。芯ひもを通す位置と回数は⑥・⑧・⑩・⑫段めでは☆の8カ所、⑬段めでは★の16カ所です。☆と★でのひもの通し方は、下の図のようになります。

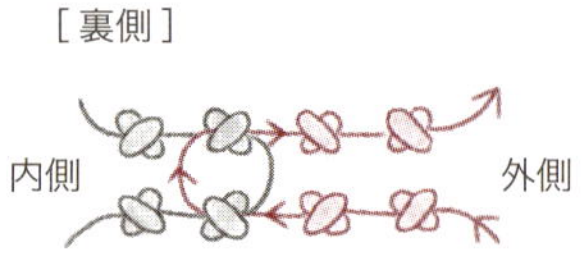

[裏側]

内側   外側

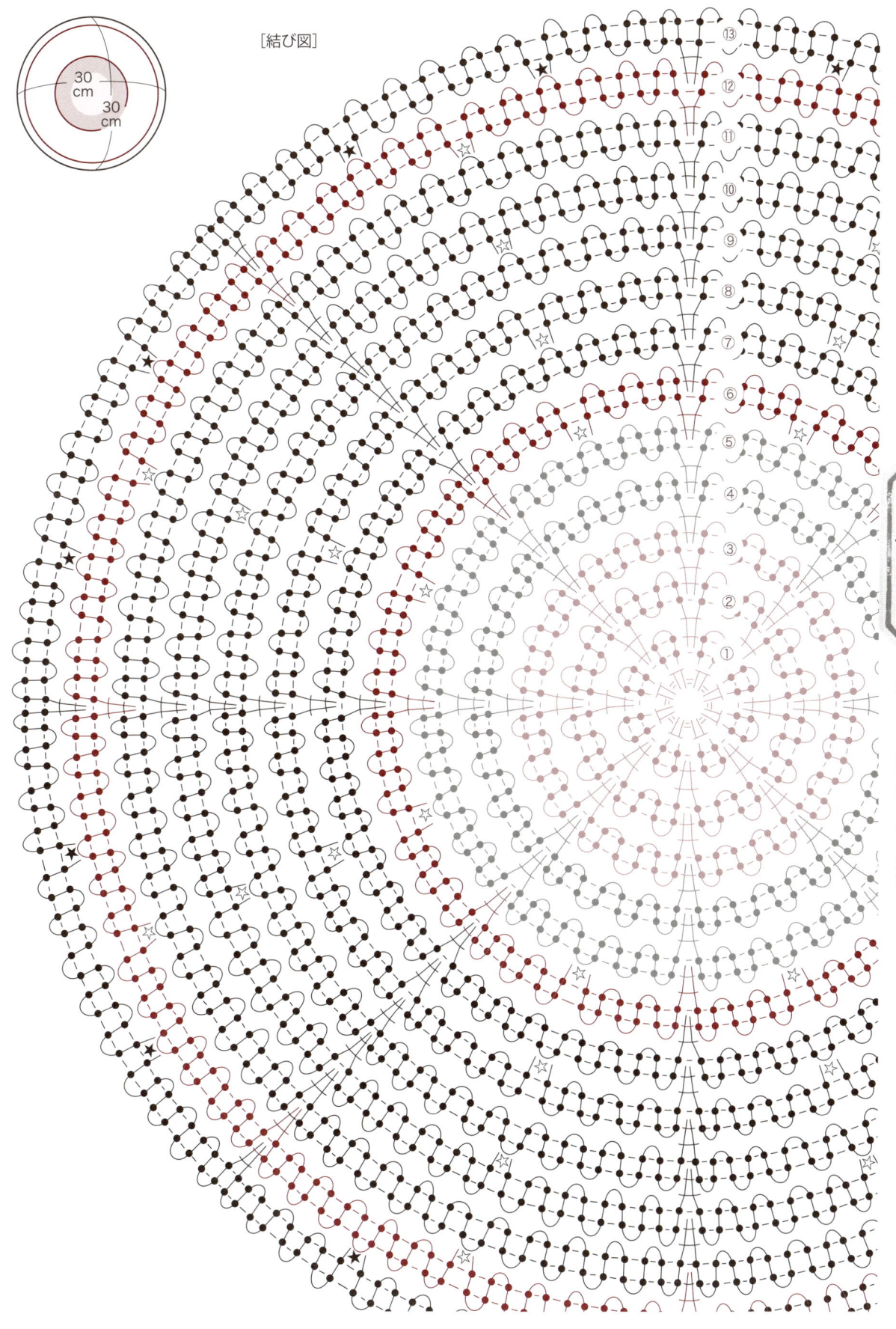

[結び図]

30 cm
30 cm

Chapter 03 パターンづかいのアイディア集

28. net bag　photo … page116

pattern : 05　25

materials
ジュートラミー　イエローオーカー [536]
　200cm × 16本（本体）
　300cm × 2本（持ち手巻きつけ用）

size
図参照

one point
持ち手は結びひもを束ね、ぐるぐる巻きつけるだけの簡単なつくり。すきまなく、きつく、しっかり巻きつけるのが丈夫に仕上げるコツです。

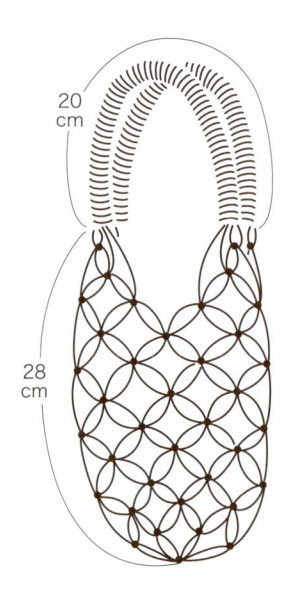

20cm

28cm

④持ち手のつくり方

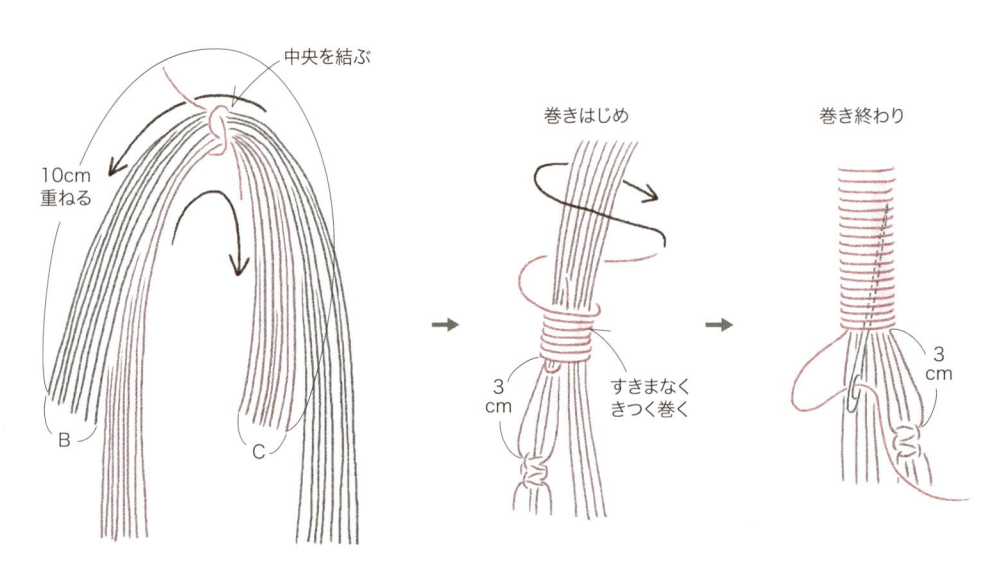

中央を結ぶ

10cm
重ねる

B　C

天地を逆にして、B、Cに分けたひもを重ね、
切りそろえて残ったひもで中央を結んで
固定する

巻きはじめ

3cm
すきまなく
きつく巻く

巻き終わり

3cm

結び目の3cm上から300cmのひもで巻きつける。
端は巻いたひもの中にくぐらせてカットする
（A、Dも同様に巻きつける）

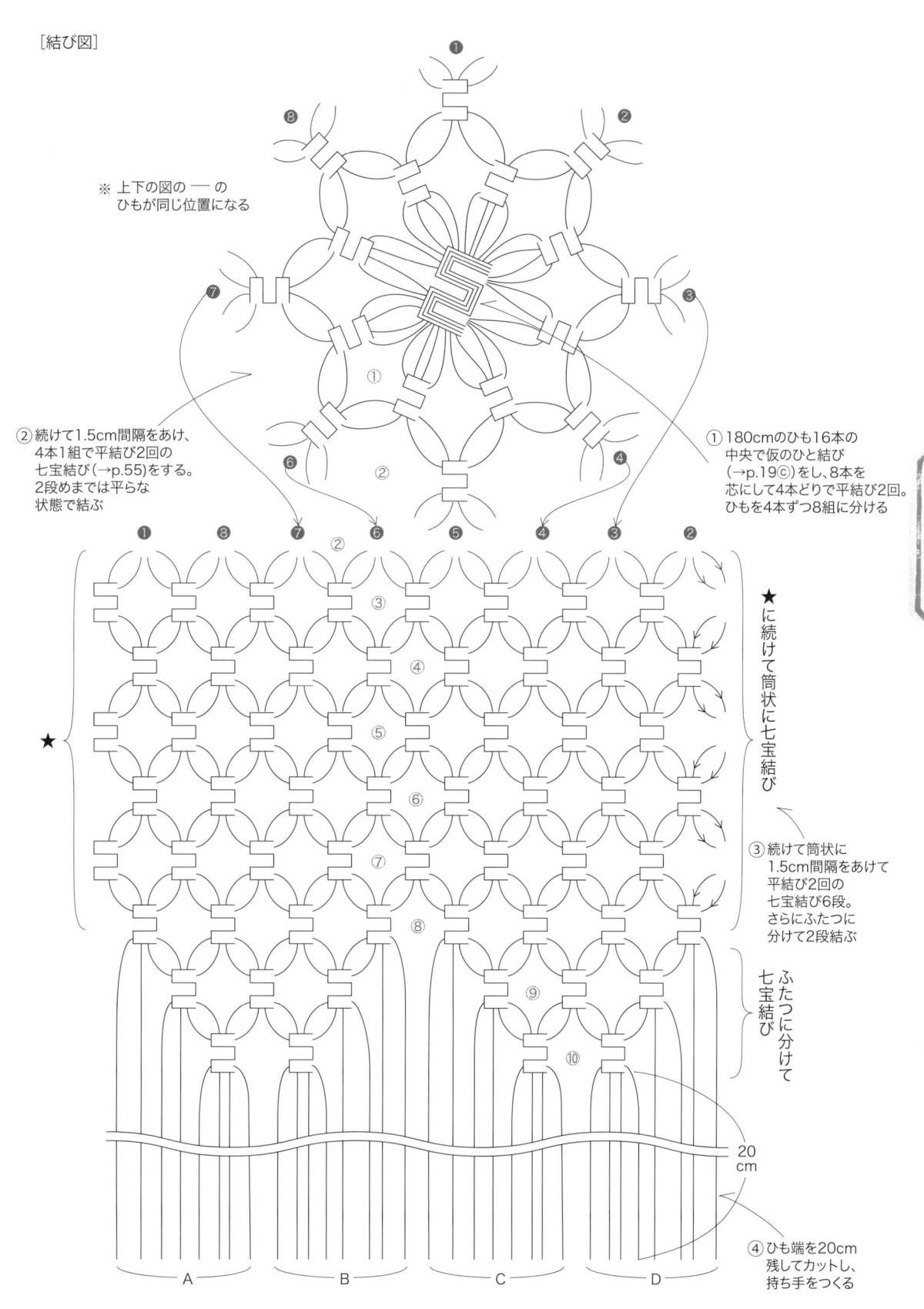

[結び図]

※ 上下の図の ― の
　ひもが同じ位置になる

② 続けて1.5cm間隔をあけ、4本1組で平結び2回の七宝結び(→p.55)をする。2段めまでは平らな状態で結ぶ

① 180cmのひも16本の中央で仮のひと結び(→p.19ⓒ)をし、8本を芯にして4本どりで平結び2回。ひもを4本ずつ8組に分ける

★に続けて筒状に七宝結び

③ 続けて筒状に1.5cm間隔をあけて平結び2回の七宝結び6段。さらにふたつに分けて2段結ぶ

ふたつに分けて七宝結び

20cm

④ ひも端を20cm残してカットし、持ち手をつくる

Chapter 03　パターンづかいのアイディア集

147

29. mini bag photo ... page117 pattern : 05 24

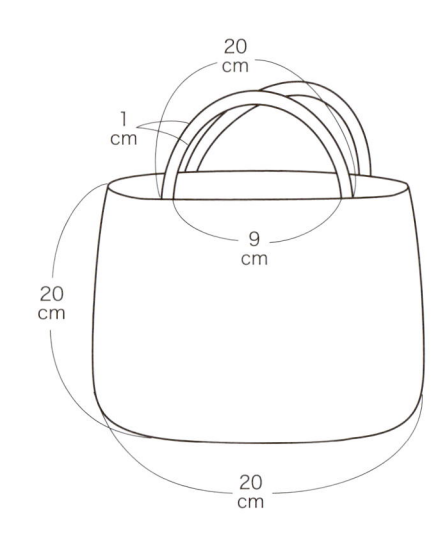

materials
ヘンプトゥワイン・中　ブルー [325]
　230cm × 2本（袋口）
　100cm × 40本（とりつけひも）
　130cm × 4本（持ち手）

size
本体：縦20×横20cm
持ち手：20cm

one point
最初に袋口を平結びでベルト状に結んで輪にし、そこに本体の結びひもを取りつけて輪の状態のまま結びます。脇をとじる必要がなく最後に底を始末すればすむので、簡単。初心者向きのバッグです。

①袋口の結び方

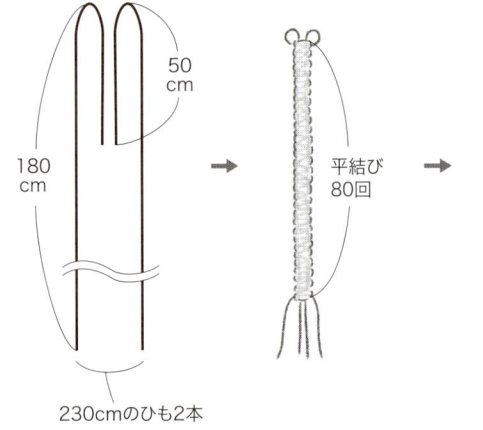

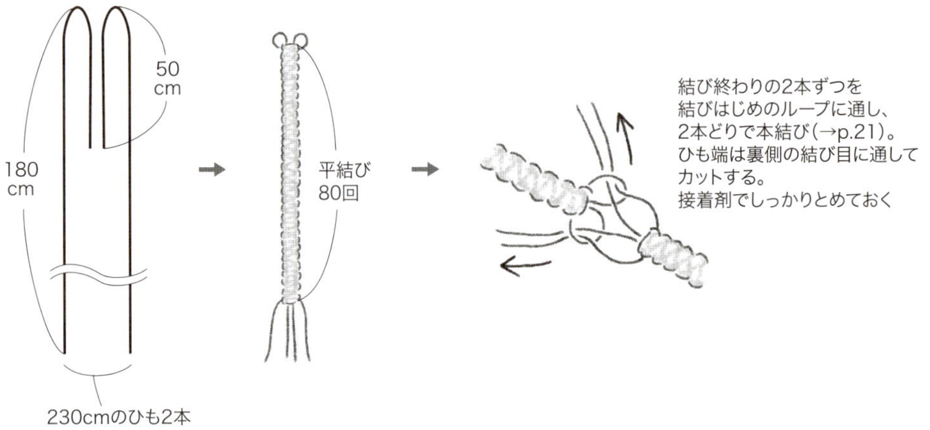

230cmのひも2本　180cm　50cm　平結び80回

結び終わりの2本ずつを結びはじめのループに通し、2本どりで本結び（→p.21）。ひも端は裏側の結び目に通してカットする。接着剤でしっかりとめておく

⑤2回からげる本結び

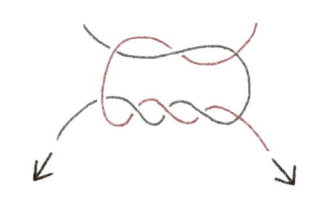

⑥持ち手のつけ方

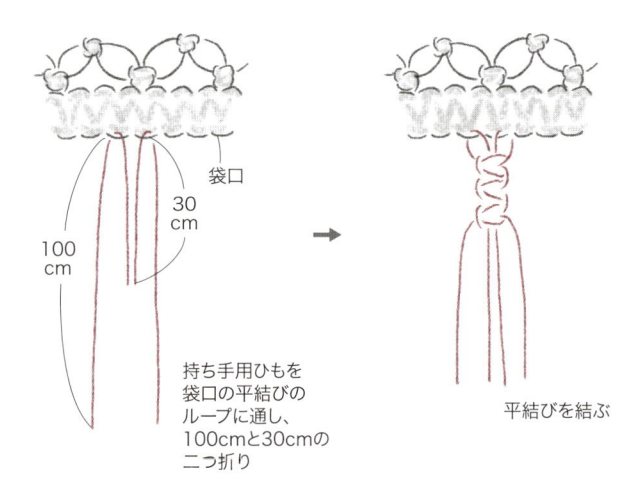

袋口　30cm　100cm

持ち手用ひもを袋口の平結びのループに通し、100cmと30cmの二つ折り

平結びを結ぶ

[結び図]

⑥本体持ち手つけ位置(★)に
持ち手用ひも2本を通し、
平結び40回

⑧反対側の持ち手も
⑥〜⑦と同様にしてつくる

⑦持ち手つけ位置(☆)に
持ち手のひもを1本ずつ通し、
それぞれ裏側で本結び。
ひも端は裏側の結び目に
通してカットする。
接着剤でしっかりとめておく

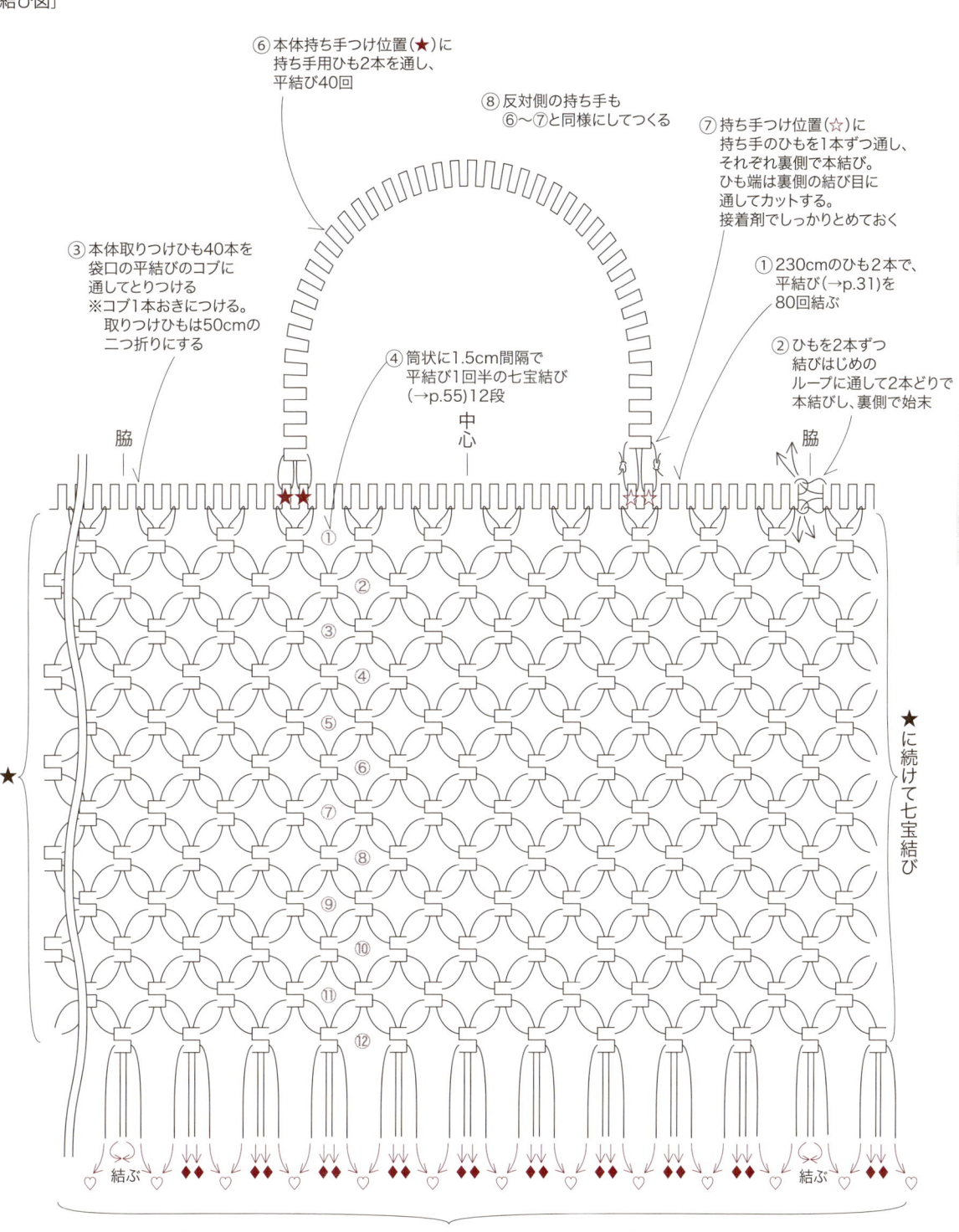

③本体取りつけひも40本を
袋口の平結びのコブに
通してとりつける
※コブ1本おきにつける。
取りつけひもは50cmの
二つ折りにする

④筒状に1.5cm間隔で
平結び1回半の七宝結び
(→p.55)12段

①230cmのひも2本で、
平結び(→p.31)を
80回結ぶ

②ひもを2本ずつ
結びはじめの
ループに通して2本どりで
本結びし、裏側で始末

脇　　中心　　脇

★に続けて七宝結び

Chapter 03 パターンづかいのアイディア集

結ぶ　♦　♦　♦　♦　♦　♦　♦　♦　♦　♦　結ぶ　♦

⑤本体を裏返し、♦は前後のひもを合わせて2回からげる本結びをし(脇だけは隣同士を結ぶ)、
♡は隣同士を本結び(→p.21)する。結び目に接着剤をつけてとめる。ひもは短くカットする

149

30. tote bag　photo ... page118

pattern : ㉓ ㊻

materials

ヘンプトゥワイン・中

ナチュラル [321]270cm × 84 本(とりつけひも)、
80cm × 2 本(芯)、150cm × 8 本(持ち手)、
110cm × 8 本(持ち手)
レッド [329]150cm × 14 本(とりつけひも)

size

図参照

one point

持ち手は 1 回の七宝結びをすきまを開けずに結んでベルト状に仕上げています。本体とは別に結び、最後に本体の結び目に通して始末します。このため持ち手の結びはじめと結び終わりのひも端は、始末分を約 7cm 残しておきます。

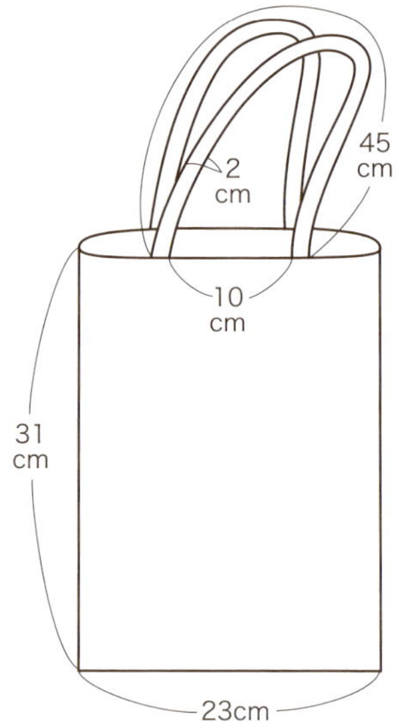

2
cm
45
cm
10
cm
31
cm
23cm

①芯ひもを輪にする方法

ナチュラルのひものとりつけ方

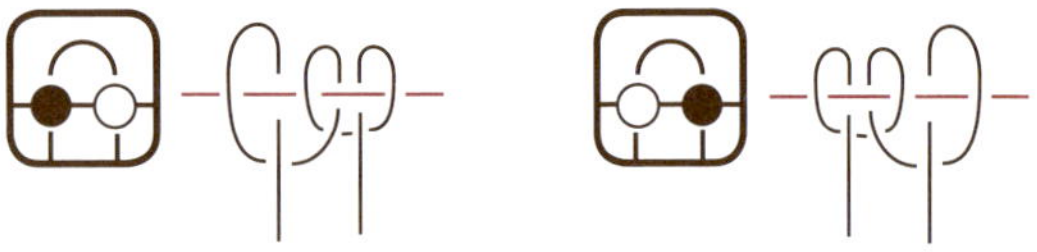

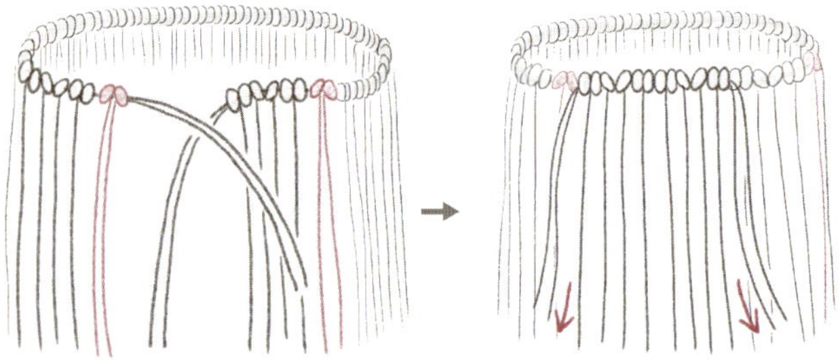

芯ひも(2本どり)にナチュラルとレッドの結びひもを残り4本のところまでとりつける(ナチュラルのとりつけ方は上図参照)

芯ひもの端を交差させて残りの結びひもをつける芯ひもの端は結び目に通してカットする

④持ち手のつけ方

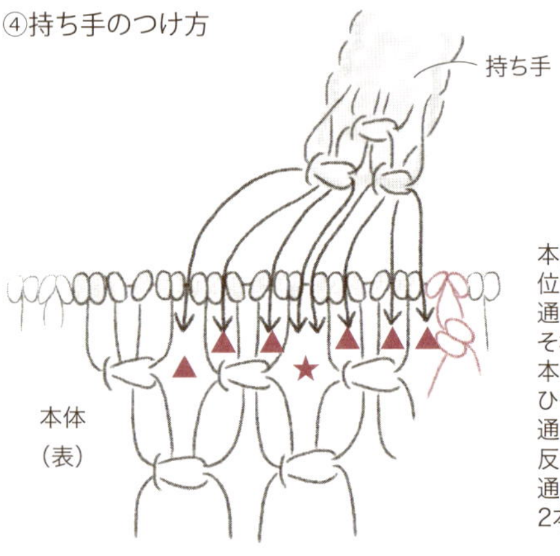

持ち手
本体
(表)

本体結び図の▲★の位置に持ち手のひもを通す(※★のみ2本通す)。それぞれ裏側で2本1組で本結び(→p.21)。ひも端は裏側の結び目に通してカットする。反対側の端は▲★の位置に通して始末する(※★のみ2本通す)

[結び図] (持ち手)

スタートのひも配置

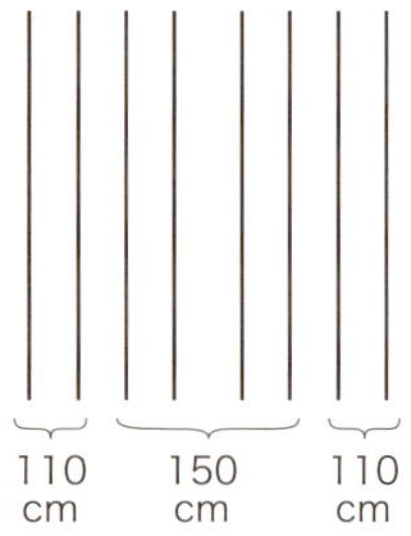

110
cm
150
cm
110
cm

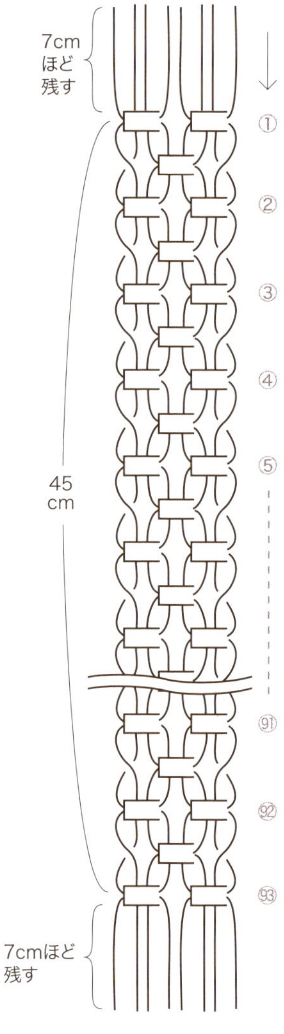

7cm
ほど
残す
①
②
③
④
⑤
45
cm
(91)
(92)
(93)
7cmほど
残す

[結び図]（本体）　スタート　150cm×14本　中心　①80cmのひも2本を芯にして、結びひもをとりつける　脇
270cm×84本　④持ち手をつくってつける

1模様

② ★に続けて菱形かのこパターン（→p.75）を9.5模様結ぶ

結ぶ

③本体を裏返し、前後のひもを合わせて2回からげる本結び（→p.148）。
結び目に接着剤をつけてとめ、短くカットする

151

31. slim bag　photo … page119

pattern : ㉓ ㉖

materials
ヘンプトゥワイン・中
　ピュア[361]200cm×40本（とりつけひも）、
　50cm×1本（芯）、200cm×4本（持ち手）、
　280cm×4本（持ち手）
　ナチュラル[321]200cm×40本（とりつけひも）

size
図参照

one point
このバッグの持ち手は **30** のトートバッグと同じ七宝結びですが、最初にひもを袋口にとりつけて二つ折りして結んでいく手法です。

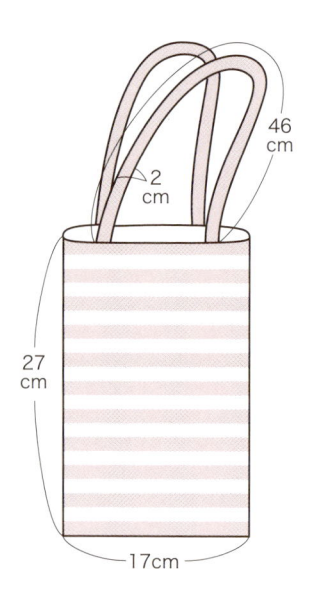

サイズ: 46cm, 2cm, 27cm, 17cm

④持ち手のつけ方

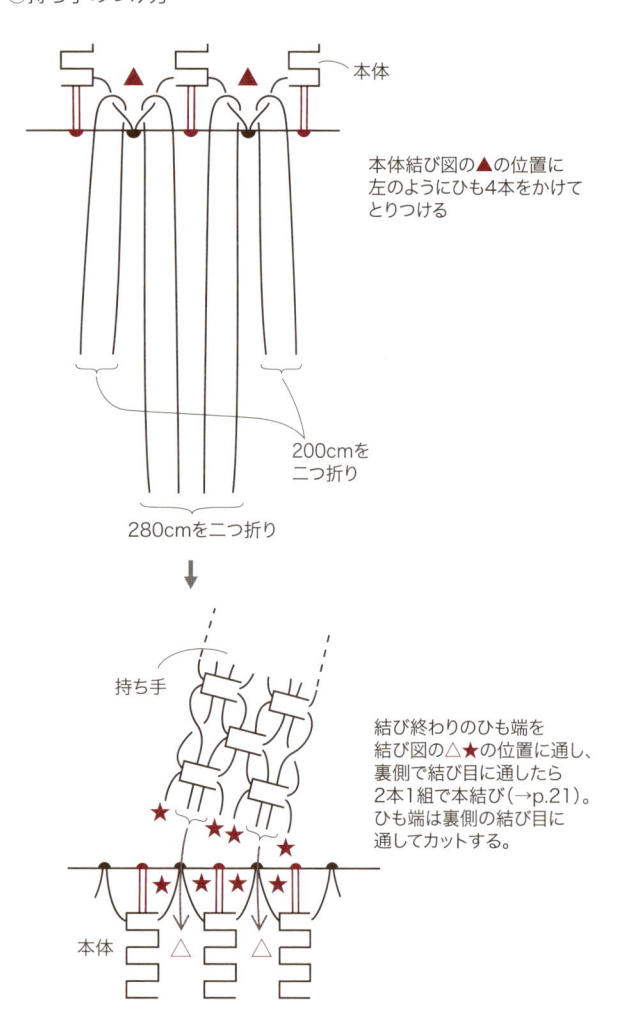

本体結び図の▲の位置に左のようにひも4本をかけてとりつける

200cmを二つ折り
280cmを二つ折り

持ち手

結び終わりのひも端を結び図の△★の位置に通し、裏側で結び目に通したら2本1組で本結び（→p.21）。ひも端は裏側の結び目に通してカットする。

本体

［結び図］（持ち手）

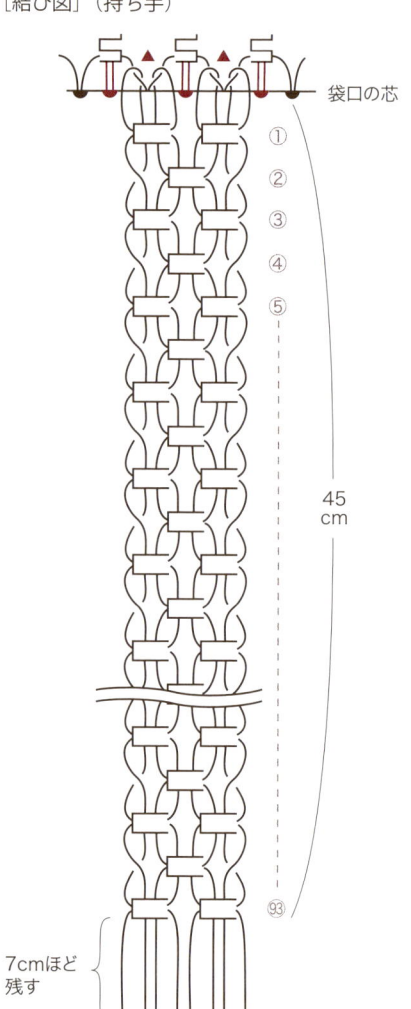

袋口の芯

① ② ③ ④ ⑤

㊂

45cm

7cmほど残す

[結び図]（本体）

脇　スタート→　④持ち手をつくってつける　中心　①50cmのひもを芯にして結びひもをとりつける（輪にする方法はp.150参照）　脇

1模様

② ★に続けて平結び3回の七宝アレンジ①（→p.55）を10.5模様結ぶ

Chapter 03　パターンづかいのアイディア集

③本体を裏返し、前後のひもを合わせて2回からげる本結び（→p.148）。結び目に接着剤をつけてとめ、短くカットする

←結ぶ

―― ピュア
―― ナチュラル

32. basket photo ... page120

pattern : 05 23 35 54

materials
ルピスロープ・ミディアム [1174]
　160cm × 84本（本体結びひも）、100cm × 6本（本体芯）、
　500cm × 1本（持ち手結びひも）、100cm × 2本（持ち手芯）
ジュートラミー　レッド [553]　50cm × 14本

size
図参照

※ルピスロープの使い方
ルピスロープはアバカ繊維を撚り合わせてつくられるナチュラルファイバー。かたくごわっとしているので、霧吹きなどで湿らせてやわらかくして結んでください。

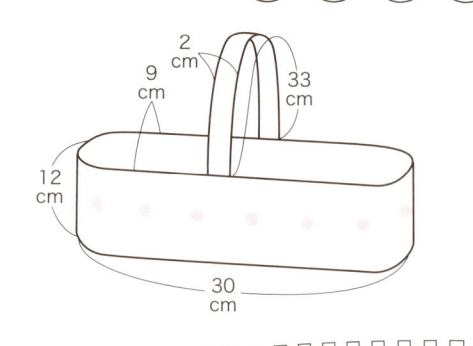

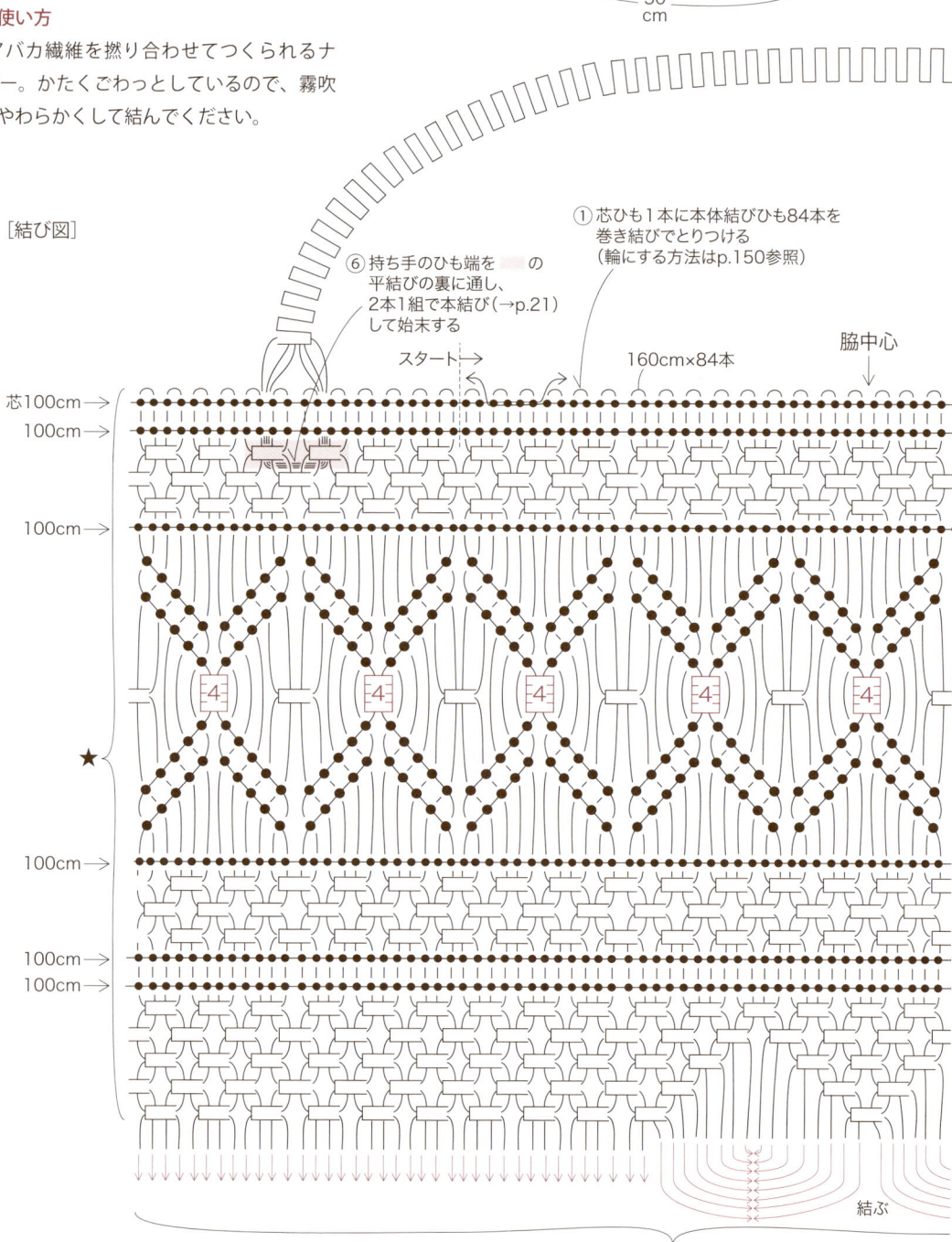

［結び図］

⑥ 持ち手のひも端を の平結びの裏に通し、2本1組で本結び（→p.21）して始末する

① 芯ひも1本に本体結びひも84本を巻き結びでとりつける（輪にする方法はp.150参照）

スタート→　　160cm×84本　　脇中心

芯100cm→
100cm→
100cm→
100cm→
100cm→
100cm→

★

③ 裏返し、前後のひもを合わせて2回からげる本結び（→p.148）。結び目に接着剤をつけてとめ、短くカットする

結ぶ

②しゃこ結び部分の結び方

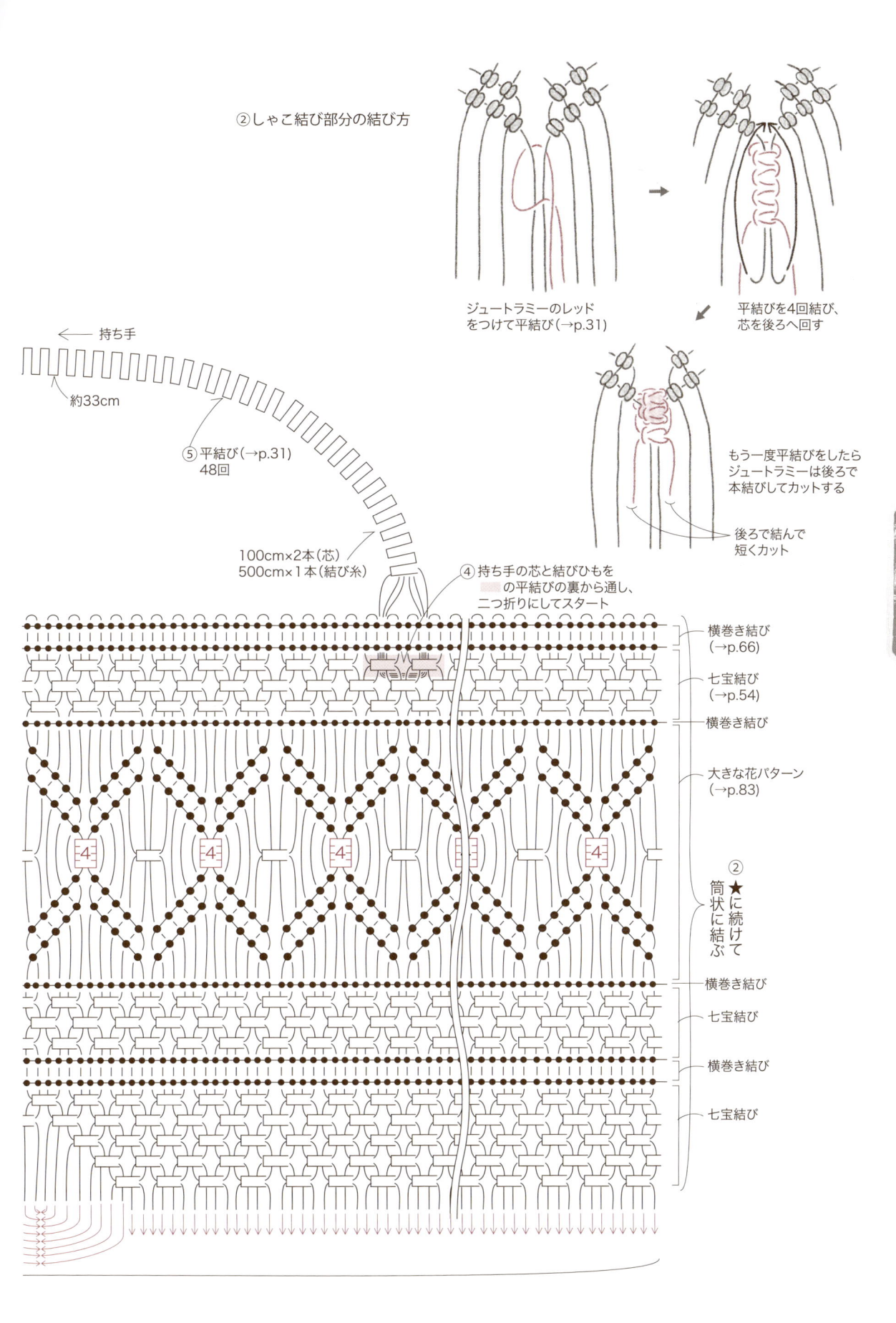

ジュートラミーのレッドをつけて平結び（→p.31）

平結びを4回結び、芯を後ろへ回す

もう一度平結びをしたらジュートラミーは後ろで本結びしてカットする

後ろで結んで短くカット

← 持ち手
約33cm

⑤ 平結び（→p.31）
48回

100cm×2本（芯）
500cm×1本（結び糸）

④ 持ち手の芯と結びひもを ■ の平結びの裏から通し、二つ折りにしてスタート

横巻き結び（→p.66）

七宝結び（→p.54）

横巻き結び

大きな花パターン（→p.83）

② 筒状に続けて結ぶ

横巻き結び

七宝結び

横巻き結び

七宝結び

Chapter 03　パターンづかいのアイディア集

155

33. granny's bag

photo ... page122

pattern : 58

materials
ジュートラミー　リーフグリーン [532]
　300cm × 36本、250cm × 20本
木工手口　ローズウッド [MA2183]1個

size
図参照

one point
底の始末をする際、向かい合う1本ずつを対に結ぶと、すきまができる部分があります。そのすきまをなくすため、結び図の記号部分は同じ記号同士を交差させて結ぶと仕上がりがきれいです。

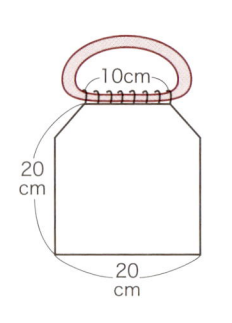

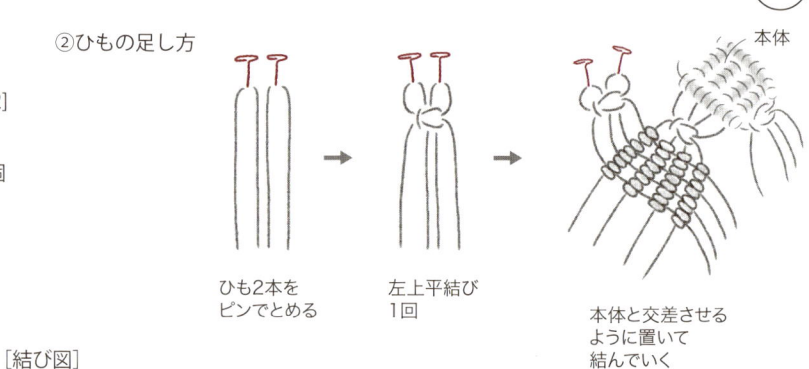

②ひもの足し方

ひも2本をピンでとめる → 左上平結び1回 → 本体と交差させるように置いて結んでいく

本体

[結び図]

脇

④裏返し、前後のひもを合わせて2回からげる本結び（→p.148）。
ただし記号の箇所は同じ記号同士を合わせて交差させて結ぶ。
結び目に接着剤をつけてとめ、短くカット

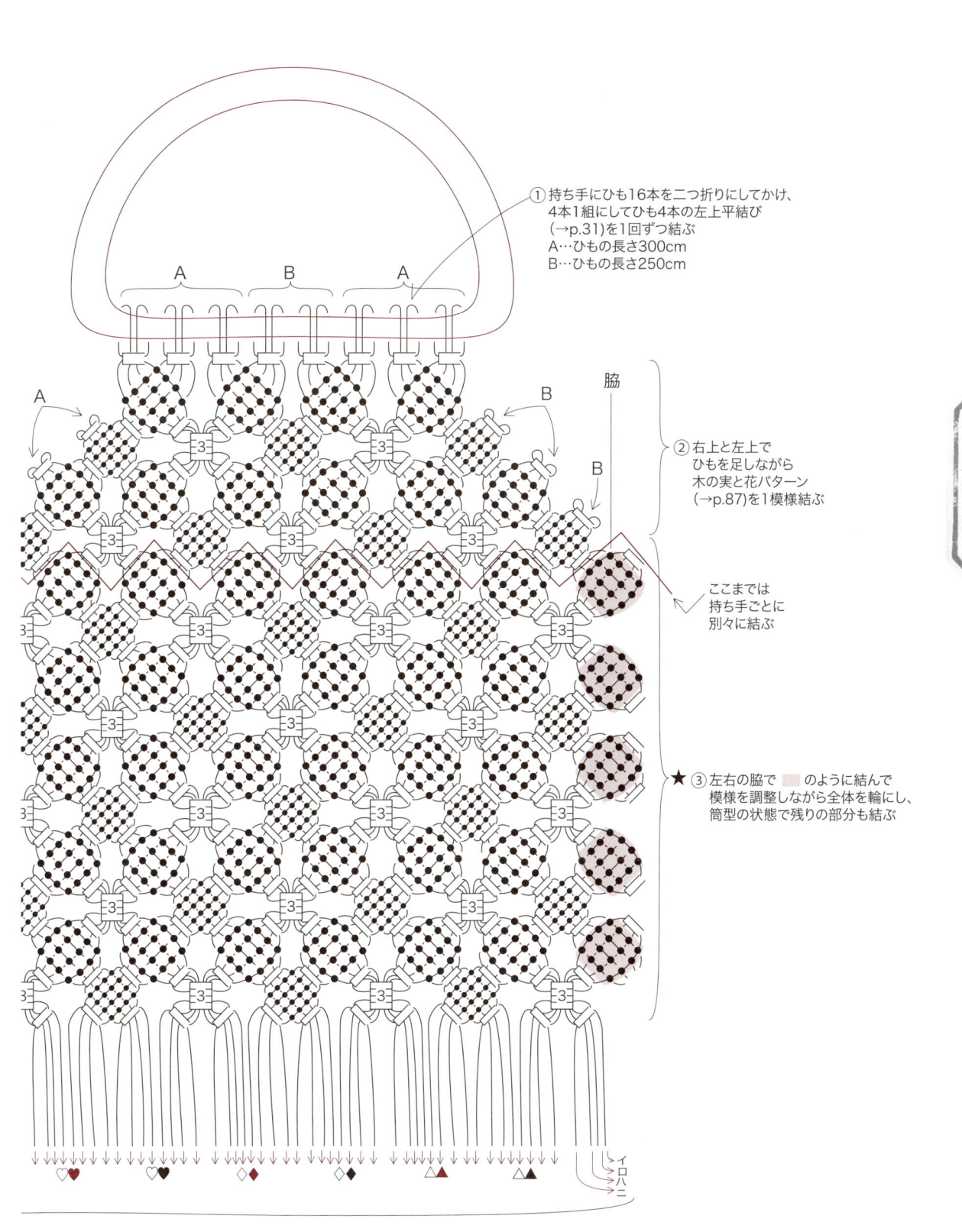

① 持ち手にひも16本を二つ折りにしてかけ、4本1組にしてひも4本の左上平結び（→p.31）を1回ずつ結ぶ
A…ひもの長さ300cm
B…ひもの長さ250cm

脇

② 右上と左上でひもを足しながら木の実と花パターン（→p.87）を1模様結ぶ

ここまでは持ち手ごとに別々に結ぶ

★ ③ 左右の脇で ▨ のように結んで模様を調整しながら全体を輪にし、筒型の状態で残りの部分も結ぶ

Chapter 03　パターンづかいのアイディア集

監修者紹介
日本マクラメ普及協会

昭和53年にマクラメの技術向上や普及活動を目的として設立。以来、講習会、研究会、作品コンクール、地区大会などを定期的に開催し、マクラメのテクニックや魅力を発信する活動をつづけている。指導者の育成や資格認定証の発行、出版物の刊行などにも力を入れている。

編者紹介
メルヘンアートスタジオ

革、ヘンプ、アクセサリーパーツなどを企画・販売するメルヘンアート株式会社が主宰するクリエイター集団。拠点とする東京・両国のショップ兼工房でワークショップを開催するほか、書籍などで作品を発表し、素材の持ち味を活かしたおしゃれなアイテムづくりや、新たなマクラメの楽しみ方を提案している。

Staff

作品制作 ◎ 日本マクラメ普及協会 デザインルーム

撮影 ◎ 蜂巣文香

イラスト ◎ 小池百合穂

ブックデザイン ◎ 風糸制作室

企画 ◎ 笠井良子（グラフィック社）

撮影協力
Fukuya - 20th Century Modern Design -　p.9 のアンティーククロス
　　　　　東京都 世田谷区 深沢 2-15-5
　　　　　tel 03-3702-8128　http://www.fuku-ya.jp/

暮らしの道具　谷中　松野屋　p.10 のサイザル麻バッグ、なべしき
　　　　東京都荒川区西日暮里 3-14-14
　　　　tel 03-3823-7441　http://yanakamatsunoya.jp/

LINNET　カバー・Chapter 02 のバッククロス
　　　　京都市中京区姉小路通富小路西入菊屋町 562　森口ビル 1F
　　　　tel 075-257-1128　http://www.lin-net.com/

マクラメパターンブック
結んでつくるフォークロア・デザイン

2011 年 5 月 25 日　　初版第 1 刷発行
2024 年 1 月 25 日　　初版第 7 刷発行

監修者　　日本マクラメ普及協会
編　者　　メルヘンアートスタジオ
発行者　　西川正伸
発行所　　株式会社 グラフィック社
　　　　　〒 102-0073　東京都千代田区九段北 1-14-17
　　　　　TEL 03-3263-4318　FAX 03-3263-5297
　　　　　https://www.graphicsha.co.jp

印刷・製本　図書印刷株式会社

落丁・乱丁の場合はお取り替え致します。
本書のコピー、スキャン、デジタル化等の無断複製は著作権法上の例外を除き禁じられています。本書を代行業者等の第三者に依頼してスキャンやデジタル化することは、たとえ個人や家庭内での利用であっても著作権法上認められておりません。

ISBN 978-4-7661-2238-1 C2077　　Printed in Japan